- 河北省普通高等学校青年拔尖人才计划项目（人文社会科学类）《共赢：京津冀传媒战略联盟的构建、运营与管理研究》（BJ 2014066）的结项成果
- 河北省新闻学重点学科资助项目
- 河北新型智库·河北省文化产业发展研究中心资助项目

共赢：

京津冀传媒战略联盟研究

商建辉　张志平　著

人民出版社

责任编辑：孙兴民　冯　瑶

装帧设计：徐　晖

责任校对：张　彦　闫翠茹

图书在版编目（CIP）数据

共赢:京津冀传媒战略联盟研究/商建辉,张志平 著. —北京：
人民出版社,2018.6

ISBN 978－7－01－018683－2

Ⅰ.①共…　Ⅱ.①商…②张　Ⅲ.①传播媒介-研究-华北地区　Ⅳ.①G219.272

中国版本图书馆 CIP 数据核字（2017）第 310441 号

共赢:京津冀传媒战略联盟研究

GONGYING JINGJINJI CHUANMEI ZHANLÜE LIANMENG YANJIU

商建辉　张志平　著

人民出版社 出版发行

（100706　北京市东城区隆福寺街 99 号）

保定市北方胶印有限公司印刷　新华书店经销

2018 年 6 月第 1 版　2018 年 6 月北京第 1 次印刷

开本:880 毫米×1230 毫米 1/32　印张:10.5

字数:225 千字

ISBN 978－7－01－018683－2　定价:42.00 元

邮购地址 100706　北京市东城区隆福寺街 99 号

人民东方图书销售中心　电话（010）65250042　65289539

目　录

绪 论

一、研究缘起

2015 年 4 月 30 日，中共中央政治局审议通过了《京津冀协同发展规划纲要》，标志着京津冀协同发展成为国家层面的战略。《纲要》的指导思想是立足各自比较优势、立足现代产业分工要求、立足区域优势互补原则、立足合作共赢理念。京津冀协同发展对于该区域的传媒产业而言，既是机遇，也是挑战。说是机遇，因为这是京津冀传媒产业整合三地资源，深化产业分工，优势资源互补，最终实现区域内传媒产业跨越式发展的重大机遇；说是挑战，现阶段京津冀三地传媒产业存在发展失衡、同质化竞争严重、地方保护盛行等问题，一旦三地传媒产业协同发展失败，不仅难以为京津冀三地发展提供信息服务，甚至会直接影响三地经济协同发展的进程。因此，本书依托京津冀协同发展的大背景，立足区域传媒产业现状和产业特征，将战略管理的核心概念之一——战略联盟引入京津冀传媒产业发展中来，力图将区域传媒战略联盟作为实现京津冀传媒产业优势资源互补、区域产业集群构建、协同发展的实现途径。区域传媒战略联盟作为媒体间建立的稳定网络，不仅能实现媒体间的稳定合作，实现资源共享、风险共担，达到增强信任、实现共赢的目的，还有利于实现区域内传媒产业集聚，实现区域内媒体的规模经济和范围经济。因此，构建区域传媒战略联盟不仅能够为区域经济提供信息服务，还能为推进区域经济一体化发展提供舆论支持。

首先，这是适应京津冀区域经济协同发展的必然要求。《京津冀协同发展规划纲要》指出，推动京津冀协同发展是重大国家战略，核心是有序疏解北京非首都功能，要在京津冀交通一体化、生态环境保护、产业升级转移等重点领域率先取得突破。这意味着，京津冀协同发展的顶层设计基本完成，推动实施这一战略的总体方针已经明确。推动京津冀协同发展，是党中央、国务院在新的历史条件下作出的重大决策部署，对于协调推进"四个全面"战略布局、实现"两个一百年"奋斗目标和中华民族伟大复兴的中国梦，具有重大的现实意义和深远的历史意义。从嵌入性理论①来看，传媒产业的发展有赖于满足地域发展进程中的资讯需求、传播需要和沟通意愿，媒介创新根植于社会民众地方化的日常资讯使用行为中。其更深层次的理解为，传媒作为社会有机体的一分子，传媒发展与区域发展和地方资源的嵌入性、契合度是传媒产业升级的关键所在。② 也就是说京津冀区域协同发展过程中，传媒产业作为嵌入在区域经济中的一个组成部分，担当着区域资讯畅通、服务区域经济发展的重任。因此，京津冀区域协同发展的大背景下，传媒产业要紧紧抓住京津冀协同发展这一发展机遇，把握机会实现三地传媒产业的跨越

---

① 嵌入性理论，由格兰诺维特于1985年提出，核心观点是将经济行为置于社会关系之中来看待，认为经济理性主义受到社会结构，尤其是社会网络的制约。

② 王斌：《传媒业空间形态演化研究》，中国人民大学出版社2010年版，第49页。

式发展。区域传媒战略联盟正是依托京津冀区域经济协同发展这一政策背景，采用联盟这一形式，实现京津冀三地媒体资源共享、风险共担，在区域内实现传媒产业高度分工协作，形成区域内产业集聚，为京津冀区域经济发展提供信息资讯支撑，同时作为京津冀区域经济的组成部分，为区域经济的发展作出贡献。

其次，这是推动传统媒体和新媒体融合的重要途径。2014年8月18日，中央全面深化改革领导小组第四次会议审议通过了《关于推动传统媒体和新兴媒体融合发展的指导意见》，该意见提出"推动传统媒体和新兴媒体融合发展，要遵循新闻传播规律和新兴媒体发展规律，强化互联网思维，坚持传统媒体和新兴媒体优势互补、一体发展，坚持先进技术为支撑、内容建设为根本，推动传统媒体和新兴媒体在内容、渠道、平台、经营、管理等方面的深度融合，着力打造一批形态多样、手段先进、具有竞争力的新型主流媒体，建成几家拥有强大实力和传播力、公信力、影响力的新型媒体集团，形成立体多样、融合发展的现代传播体系"。可见，媒介融合，尤其是传统媒体与新媒体的融合，已经成为关系我国传媒产业健康发展，成为关系我国社会主义核心价值观宣传和舆论引导的重要环节。在传统媒体与新媒体融合过程中，传统媒体为了摆脱广告收入不断下滑的颓势，主动"拥抱"新媒体，通过自办网站、两微一端等一系列形式，努力实现传统媒体互联网的转型。但是，传统媒体的新媒体化进程并没有达到预想的效果，由于传统媒体在新媒体技术、运营经验、营销方式等方面的不足，以及传统媒体固有体制机制的限制，造成传统媒体所办网站、APP等新媒体大多没形成足够的影响力。区域传媒战略联盟则为传统媒体与新媒体的融合提供了一个全新的途径，传统媒体的优势在于内容资源、品牌资源，而新媒体的优势在于新媒体技术、运营经验，借助联盟双方可以优势互补、各取所需，在保持双方各自独立的情况下，将传统媒体的内容资源和品牌资源与新媒体的技术和渠道融合，真正打造出一条媒介融合的全新产业链。

第三，这是规避我国传媒产业政府规制的策略选择。"规制"一词由英文 regulation 翻译而来，本意为按照规制进行规范、制约。规制是在市场经济条件下，政府干预经济的重要手段，是政府实现既定政策目标，对微观经济主体进行的规范和制约，对特定产业和微观经济主体的进入、退出、价格、投资以及涉及环境、安全、生命、健康等行为进行的监督与管理。[①] 传媒产品作为一种"准公共产品"，其不仅有经济属性，还有公共属性；不仅肩负着经济效益，还肩负着社会效益，具有特殊的社会责任。区域传媒发展最大的障碍就在于地方以及行业部门的利益。[②] 传媒产业一直以来按照行政区域布局，出现了条块分割的发展态势，使得区域传媒发展中常常遇到地方政府保护当地媒体利益的体制障碍。

中华人民共和国成立以来，喉舌功能一直是媒体的首要功能。因此，传媒产业具有公共属性和政治属性并存的特点，造成其受到政府严格的规制。传媒作为稀缺的公共资源，不

[①] 徐晓慧、王云霞：《规制经济学》，知识产权出版社 2009 年版，第 5 页。

[②] 强月新、黄晓军：《中国大众传媒合作竞争论》，人民出版社 2011 年版，第 272 页。

可能被分割或私有化，再加上成本次可加的技术特点，使得媒体也需要政府的规制。

我国政府规制的存在具有一定合理性，但同时也是我国传媒业多头领导、部门分割、行业分割、地域分割、资源浪费等问题出现的原因，给传媒业的发展造成障碍。媒体利用区域传媒战略联盟这一战略，能够规避政府对于传媒跨媒体、跨区域、跨行业资源整合的规制，在与跨媒体、跨区域、跨行业联盟伙伴的合作中，充分借用联盟成员在资本、技术、渠道、终端等方面的核心资源，消除正常壁垒的限制，不断提升自身核心竞争力，实现跨媒体、跨地域、跨行业的发展。

最后，这是我国媒体提升核心竞争力的有效手段。1990年，著名管理学者加里·哈默尔和普拉哈拉德的核心竞争力（Core Competence）模型是一个著名的企业战略模型。他们认为，企业核心竞争力是建立在企业核心资源基础上，由技术、管理、产品、文化形成综合优势，是企业在经营过程中形成的不易被竞争对手仿效，并能带来超额利润的独特能力。媒体建立战略联盟的一个重要原因就是通过联盟在价值链的各个环节进行合作，获取联盟其他成员的核心资源与核心能力，从而扩大媒体资源利用边界，提升媒体的核心竞争力。

一是核心资源的共享。资源的异质性和独特性使得任何企业都不可能拥有所有必需的资源，在目标与自身资源之间总是存在某种"战略差距"。① 媒体虽然在内容和品牌资源上拥有一定的资源优势，但是在产业链的其他环节则明显存在

———————

① 史占中：《企业战略联盟》，上海财经大学出版社2001年版，第120页。

"战略差距"，这就需要与其他组织建立传媒战略联盟。在区域传媒战略联盟的成员间，其核心资源往往具有很强的互补性，这也使得联盟成员的资源边界范围更大，联盟的稳定性也更强。

二是核心能力的互补。企业的资源与能力是有严格区分的，乔治敦大学教授罗伯特·M·格兰特认为，能力不只是资源的集合或资源束，能力更是人与人、人与资源之间相互协商的复杂模式。核心能力更是一种技能与技术的总和，是各种知识和组织能力的集合体。① 核心能力是根植于企业系统性运作中的各种能力的总和。根据资源基础理论，企业资源的异质性，决定了成员间的核心能力的独特性与异质性，因此短期内很难模仿对方的核心能力。媒介借助联盟成员在资本、技术、网络渠道、终端制造等方面的核心能力，结合自身内容品牌的优势，就能实现开拓新的市场和开发新产品的目的。

二、 研究框架和研究方法

（一）研究框架

本书是在借鉴前人观点的基础上，运用传媒经济学、新闻传播学、区域经济学、产业经济学等诸多学科知识，在区域传媒战略联盟的机理、模式与嬗变研究的基础上，对我国京津冀传媒战略联盟的产业背景、机遇与挑战进行了较为深入的分析，并尝试从宏观、中观、微观三个层次提出对策。纵观本书，主要从三个版块进行了分析，分别为"理论探

① 史占中：《企业战略联盟》，上海财经大学出版社 2001 年版，第 122 页。

讨"、"现状与问题"与"路径选择"。

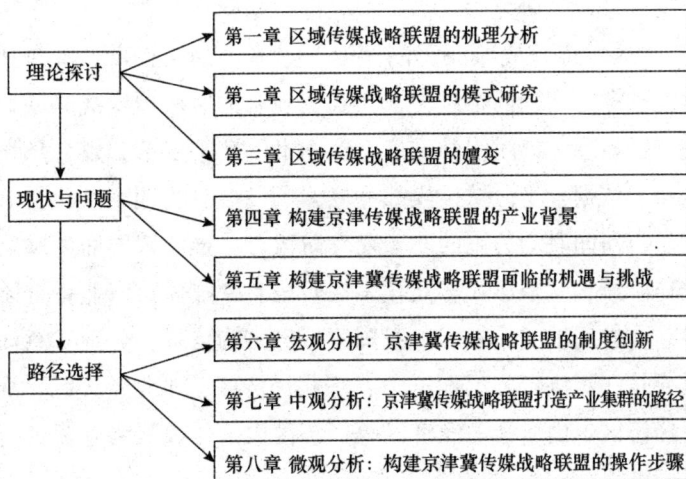

图 0-1　研究框架图

1. "理论探讨"版块，包括第一章、第二章和第三章。

"区域传媒战略联盟的机理分析"作为本书的第一章，主要分为两个部分。首先，对区域传媒战略联盟的概念进行了阐释，从国内外学者对战略联盟概念的诠释入手，在对传媒战略联盟的内涵和区域传媒的基本特征论述的基础上，对区域传媒战略联盟进行了定义。其次，从交易费用理论、资源基础理论、价值链理论、产业集群理论和经济增长极理论五个方面论述了区域传媒战略联盟的理论基础。

"区域传媒战略联盟的模式研究"是本书的第二章。根据法国学者埃尔·杜尚哲和贝尔纳·加雷特的划分方法，将传媒战略联盟分为竞争性战略联盟和非竞争性战略联盟。竞争性战略联盟分为资源互补型、供应共享型、准集中化三个类型；非竞争性战略联盟分为纵向产业、跨产业和国际化三个类型。本章结合众多媒体案例，对区域传媒战略联盟的各种模式进行了研究。

"区域传媒战略联盟的嬗变"是本书的第三章。本章从时间轴和空间轴两个维度，对我国现有的区域传媒战略联盟进行了梳理。在时间轴维度上，本书以政策变革和媒介环境变化为依据，将区域传媒战略联盟的发展分为四个阶段，分别是：新闻联动为主的联盟萌芽阶段、主推经营层面的联盟合作阶段、联盟形式多元化发展阶段、跨媒体跨产业整合阶段。在空间轴上，本书以我国区域经济为依据，分别对京津冀、长江经济带、泛珠三角、东北经济区、西北经济区、淮海经济区、山东半岛经济区等经济区内的传媒战略联盟进行了归纳总结。

2. "现状与问题"版块，包括第四章和第五章。

"构建京津冀传媒战略联盟的产业背景"是本书的第四章。本章对构建京津冀传媒战略联盟的产业背景进行了描述，主要从两个部分进行阐释。第一部分将"空间"特征引入京津冀传媒产业发展中，认为京津冀传媒产业呈现"核心—边缘"的空间格局，要想打破京津冀传媒产业的"核心—边缘"状态，需要利用区域传媒战略联盟打通京津冀区域内传媒资源流动的扩散通道，改善边缘区传媒产业落后局面，从而促进京津冀传媒产业协同发展。第二部分对京津冀传媒产业的协同发展现状进行了阐释。"构建京津冀传媒战略联盟的机遇与挑战"是本书的第五章。该章主要阐释了构建京津冀传媒战略联盟的必要性与可能性以及其遭遇的挑战。

3. "路径选择"版块，包括三章、第六章至第八章。

本部分从宏观、中观、微观三个层次阐述了京津冀传媒战略联盟体制机制的创新、产业集群的打造路径和操作层面的运作步骤。

"宏观：京津冀传媒战略联盟的制度创新"是本书的第六章。本章引入"规制"的概念，认为政府对传媒的规制主要包含规范与制约、管理与监督和治理三个方面。另外，还从时间和空间两个维度对我国传媒产业的政府规制进行了梳理和归纳，总结了我国政府对传媒行业的规制历程和基本布局状况。最后从加快产权两分开和破局条块分割两个方面，对我国政府规制的制度创新提出了建议。

"中观：京津冀传媒战略联盟打造产业集群的路径"是本书的第七章。首先，阐释了区域战略联盟与产业集群的同一性，认为联盟与产业集群的相互关系，决定了产业集群是区域传媒战略联盟发展的目标，而区域传媒战略联盟则是产业集群的主体。其次，从北京、天津和河北的传媒产业集群的现状入手，对京津冀区域内传媒产业集群的现状进行了归纳。最后，按照波特的"钻石理论"模型，认为京津冀传媒产业集群应当形成"政府引导、联盟运作、多方支持"的发展格局。

"微观：构建京津冀传媒战略联盟的操作步骤"是本书的第八章。本书将结合我国传媒产业的特点和市场环境，在传媒经济学、战略管理学的基础上，借助美国学者戴维·雷（David Lei）的联盟过程理论，对联盟伙伴选择阶段、联盟设计和谈判阶段、联盟实施和控制阶段分别提出了策略性建议，通过为联盟平台的建立和运行提供成熟的方案，达成京津冀传媒战略联盟的建构。

（二）研究方法

首先，理论分析和案例分析相结合。在扎实的理论基础上，本书分析了大量区域传媒战略联盟的案例，通过对案例的归纳总结，发现联盟实践中的缺陷，进而提出相应的发展策略。

其次，比较分析法。传媒产业作为兼具经济属性和政治属性的特殊行业，在其发展战略联盟的过程中，具有区别于其他产业的独特之处。本研究运用比较分析法对传媒产业的战略联盟与其他产业的战略联盟进行了比较分析，总结了发展战略联盟过程中的行业特征。

第三，文献分析法。文献研究是理论研究和实证研究的基础。对国内外的相关文献进行整理和综合，保证本书在理论与方法上的科学性，并在文献分析的基础上提出研究假设和概念性框架。本书对区域传媒、传媒战略联盟、京津冀协同发展、传媒产业集群等方面的专著、文献进行了认真仔细的梳理，对当下我国区域传媒战略联盟的发展现状和问题，通过逻辑推理和理论分析，总结出了一套较为完善的解决方案。

第四，历史演绎法。以史为鉴，可以知兴替。本书注重对事物发展脉络的梳理，在第三章对区域传媒战略联盟的发展历程进行了梳理，有利于对未来区域传媒战略联盟发展趋势的预测；在第六章对我国传媒产业政府规制文件的梳理，为政府制定传媒产业发展规制提供了可循的轨迹。历史演绎法的运用，使本书的论述更具依据，提出的对策更有章可循。

第一章 区域传媒战略联盟的机理分析

第一节 区域传媒战略联盟的概念界定

一、战略联盟的概述

（一）战略联盟的内涵

随着全球经济一体化和知识经济的崛起，战略联盟作为企业发展的全新模式开始在业界和理论界引起重视。战略联盟（Strategic alliance）这一概念是由美国 DEC 总裁简·霍兰德和管理学家罗杰·奈格尔首先提出的，一出现即成为学界和业界公认的一种全新战略管理模式。[1] 但是，自从战略联盟的概念被提出以后，理论界对其定义一直众说纷纭，莫衷一是。代表性观点有以下几种：

从战略管理角度出发，著名管理学大师迈克尔·波特认为，战略联盟是相互独立的两个或两个以上组织之间形成的、基于一系列目标和商业需要的正式合作关系。联盟形式主要包括技术许可证、供应协定、营销协定和合资企业。[2]

从资源整合角度出发，蒂斯（Teece，1992）认为战略联盟是两个或两个以上的伙伴企业为实现资源共享、优势互补等战略目标，进行的以承诺和信任为特征的合作活动。主要

---

① 史占中：《业战略联盟》，上海财经大学出版社 2001 年版，第 48 页。

② 迈克尔·波特：《竞争优势》，陈小悦译，华夏出版社 1997 年版，第 56 页。

包括：排他性的购买协议、排他性的合作生产、技术成果的互换、R&D 合作协议、共同营销。①

从社会组织角度出发，威廉姆森认为，企业联盟是介于市场交易和科层组织、处于边际状态的组织，是对企业交易时契约不完备性的一种治理结构，是管理企业的一种特殊系统。

虽然各国学者对战略联盟的概念并不统一，但是我们可以从中总结出战略联盟的一些共性特征：（1）企业战略联盟的建立是为了某一个或多个共同的战略目标；（2）企业战略联盟是在保持自身独立性基础上的合作，这有别于企业集团，它是介于市场和企业（一体化组织）之间的"中间组织"；（3）企业战略联盟的合作方式可以是多样化的，既可以是股权式的，也可以是契约式的，还可以是混合式的；（4）企业战略联盟的合作范围不一定是全方位的，企业间可以在某个领域进行合作，而在其他领域可能存在竞争。

综上，战略联盟可以定义为：两个或两个以上的企业为了资源共享、优势互补、风险共担等共同的战略目标，在保持相互独立的前提下通过股权参与或契约协议等方式，在某些领域建立相对稳定合作关系的介于市场和企业的中间组织。

由战略联盟的定义可以看出，形形色色的战略联盟间拥有共通的特点，主要包括：

首先，联盟成员的平等性。战略联盟是一种介于市场和企业（一体化）之间的中间组织。战略联盟不同于企业集

①　邹文杰：《企业能力理论视角下的企业联盟》，社会科学文献出版社 2011年版，第18页。

团，企业集团是以产权为纽带联合而成的经济组织，集团的核心企业往往通过控股等手段对其他成员有支配地位。但是，联盟成员间往往采取对等股权形式或采取缔结契约的形式，联盟成员之间资源共享、优势互补，在联盟中的经济地位、法律地位都具有平等性。

其次，联盟运行的低成本性。从交易费用理论来看，由于联盟成员建立了稳定的合作关系，从而降低了企业寻找合作伙伴的信息费用，长期的信任关系也降低了各种履约风险，联盟企业间长期稳定的合作关系抑制了联盟成员的机会主义行为，降低了联盟企业的交易成本。

第三，联盟动机的一致性。泰吉和奥兰德等人提出了"战略缺口"假设，认为企业在洞悉竞争环境和评估自身竞争力时，往往会发现企业想要达到的目标和依靠自身能力达到的目标间存在一个战略缺口。为了弥补自身战略缺口，企业往往会依靠与相关企业结成联盟，用最低的成本获取自身不具备的资源和能力，从而实现企业的战略目标。

最后，联盟形式的开放性。战略联盟作为介于市场和企业的"中间组织"，其既不像企业子公司间的关系，也不像市场企业间的关系，往往是一个相对松散的协作关系，为了实现共同的战略目标而汇聚在一起，成员之间关系并不正式、约束力也不强，这也使得战略联盟本身是个动态、开放的体系。

（二）战略联盟的类型划分

在实践中，战略联盟的形式多种多样，既可以是契约式的，也可以是股权式的；既可以是在价值链某个环节的联盟，也可以是在某个地区内的联盟。获得学界普遍认可的划分方式主要有：

管理学大师迈克尔·波特依据其价值链理论，根据联盟企业所在的价值链位置的不同，将其划分为纵向联盟和横向联盟两种基本形式。[①]

戴维·福克斯和克利费·鲍曼提出了一个三维模型，以合作性质、合作方式和合作伙伴数量为指标将战略联盟划分为集中联盟、复合型联盟、合资、协作以及国际联合五种类型。

格莱斯特根据企业联盟的合作领域将战略联盟划分为研发联盟、生产联盟和营销联盟三种类型。

巴纳德根据联盟成员的连接纽带不同，将战略联盟划分为股权式联盟和契约式联盟。

史占中根据战略联盟的实践和发展，从股权参与和契约联结的方式来看，将其划分为合资企业、相互持股投资和功能性协议三种类型。[②]

以上学者通过不同视角将战略联盟进行了划分，取得了一定的理论进步。但是，决定联盟是否能够稳定持续运行的关键在于联盟成员间是否存在直接的竞争关系。联盟成员间存在直接竞争关系往往心存芥蒂，在联盟运行过程中难免会出现机会主义、学习竞赛等行为，阻碍战略联盟持续稳定的发展。因此，20世纪90年代法国著名战略管理学者皮埃尔·杜尚哲和贝尔纳·加雷特在其著作《战略联盟》中，根据战略联盟成员间是否存在直接竞争关系将其分为竞争性战

---

① 迈克尔·波特：《竞争战略》，陈小悦译，中国财经出版社1998年版，第56页。
② 史占中：《企业战略联盟》，上海财经大学出版社2001年版，第59-60页。

略联盟和非竞争性战略联盟，在业界和学界都得到了普遍认同。

竞争性战略联盟是指"为了增强企业的竞争实力，由在同一市场上有着相同或类似的产品和服务的企业，在生产经营的某一环节上结成战略联盟，通过加强合作来减少企业之间不必要的虚耗，使之更加有效地参与市场竞争，获取额外的收益"。[①] 与其相反，非竞争性战略联盟是指"来自不同产业或者同一产业中不同业务领域的企业，为了应对出现的市场机遇，以交换各自拥有的关键性资源为手段，以降低经营成本、获得额外收益为目的而结成的一种网络式动态联盟"。[②]

1. 竞争性战略联盟的概述

竞争性战略联盟是 2003 年 Soekijad 和 Andriessen 在《竞争性战略联盟的知识共享条件》一文中提出的，该文提出参与联盟的成员是在相同市场上生产和销售相同类型的产品或服务的竞争对手，而不是传统意义联盟中处于供应链上下游的供应商与消费者。[③]

我国对传媒竞争性战略联盟的研究尚处于起步阶段，因为联盟内容的细分和不同性质的媒体联盟在实际操作中有很大的差异。实践中不断丰富和发展的传媒战略联盟形式需要更多的学者对传媒战略联盟的长效发展进行深入分析。因此，

---

① 龙勇、杨超:《基于竞争因素的战略联盟性质研究》,《经济与管理研究》2006 年第 5 期。

② 魏中龙、金益:《论企业间的非竞争性战略联盟》,《北京工商大学学报(社会科学版)》2008 年第 5 期。

③ 李薇:《竞争性战略联盟的合作效应研究》,重庆大学经济与工商管理学院 2009 年硕士论文,第 17 页。

传媒战略联盟的研究将是一个不断发展的命题。从媒介市场化的视角出发，对传媒竞争性战略联盟的研究主要从企业联盟理论和传媒联盟理论两个视角进行梳理。

从企业战略联盟的视角来看，对于战略联盟的研究已有较多的成果，主要集中在航空、汽车等的工业领域和科技产业领域。但是明确以竞合关系为切入点的竞争性战略联盟的研究并不多，龙勇和李薇等人围绕企业竞争性战略联盟，以数学模型为手段从联盟合作效应、联盟结构、伙伴关系、企业联盟能力等方面进行了研究。《竞争性联盟内生合作效应的中介效应分析》（2009）运用回归分析方法，以 SPSS15·0 为工具进行因子分析，从联盟内部验证了竞争性联盟的合作效应与其影响因素之间的关系，发现联盟结构与内部风险在影响因素与合作效应因果链中均发挥着较为显著的中介作用。《竞争性战略联盟的合作效应研究》（2009）运用结构方程模型方法分析出成员向联盟投入的资源水平、联盟所处的行业竞争强度以及联盟结构模式对联盟的合作效应具有显著的影响关系。《竞争性战略联盟中企业联盟能力影响因素的实证研究》（2010）采用 SPSS 软件进行因子分析，利用 A-MOS7·0 软件进行结构方程分析探索出影响企业联盟能力的主要因素。《学习型竞争性联盟的不稳定性分析》（2011）采用博弈模型求解混合均衡，发现可以通过增加相互间关联资本数量和持续创造新知识的方式来减少联盟的不稳定性。

此外王明贤和宋效中在《同行企业间竞争性联盟的经济学思考与分析》（2008）中以经济学中的 Logistic 模型，分析探讨了企业由个体运行模式演变为企业间竞争模式以及与竞争对手合成为多利益群体的企业联盟模式的演进关系。《企业竞争性联盟的资源共享模型》（2008）通过建立同一产品在市场上相互竞争的两个企业间联盟的资源共享模型，发现联盟个体从联盟中获得可利用的资源使个体利益增加，而共享资源也使联盟体的收益大于联盟个体的收益之和，得出共享资源是竞争性联盟价值所在的结论。

综观以上企业竞争性联盟的系列研究可以看出，其主要通过建立数学模型假设，运用不同的工具进行函数公式计算的结果中得出系列结论，分析方法具有很强的专业性，而在传媒竞争性战略联盟的研究中，会涉及更具体的业务层面的分析。因此在这些研究的基础上传媒战略联盟研究可以借鉴其理论思路，为传媒战略联盟的深入研究提供方法和方向上的参考。

从以上国内外学者的研究成果可以看出，竞争性战略联盟建立的前提是存在一定竞争关系的竞争对手之间谋求的合作，以合作的方式缓解竞争的压力和损耗，在竞争中寻找利益统一，以合作获得更多竞争力，即竞合。

竞合是将合作与竞争结合起来，使企业同时从两个原本对立的角度去考虑企业的生存方式。竞合理论主张抛弃过去"鱼死网破"的单纯竞争思想，提倡企业以双赢为理念，促进企业之间优势要素的互补、资源的共享、共同承担风险、大幅降低成本以及收益的快速提升，在实现产业整体发展的基础上，使竞争者的实力都能得以增强。[1] 竞合理论的本质

---

① 江林：《竞合理念与战略联盟中的合作关系整合》，《济南市委党校学报》2002年第2期。

在于强调以协同为基础的战略合作过程。市场参与主体为了共同的目标和利益，采取互相扶持、相互配合的态度和行动，并且相互的合作是基于长期的、战略的过程，为了双方长期的利益可以牺牲短期利益，强调以双赢为目标的经营动机。[①] 竞争性战略联盟的构建基础充分体现了竞合理论的本质。竞争性联盟的合作对象通常发生在同行业的直接竞争对手之间，包括未成为市场空间中直接交锋的潜在的同行业竞争对手。

竞争性战略联盟从形式上来看，类似于媒体与市场之间的"中间组织"，通过协议或参股在媒体间建立起紧密合作的间接交易关系，不完全脱离市场竞争，也不完全依赖市场价格。从成员关系来看，参与联盟的各方是在优势互补、资源共享的基础上依据一定的协议达成的平等独立的合作关系。联盟成员之间处于对等的位置上，没有隶属关系，因而在组织结构上，通常比较开放、灵活，从而能对市场变化做出及时的反应。

2. 非竞争性战略联盟的概述

战略联盟产生之后，随着实业界对于战略联盟的不断尝试，战略联盟也表现出不同的形式。例如杭州绿盛是全国最大的牛肉干生产厂商，天畅网络则是国内 3D 网络游戏开发商。2005 年，杭州绿盛打算推出 QQ 能量枣这一新产品，天畅网络也准备推出《大唐风云》这一新游戏，双方通过成立战略联盟，《大唐风云》将 QQ 能量枣作为游戏道具之一，从

---

① 章平：《战略传媒：分析框架与经典案例》，复旦大学出版社 2004 年版，第 222 页。

而为 QQ 能量枣这一新产品增添了全新的内涵，也提升了 QQ 能量枣的知名度和时尚感；与此同时，绿盛将《大唐风云》游戏形象作为主体形象印刷在 QQ 能量枣的外包装上，一年 2 亿袋的销量加上电视广告、户外广告、超市陈列等形式的大力宣传，为《大唐风云》节省了巨额的推广费用。这一成功案例引起了学术界的重视，我国对非竞争性战略联盟的研究主要是以杭州绿盛集团和天畅网络两家跨产业合作联盟的成功案例为源头的。

最早是由潘勇、于克信（2007）[①] 和陈劲、杨峰（2007）[②] 两篇分析杭州绿盛集团和天畅网络 R&V 战略联盟的论文将非竞争性战略联盟的概念引入我国。所谓 R&V 非竞争性战略联盟，就是现实资源（Real Resource）和虚拟资源（Visual Resource）的整合创造价值的思想。这两篇论文的共同之处是以案例分析的形式来归纳总结非竞争性战略联盟区别于传统战略联盟的特征与比较优势。

张钢和倪旭东（2007）[③] 提出了 R&V 非竞争性战略联盟的概念，在分析其三大优势的基础上，指出了其形成机理和运行模式，将 R&V 联盟的研究从案例分析提升到策略研究的高度。魏中龙、金益（2008）[④] 对非竞争性战略联盟的基本

---

① 潘勇，于克信：《R&V 非竞争性战略联盟比较优势分析》，《经济理论研究》2007 年第 1 期。

② 陈劲，杨峰：《R&V 非竞争性战略联盟：战略联盟的全新模式》，《管理学报》2007 年第 1 期。

③ 张钢，倪旭东：《R&V 非竞争性战略联盟：一个案例研究》，《研究与发展管理》2007 年第 8 期。

④ 魏中龙，金益：《论企业间的非竞争性战略联盟》，《北京工商大学学报（社会科学版）》2008 年第 5 期。

概念界定进行了深入的分析，并对其特征、运行方式以及如何构建非竞争性战略联盟提出了独到的见解。薛捷（2009）①则通过更加详实的案例分析，总结和归纳了 R&V 非竞争性战略联盟的特点和优势。

东北财经大学王江涛（2007）②从五个角度对传统战略联盟和 R&V 非竞争性战略联盟进行了比较分析，并且对 R&V 联盟的构建和管理提出了可行性的策略，较为系统地总结了 R&V 非竞争性战略联盟的概念、特点和价值，并分析了联盟构建的路径与管理的方法，并揭示了其对我国自主创新的启示。东北财经大学宋海霞（2010）③首次对非竞争性战略联盟进行了稳定性的分析，通过国内外五组知名企业的联盟案例，认为联盟稳定的前提是合作伙伴的选择；联盟稳定的保障是嵌入式联盟模式；联盟的消极因素是利益互补的弱约束。

通过对国内外学者的非竞争性战略联盟研究的分析，可以看出所谓的非竞争性战略联盟，其区别于竞争性战略联盟的核心概念就是"非竞争性"，其主要有三种具体形式：一是分处于不同产业的企业；二是分处于同一产业不同领域的企业；三是指分处于不同市场领域的企业。因此，非竞争性战略联盟可以定义为处于不同产业的企业、处于同一产业不同领域、不同市场的企业间，为了资源共享、优势互补、风

① 薛捷：《非竞争性战略联盟：一种创新的战略联盟形式》，《科技管理研究》2009 年第 5 期。
② 王江涛：《R&V 非竞争性战略联盟研究》，东北财经大学 2007 年硕士论文，第 23 页。
③ 宋海霞：《非竞争性战略联盟的稳定性研究》，东北财经大学 2007 年硕士论文，第 3 页。

险共担等共同的战略目标，以交换各自拥有的关键性资源为手段，在保持相互独立的前提下通过股权参与或契约协议等方式，在某些领域建立相对稳定的合作关系的介于市场和企业的中间组织。

3. 竞争性战略联盟与非竞争性战略联盟的区别

竞争性战略联盟与非竞争性战略联盟都具有战略联盟平等、低成本、一致性、开放性等方面的共同特点，但是也存在自身的特有属性。

首先，联盟伙伴选择的差异。竞争性战略联盟与非竞争性战略联盟的划分依据是联盟成员的选择。竞争性战略联盟选择的联盟对象是处于同一行业或同一市场上有着相同产品和服务的企业，在联盟成员之间既存在某一个市场或某一个环节的合作，同时也存在其他领域或环节的竞争，竞争与合作是竞争性战略联盟成员间永恒的话题。而非竞争性战略联盟中的成员，则大多处于不同产业、同一产业不同领域或不同市场，正是由于这样的成员结构，也使得非竞争性战略联盟成员间本身不存在竞争关系，而是为了纯粹的合作而进行的联盟。

其次，联盟形成动因的差异。一般来说，战略联盟的动因都是为了能够实现自身的企业战略，弥补企业的"战略缺口"，借助联盟来实现相互资源共享、竞争优势互补、市场风险共担的目标。但是，在具体实践过程中，竞争性战略联盟和非竞争性战略联盟之间的动因，存在一定的差别，主要体现在：（1）竞争性战略联盟的起因往往是要在某一个市场或某一个环节，通过联盟来实现规模效应，从而降低企业的成本。例如全国省级台民生新闻协作体是为了能够整合各成员电视台的资源，从而降低民生类栏目的成本；CSPN也是为了通过各电视台的"抱团取暖"来降低获取体育类节目资源的成本；另外，广告联盟、购片联盟等多种联盟形式，也是为了能够在某个环节降低媒体的成本。（2）非竞争性战略联盟则往往是为了抓住市场发展的机遇，借助其他行业的资源来开拓全新的市场。例如苏州广电集团与苏州广大集团签署战略合作协议，合力打造苏州第一婚庆品牌，借助苏州广大集团拥有松鹤楼高档婚宴场所，双方整合在婚庆策划、创意、推广、执行中的优势，全力进军婚庆市场；北京广播电视台与北京市教委签署的战略合作框架协议，双方共同开发全新的业务领域——"北京数字学校"。

第三，联盟风险控制的差异。竞争性战略联盟由于联盟成员间存在直接的竞争关系，基于共同研发新技术、推广新产品、共享资源等目的结成战略联盟，在合作的同时往往伴随着学习竞赛、机会主义、高成本等现实困境，往往使得联盟成员陷入"零和"博弈，束缚着联盟合作的深度，这也一直制约着竞争性战略联盟的发展。而非竞争性战略联盟虽然联盟成员间不存在竞争关系，但是非竞争性战略联盟成员间多以某一个短期目标而进行资源整合，一旦目标实现或失败，联盟成员常常会分道扬镳，这也使得这一类联盟形式稳定性不足。

最后，联盟合作资源的差异。竞争性战略联盟主要有新闻报道联盟、广告联盟、购片联盟、合办频道等形式，主要以内容资源、广告资源进行资源共享和资源互补，联盟合作资源较为单一。例如上文提到的全国省级台民生新闻协作体，联盟成员之间共享的是各电视台在采编报道方面的内容资源；贵州卫视与甘肃卫视合资成立广告公司，则是共享了双方的广告资源。非竞争性战略联盟由于与其他产业的企业或传媒其他领域的企业合作，联盟不仅局限于内容资源、广告资源的共享，还包括资金、技术、渠道以及品牌等其他产业核心资源的共享和互补。例如 SMG 作为非竞争性战略联盟运作较为成熟的媒体，可以看到其与法国电信合作，充分利用了对方海外市场和电信技术资源；联合多家金融机构和企业成立私募股权基金 CM，充分利用了对方在金融投资领域的资源；与中国银联合作，则充分利用了对方在线支付体系与技术方面的资源。

二、　区域传媒战略联盟的概述

（一）传媒战略联盟的内涵

传媒战略联盟，就是将战略联盟这一概念引入传媒产业中，但并不是单纯的生搬硬套，而是在结合传媒产业基本特性的基础上对其加以定义。

1. 传媒战略联盟的义献综述

随着我国传媒业界运用战略联盟的实践越来越广泛，我国学者对传媒战略联盟的研究也越来越关注，并且在研究的深度和广度上都达到了新的高度。研究的议题包括：

一是传媒战略联盟的概念分析，将战略联盟的概念引入到传媒产业，对传媒战略联盟基本概念进行分析。例如学者金雪涛的《传媒企业战略联盟的类型及形成动因》，从传媒战略联盟的概念、类型、动因等方面进行了论述，较为全面、准确的阐述了传媒战略联盟本体，具有一定的开创意义。[①]
学者强月新、黄晓军在其著作《中国大众传媒合作竞争论》
中，运用竞合理论解读了传媒战略联盟的内涵，并将战略联
盟作为大众传媒竞争合作的基本模式。该书对大众传媒战略
联盟的动因、模式、历史演进、空间演化以及存在的问题及
体制创新，均做了较为全面的阐释，对大众传媒战略联盟的
研究具有较高的参考价值。[②]

　　二是传媒战略联盟的路径分析，通过传媒战略联盟案例
归纳出传媒战略联盟在发展过程中的原则、模式、动因、趋
势等内容。代表性的包括：学者罗以澄、姚劲松等在《电视
媒体联盟的优化升级策略》《战略联盟：中国报业成长绕不
开的话题》等论文中，认为战略联盟是传媒产业未来发展的
重要战略选择，并围绕传媒产业的发展现状，运用详实的案
例，对现阶段我国传媒业运用战略联盟时的原则、目标、趋
势进行了透彻的论述，具有较大的参考价值。[③] 国家广电总
局发展研究中心李岚研究员则将研究重点放在电视媒体领域，
其将电视媒体战略联盟分为跨区域资源整合模式、专业化节
目制播联盟模式，并且对电视媒体战略联盟的未来发展趋势
进行了前瞻。[④]

---

　　① 金雪涛：《传媒企业战略联盟的类型及形成动因》，《中国传媒经济（第一辑）》，中国传媒大学出版社 2004 年版，第 17 - 23 页。

　　② 强月新、黄晓军：《中国大众传媒合作竞争论》，人民出版社 2011 年版，第 16 - 18 页。

　　③ 罗以澄、姚劲松：《电视媒体联盟的优化升级策略》，《现代传播》2011 年第 8 期。

　　④ 李岚：《媒体联盟：构建广电市场体系的战略抉择》，《视听界》2009 年第 2 期。

三是传媒战略联盟的机制分析。随着对传媒战略联盟研究的深入，我国学者开始对传媒战略联盟进行更加微观的分析，对传媒战略联盟形成过程中诸如伙伴选择、联盟设计谈判、联盟控制等方面进行了研究。例如学者张辉峰（2013）在《中国竞争性购剧联盟的伙伴选择机制浅析》一文中提出电视媒体购剧联盟的伙伴选择应当考虑资源的互补性、资源的整合性、效益的双赢性、组织文化的兼容性、战略目标的一致性以及伙伴的可信任性六个指标。[1] 其在《浅析我国电视剧市场的电视台购剧联盟行为》一文中，又对购剧联盟的风险及控制机制设计进行了深入的阐释。[2]

四是对传媒战略联盟质疑的探讨。虽然战略联盟被传媒业界大量采用，但是传媒战略联盟取得的效果却不尽如人意，这使得部分学者对联盟所带来的收益和效果提出了质疑和思考。例如学者黄晓军（2010）在《我国传媒联盟存在的问题及思考》中提出在战略联盟过程中存在着联盟效果、联盟垄断、联盟松散等问题。郭全中（2007）在《媒体联盟，姿态抑或实质?》中，对部分媒体联盟多是一种姿态、形式和噱头，而实际作用有限的问题进行了深入剖析。[3] 学者刘松博、苏中兴（2007）则利用传媒业两个失败的案例，分析传媒战略联盟在知识资源风险及控制方式中存在的缺陷。[4]

---

[1] 张辉峰:《中国竞争性购剧联盟的伙伴选择机制浅析》,《国际新闻界》2013 年第 3 期。

[2] 张辉峰:《浅析我国电视剧市场的电视台购剧联盟行为》,《新闻大学》2013 年第 4 期。

[3] 郭全中:《媒体联盟,姿态抑或实质?》,《传媒》2007 年第 10 期。

[4] 刘松博、苏中兴:《中外传媒企业战略联盟失败的两个案例分析:一个资源观的视角》,《生产力研究》2007 年第 19 期。

2. 传媒战略联盟的基本特点

基于国内学者对传媒战略联盟的综述，并结合我国传媒产业的现状，可以将传媒战略联盟的特点归纳为以下四方面：

首先，传统媒体"条块分割"造成了传媒战略联盟分类的独特性。在我国，以报纸、电视、广播为代表的传统媒体，自从上个世纪80年代就开始了"条块分割，以块为主"的分级管理模式，形成了既受到当地宣传部门领导，也受上级新闻出版广电部门领导的双重领导模式。我国传媒的分级管理特征，使得除了全国性质的媒体和省级卫视以外，我国的传统媒体市场以行政区划为边界进行了分割，在地方报纸、广电的体系内，并不存在竞争关系。正是因为这一行业特性，在对我国传媒战略联盟进行划分时，分处于不同行政区域的地方媒体间的战略联盟，因为不存在竞争关系，因此应属于非竞争性战略联盟。

其次，传媒战略联盟受政策限制明显。由于传媒产品具有"准公共产品"的特性，使得传媒业既具有公共属性，又具有政治属性。在我国，"事业性质，企业管理"的经营方式，使得我国传统媒体不可能像西方媒体那样展开完全的市场竞争，各家媒体最重要的"身份"，仍然是党和政府的喉舌，受到各级党委宣传部门的领导，重大的经营决策仍需要获得当地宣传部门的首肯。例如在2010年，上海广播电视台第一财经频道试图与宁夏电视台综合频道展开合作，目的在于借助宁夏卫视"上星"的优势，将第一财经的节目资源覆盖全国，同时也使得宁夏卫视成为一个既有财经特色又有全国影响力的卫视频道。但是，宁夏当地政府认为合作造成了宁夏卫视当地特色不足、宣传职能弱化，使双方合作最终停止。

第三，传媒战略联盟以内容产品为主。传媒产品大多以新闻、栏目、影视作品等形式表现出来，其在生产和消费上都有别于其他商品。在内容产品生产上，由于内容产品的成功与否，大多来源于创作团队的创新能力，并不能用工业产品的生产工艺来衡量，因此内容产品具有很强的不确定性。在内容产品消费上，内容产品无论在哪消费，消费多少次，都不会影响内容产品的价值，这也使得内容产品的边际成本几乎为零，也就是说内容产品除了一次性的生产支出外，几乎不用再投入其他额外的成本，就可以供社会公众进行消费。①

最后，传媒战略联盟区域化趋势显著。改革开放以来，我国经济建设取得了长足发展，由于各地的经济基础和区位优势的差异，我国逐渐形成了京津冀、长三角、珠三角、东北等各具特色的经济区域。这些经济区域在加强内部资源整合，加速区域内一体化建设的同时，也形成了各自独有的区域经济和文化特色。传媒一直都与当地的经济发展密不可分，不但是当地经济发展的重要组成部分，而且当地经济发展水平也影响着传媒的发展水平。随着我国区域经济的不断发展，我国传媒产业也逐步呈现出区域化发展的趋势。例如2005年，由南京广电集团牵头、联合江苏省内家多家城市台共同出资成立了"城市力量——江苏电视广告联盟"，成为江苏地区最大的电视剧购买商和电视剧内容供应商。紧随其后，江苏省和浙江省全部24个地级以上城市台联合成立了国内

① 肖弦奕:《中国传媒产业结构升级研究》，中国传媒大学出版社2010年版，第31页。

首个跨省城市电视台经营联盟"江浙城市电视台经营协作组织"。在报纸媒体方面，早在 2001 年西北五省区的主流都市报就组建了一个互动联盟，成员包括三秦都市报、兰州晨报、新消息报、西海都市报、新疆都市报 5 家报纸，联盟成员在新闻宣传、广告经营、报纸发行等方面进行了合作。[①]

3. 传媒战略联盟的定义

结合学界对传媒战略联盟的研究成果，传媒战略联盟可以定义为媒体为弥补自身资源与战略目标间的"战略缺口"，为实现资源共享、优势互补、风险共担等共同的战略目标，在保持相互独立的前提下通过股权参与或契约协议等方式，与其他经济组织在某些领域建立相对稳定合作关系的介于市场和企业的中间组织。按照成员间的竞争关系，分为传媒竞争性战略联盟和传媒非竞争性战略联盟。

传媒竞争性战略联盟的合作成员基本属于同质媒体，在媒介市场中存在着不同程度的竞争关系，区别于媒体与业外企业或组织的合作。因此，传媒竞争性战略联盟可以理解为处于同一市场或存在竞争关系的媒体之间，为实现媒体优势资源共享、降低经营成本、共同抵御市场竞争对手的战略目标，在保持相互独立的前提下通过股权参与或契约协议等方式，在某些领域建立相对稳定合作关系的介于市场和企业的中间组织。

传媒非竞争性战略联盟可以定义为媒体与其他产业的企业、处于传媒产业不同环节或不同市场的媒体，为实现优势

---

① 郭全中:《当前报业七种区域化发展模式比较》,《青年记者》2007 年第 7 期。

资源互补、开拓全新市场、风险共担等共同的战略目标，以交换各自拥有的关键性资源为手段，在保持相互独立的前提下通过股权参与或契约协议等方式，在某些领域建立相对稳定合作关系的介于市场和企业的中间组织。

（二）区域传媒战略联盟的内涵

区域传媒战略联盟是在传媒战略联盟基础上，对联盟空间属性进行限定而产生的类型。其既具有传媒战略联盟普遍性，又由于其自身特有的空间特征而具有独特性。

1. 区域传媒的阐释

在理解区域传媒战略联盟之前，首先要对区域传媒的概念进行界定，国内学者对区域传媒的阐释主要包括：

其一，区域传媒是传媒区域化发展的产物。学者黄升民、宋红梅在《新趋势、新逻辑与新形态——区域媒体的形成轨迹与发展趋势解读》中认为："地方传媒必将随着区域经济一体化的发展，获得更大的发展空间，突破地域限制，突破条块分割的现实，资源集聚、低成本运作、优势互补、规模优势等状况将相继出现，形成强大的市场竞争力；与此同时，区域经济的崛起，促进区域社会的形成，信息传播需求大规模地扩增，加之知识经济兴起所带动的经济转型，以传媒为龙头的文化产业必将崛起，一方面借助区域经济打造的更广大的平台，另一方面借助区域经济带来更强大的经济推动力，地方传媒会获得新的资源基础、施展空间和动力源泉，自身经济效能、社会影响力迅速扩充，生存与发展的根基进一步深厚，在促进社会和谐进步的同时，地方传媒的触角和功能获得前所未有的延展。那么在这一阶段，地方传媒或者地方广电的提法将不再合适，区域传媒将闪亮登场，成为替代词"。①

其二，区域传媒是区域经济条件下产业集聚的产物。中国传媒大学宋红梅博士发展了对区域传媒的理解，在《中国区域媒体发展研究》中指出："针对区域媒体现象的理解，一是区域媒体是地方媒体的发展趋势；二是区域媒体是伴随着区域经济的抬头形成的地方媒体的联合合作，区域经济为其提供重要的基础；三是广告客户形成的区域投放习惯，促成了地方媒介的区域合作。但她认为这仅仅是表象，所谓区域媒体，是指区域内经济分工、经济合作增强，区域间联合、合作增多，地域壁垒逐渐被打破，形成区域集聚，大众媒介借助区域经济一体化的潮流进行新层面上的融合合作"。② 她认为，随着区域经济一体化的发展，区域媒体将逐渐"浮出水面"。

其三，区域传媒可以打造区域性传媒集团。学者张卫华、张志安在《关于组建区域性报业集团的构想》一文中，认为区域报业集团是依托一个区域经济和一种区域文化为背景的报业集团，突破报业集团以一个城市经济为立足点的旧格局，站在更大的地域范围内、追求更大的发展空间，并力求从现在的城市垄断走向区域垄断优势。③ 同时，该文也从业务模式、宣传管理、产权安排等方面进行了大胆的设想。

---

① 黄升民、宋红梅：《新趋势、新逻辑与新形态——区域媒体的形成轨迹与发展趋势解读》，《现代传播》2007 年第 2 期。

② 宋红梅：《中国区域媒体发展研究》，中国传媒大学出版社 2007 年版，第 8 页。

③ 张卫华、张志安：《关于组建区域性报业集团的构想》，《新闻大学》2004 年夏季刊。

针对以上三个层次对"区域传媒"的理解，学者强月新、黄晓军在其著作《中国大众传媒合作竞争论》中认为："第一种将区域传媒理解为区域经济下存在着联合的地方传媒，其合作程度属于表层；第二种则是区域经济条件下的产业集聚，这种集聚指区域传媒之间的分工协作，较之前一种更加深入，取长补短，资源共享，层次更高；第三种实际上是将经济区域内的传媒进行整合，成立一个具有现代企业制度的，突出其经济职能的传媒集团，则是在形式上的一体化、传媒之间的合作内部化。随着我国传媒产业发展，越来越趋于理性，研究者才觉得取中间层次也许是最为现实的事情。"[①]

由此可以看出国内学者对于区域传媒无论从边界界定、合作层次等方面都未实现统一的理解，本书更倾向于强月新、黄晓军两位学者的意见。现阶段区域经济一体化的不断推进，为我国传媒产业区域化发展提供了坚实的经济基础，区域传媒的发展必将成为我国传媒产业发展的重要趋势之一。但是，表层的、简单的地方媒体的跨区域合作和区域化发展，只是区域媒体发展的初级阶段，"条块分割"的区域限制势必会阻碍着区域媒体的进一步发展。区域传媒的集团化形成仍需要很长的发展过程，并且会造成集团化形成后内部管理成本的增加。因此，现阶段以区域化经济蓬勃发展为条件，实现传媒产业区域分工，联合合作，建立联盟，形成产业集群的中层次区域传媒，才更适应现阶段区域传媒的发展需求。

[①] 强月新、黄晓军:《中国大众传媒合作竞争论》，人民出版社 2011 年版，第252 页。

2. 区域传媒的空间特征

区域传媒作为区域经济发展的重要组成部分和产物，以区域经济为动力，在地理区位和文化区位上都较为集中，并以产业集聚的形式最终表现出来。据此我们可以总结出区域传媒的空间特征。

一是以区域经济为动力。改革开放以来，我国逐渐形成了长三角、珠三角、京津冀等区域性经济圈，区域经济一体化趋势明显。区域经济内部生产要素地域间的自由流动，促使区域内的经济体间联系密切，从而打破传统行政区域的限制，逐步融合为一个经济共同体。区域经济一体化的长足发展，也为传媒产业区域性发展提供了必要的经济基础，成为区域传媒发展的内在动力。区域经济一体化为区域传媒的形成不仅提供了必要的基础设施，也为区域传媒提供了统一的广阔市场，便于区域传媒为广告主提供更大的传播平台和更大的受众人群。

二是注重地理区位的集中。迈克尔·波特在其著作《竞争优势》中提出了"钻石模型"，认为其构成要素有四个："一是要素条件，二是需求条件，三是相关产业及支撑产业，四是企业的战略、结构和竞争对手，同时还有机会和政府两个附加要素。"波特强调国内竞争的压力和地理集中是使整个"钻石模型"构架成一个系统的必要条件。国内市场的竞争压力可以提高国内其他竞争者的创新能力；地理集中将使四个基本因素整合为一个整体，从而更容易相互作用和协调提高。① 从波特的理论中可以看出，地理区位的集中，对于

---

① 迈克尔·波特：《竞争优势》，陈小悦译，华夏出版社1997年版，第209 - 211 页。

空间上的产业集聚和资源整合具有至关重要的作用。对于区域传媒而言，地理区位上的集中将原本条块化的市场，借助区域经济粘合在一起，形成更加广阔的区域经济市场；同时，也使大量相关产业资源以及支撑机构在空间上集聚，为传媒产业集聚提供了必要条件。

三是拥有相近的文化属性。传媒产业作为文化产业的核心，其最主要的产品就是内容产品，而内容的土壤则是文化。学者罗以澄、张春朗认为："目前，我国大致上可以分为16个文化区域，每个文化区域因为文化理念不同和经济发展水平不一样，区域内的受众欣赏理念也不尽相同，有的甚至差异很大。另外，由于长时间在具体的区域生存与发展，每个区域的广电传媒内容必然带有很强的区域特色，与其他区域的传媒内容有着很大的差异。"① 正是文化属性相近性的要求，需要区域传媒在栏目制作、电视剧选择等方面的合作，应当具备较为接近的文化土壤。

四是形成区域性媒介集群。迈克尔·波特认为产业集群是指在特定区域中，具有竞争与合作关系，且在地理上集中，有交互关联性的企业、专业化供应商、服务供应商、金融机构、相关产业的厂商及其他相关机构等组成的群体。其核心是在一定空间范围内产业的高集中度，这有利于降低企业的制度成本（包括生产成本、交换成本），提高规模经济效益和范围经济效益，提高产业和企业的市场竞争力。② 区域传媒的发展，除了区域经济一体化的内在要求外，也是为了能

① 罗以澄、张春朗：《区域性广电传媒如何"跨区域"发展》，《今传媒》2009年第11期。

② 迈克尔·波特：《竞争优势》，陈小悦译，华夏出版社1997年版，第55页。

够在区域内形成传媒产业间相关联企业在空间上的集聚，从而形成规模效应降低媒体的生产成本，形成范围经济降低媒体的交换成本，最终在区域内形成有竞争力的区域媒体，对区域外的媒体形成竞争力。但是，现阶段我国主要经济区域内的传媒产业仅仅是空间上的集聚，很难真正实现融合发展。邵培仁先生认为，媒介集群是指在一定空间内生存与坐落于特定区域或环境内的各种媒介实体所形成的集合体。在这一区域内，各种媒介之间由于媒体人员流动、信息互动、资源互换、自由竞争以及特定地域的历史文化、风俗习惯和政治经济生态的影响，从而会形成自己的地理优势、传播特色、媒介形态和特殊功能。[①]

3. 区域传媒战略联盟的定义

区域传媒战略联盟的研究虽然并未形成潮流，但也已经取得了一定的成果，主要包括：

学者强月新、黄晓军在其著作《中国大众传媒合作竞争论》中，将区域传媒放在竞合理论的大背景下进行论述，认为同在区域经济条件下的传媒内部发展的不均衡，要么相互学习、取长补短，有竞争有合作；要么联合起来，在区域市场甚至全国市场中凸显自己的传播价值。他们还认为，传媒从地域传媒到区域传媒，传媒间的合作在其中起着关键的作用，可以说，地域传媒区域化的过程就是传媒合作竞争的过程，是一个共生共荣的过程。[②]

吴玉玲则在其专著《我国广电媒体跨区域发展模式研

---

① 邵培仁：《论中国媒介的地理集群与能量积聚》，新闻大学 2006 年秋季刊。

② 强月新、黄晓军：《中国大众传媒合作竞争论》，人民出版社 2011 年版，第 252－253 页。

究》中提出，战略联盟的合作关系具有帮助企业保存现有资源、分担风险、共享信息、获取其他资源、降低生产成本、改进技术能力、提高可靠性等功能，并将战略联盟作为广电媒体跨区域媒体联盟发展的模式之一，总结出了四种战略联盟类型：节目联合直播模式、广告联盟竞争模式、专业化制播联盟模式、协作联盟发展模式。但是，该专著研究的广电传媒跨区域，实际上是传媒的跨地域发展，仅是媒体的简单合作，并不以区域经济一体化为基础，也不存在区域传媒产业的集群。[①]

余建清在其博士论文《我国区域传媒产业发展研究》一文中，虽然提到了战略联盟可以成为区域传媒发展的一种手段，但是认为区域传媒战略联盟存在机会主义的困境，对于区域传媒的发展并不一定真正发挥作用。[②]

基于对区域传媒理论综述和空间特征分析，我们认为所谓区域传媒战略联盟，就是媒体以区域经济一体化为动力，为实现服务区域内市场经济，打造传媒产业集群的共同目标，在保持相互独立的前提下通过股权参与或契约协议等方式，与区域内媒体或其他组织在某些领域建立相对稳定合作关系的介于市场和企业的中间组织。

---

① 吴玉玲：《我国广电媒体跨区域发展模式研究》，中国传媒大学出版社 2014 年版，第 40 页。

② 余建清：《我国区域传媒产业发展研究》，武汉大学 2009 年博士论文，第 86 页。

第二节　区域传媒战略联盟的理论依据

区域传媒战略联盟这一概念，其关键词为"区域传媒"和"战略联盟"，区域传媒这一概念的理论基础主要有产业集聚理论和经济增长极理论；战略联盟这一概念的理论基础为交易费用理论、资源基础理论、价值链理论、产业集群理论和经济增长极理论。本书针对区域传媒战略联盟这一全新概念，分别从两个关键词的理论基础入手，试图探究其理论根源，从而更好地理解这一概念的内涵与外延。

一、交易费用理论

战略联盟作为相互独立的企业间较为稳定的合作关系，其本身是介于企业与市场间的"中间组织"。正是由于企业间相对稳定的合作关系，从而降低了企业间进行组织协调、信息获取等方面的交易费用。因此，引入交易费用理论有助于进一步理解联盟如何降低交易费用的实质。

（一）交易费用概念的界定

罗纳德·科斯在 1937 年发表的《企业的性质》一文中创造性地提出"交易费用"这一概念，认为市场运行中存在着"交易费用"，交易费用范畴的引入，进一步开拓了经济学分析的领域和视野。科斯认为交易费用至少包括两项内容：（1）"运用价格机制的成本"，即在交易中发现相对价格的成本。其中包括获取和处理市场信息的费用。（2）为完成市场交易而进行的谈判和监督履约的费用，其中包括讨价还价、订立合约、执行合约并付诸法律规范因而必须支付的相关费用，这是交易过程中发生的费用。此外，还包括未来不确定性风险而引致的费用，以及度量、界定和保护产权的费用。①

此后，马修斯在此基础上提出了交易费用是事先安排合约、事后监督维护费用的总和。阿罗则认为交易费用是经济系统的运行费用。

交易费用理论的集大成者——新制度经济学家奥利弗·E·威廉姆森，更加形象的将交易费用形容为"经济世界中的摩擦力"。他在《资本主义经济制度》一书中，将交易费用分为事先交易费用和事后交易费用。事先交易费用就是企业起草、谈判、落实某种协议的成本；事后交易费用则包括当事人推出契约关系所支付的费用、冲突法律诉讼费用等多种形式的费用支出。

（二）交易费用的决定因素

新制度经济学家奥利弗·E·威廉姆森通过多年对交易费用理论的研究，总结归纳出交易费用有两方面的决定因素：一是交易主体行为的两个假设，二是交易过程特性的三个维度。

1. 交易主体行为的两个假设。与新古典经济学中具有完全理性、完全市场信息的"经济人"相区别，威廉姆森提出了"契约人"的概念，这也就是交易费用的交易主体。在"契约人"这一概念下存在着两个假设：一是有限理性；二是存在机会主义。

有限理性的契约人。"有限理性"概念最早由赫伯特·西蒙提出，他认为面对复杂的环境，由于人们处理信息的能

① 史占中：《企业战略联盟》，上海财经大学出版社2001年版，第76页。

力是有限的，很难完全掌握契约相关的全部信息，加之由于情绪等因素的影响，即使人们主观上追求理性，也只能有限地做出理性选择。威廉姆森接受了西蒙的"有限理性"的概念，他认为面对现实经济环境，"经济人"在签订契约前，不确定性的存在和不完全的信息，使人们很难掌握所有与契约相关的信息，这时的"经济人"就会成为有限理性的"契约人"。而为了能够应对这一现实，需要建立不同经济组织和不同的契约形式，来弥补"契约人"的有限理性行为。

存在机会主义。机会主义指在信息不对称的情况下，人们不完全如实地披露所有的信息及从事其他损人利己的行为。根据新制度经济学对人的假设，人是追求效用最大化的人，人们所从事的各种经济活动最终目的是为了满足自身的需要。人们在追求自身效用最大化时，常常会产生机会主义行为。即借助各种不正当的手段谋取自身利益，不惜损人利己。另外，信息不对称和人的有限理性是机会行为存在的基本前提。正因为人是有限理性的，他不可能对复杂和不确定的环境一览无余，不可能获得关于环境现在和将来变化的所有信息，在这种情况下，一些人就可能利用某种有利的信息条件如信息不对称环境，向对方说谎和欺骗，或者利用某种有利的谈判地位背信弃义，要挟对方以谋取私利。①

由于"契约人"的有限理性和机会主义的存在，使得在市场交易中的不确定性增加，事先的协调成本和事后的监督成本等交易费用也随之增加，这就需要进行制度安排和交易

---

① 奥利弗.E.威廉姆森：《资本主义经济制度》，商务印书馆2002年版，第49–51页。

方式的选择。

2. 交易过程特性的三个维度

威廉姆森从三个维度来解读交易过程的特性，主要包括资产的专用性、交易的不确定性和交易频率。

资产的专用性。资产专用性是指在不牺牲其生产价值的前提下，某项资产能够被重新配置于其他替代用途或是被替代使用者重新调配使用的程度。威廉姆森认为资产专用性的程度决定着交易过程的稳定，资产的专用性越强，也就是说交易双方将资产重新配置于其他用途的可能性也就越小，那么双方违反契约的可能性也就越小，也就客观上降低了双方的交易费用，反之则违反契约的可能性越大，交易费用也就会越高。

交易的不确定性。交易的不确定性来自于两个方面，一是市场环境不断变化的不确定性和消费者偏好的不确定性；二是来自于交易主体间的有限理性和机会主义的假设，造成双方对于市场信息掌握的不对称性，容易产生机会主义，从而给双方交易带来不确定性因素。因此，双方在交易过程中，交易的不确定性越强，双方违反契约的可能性也就越大，那么在制定契约前的谈判费用以及契约签订后的监督费用，也就会随之增加。

交易频率。交易频率越高，意味着签约次数增多，这也给企业带来较高的交易费用。契约人的有限理性假设，使得每一次交易都要获取和传递市场信息，而获取和传递市场信息也是交易成本的重要组成部分。较高的交易频率使得企业每次交易都要反复获取和传递市场信息，自然造成企业需要花费较高的信息费用。因此，在交易频次较高的企业交易中，应当进行制度安排和交易方式的选择，为双方建立较为稳定、低成本的交易制度和形式。

（三）交易费用理论视角下的区域传媒战略联盟

市场经济中，媒体作为契约人，面对有限理性和机会主义的发生，在交易前需要搜集和传递交易信息，在契约签订后又面临着履行契约的监督、执行以及维护费用。面对高昂的交易费用，媒体亟须创新制度安排和交易方式。区域传媒战略联盟作为企业间合作的稳定关系，联盟成员间的熟悉，降低了交易中搜集信息的成本，并且双方长期的合作，提高了违约的成本，有利于建立一种持续稳定的交易关系，降低了机会主义发生的机率。从威廉姆森对交易过程中的三个维度出发，可以考察区域传媒战略联盟是如何克服市场失效与组织失效的问题，并有效地节约交易费用。

首先，区域传媒战略联盟可以提升资产专用性的程度。资产的专用性程度越高，则媒体将资产运用于其他用途的可能性就越低，意味着媒体在交易过程中投资的"沉没成本"也就越高，媒体选择违背契约的可能性也越低，那么媒体对于契约监督维护的交易费用也就越低。战略联盟的建立，是为了构建长期稳定合作关系的组织形式，交易双方针对联盟合作而进行的投资，往往是由双方共同占有的专属资产。传媒战略联盟使双方"共同占有"专用性资产并实行共同监督，从而减少机会主义的行为，节约交易费用。

其次，区域传媒战略联盟可以降低交易的不确定性。交易的不确定性主要是由外部市场环境和消费者偏好，以及交易主体双方作为"契约人"的属性决定的。战略联盟通过双方长期稳定的合作关系，使得联盟成员间能够通过"组织学习"来提高对交易对象的认知能力,从而降低有限理性带来的交易费用;而联盟成员之间的沟通和交流,也有效抑制机会主义的存在,将交易的不确定性降到最低。

最后,区域传媒战略联盟可以降低交易频次产生的费用。对于现实经济中的一般交易而言,交易频次越多,由于每次交易都产生获取信息和传递信息的信息费用,则会产生越高的交易费用。但是战略联盟作为一种稳定交易关系的制度安排,联盟成员间的沟通与熟悉,为双方节约了搜集信息和传递信息的信息费用,不会因交易频次的增加而造成交易费用的增加。另外,如果联盟成员间出现纠纷,也会在联盟的框架内进行和解,避免了高昂的诉讼成本。

经过以上分析可以看出,战略联盟这一制度安排,有利于联盟成员间进行"组织学习",在不确定性的环境中提高自身的认知能力,降低由于有限理性造成的交易主体间形成的交易费用,同时由于长期稳定的合作关系,资产的专有性程度较高,且交易频次较为频繁,任何一方的背叛都面临着高昂的代价,也会有效抑制机会主义行为的发生,最大限度地降低交易费用。

二、 资源基础理论

企业建立战略联盟的动因之一,就是联盟成员通过联盟的方式,获取联盟成员的互补性资源,扩大企业外部资源的范围,实现相互资源的共享和互补。这一联盟目标的成立前提,要求联盟成员的资源是不可完全替代,且不易学习的。资源基础理论为战略联盟的这一战略目标提供了坚实的理论基础。

（一）资源基础理论的主要内容

1984年沃纳·菲尔特《企业的资源基础论》一文的发表意味着资源基础论的诞生。随后，经过格兰特、巴尔奈等学者对企业资源的系统研究，促成了战略管理理论的新流派——资源基础理论流派的产生。资源基础理论派认为企业在本质上不是产品的集合体，而是资源的集合体。同时做出了以下假设：（1）企业具有不同的有形和无形的资源，这些资源可转变成独特能力；（2）资源在企业间是不可流动的且难以复制；（3）企业持续竞争优势的源泉是企业拥有或者控制的独特资源与能力，为了能够获取持续竞争优势，企业必须不断积累资源，集聚能力，并发挥自身资源与能力的作用。

首先，资源的异质性可化为独特能力。资源基础理论认为企业在资源方面的差异是企业获利能力不同的重要原因。资源的异质性既表现在有形资源的异质，也表现在无形资源的异质。有形资源的异质还有可能通过公开市场进行购买，但是像企业文化、创新能力、组织才能等无形资源，已经内化为企业的灵魂，是一个企业参与市场竞争的核心竞争能力。

其次，资源的不可流动和难以复制。资源要素市场的不完善是指关键资源的获取、模仿以及替代的障碍。正是由于这些障碍，阻止了竞争者获取或复制关键资源的能力，导致企业间盈利能力的长期差异。正是资源要素市场的不完善，创造了资源流动的边界，以及竞争企业间资源分配的不对称。

最后，资源是竞争优势的不竭动力。格兰特将资源定义为生产过程中的投入要素，能力是一组资源完成某项特定任务所拥有的能量。企业的竞争优势来源于资源，但不是资源的集合或是资源束，而是一组技能和技术的集合体，是各种知识和组织能力作用于资源的总和，即企业的核心能力。企业核心能力是在特定的"路径依赖"中历经长期的积累而形成的，是在各种技能基础上复合产生的，具有异质性、不可复制性和持久性的特征。①

（二）资源基础理论视角下的区域传媒战略联盟

著名管理学家泰吉（T. T. Tyejee）和奥兰德（G. E. Osland）提出，企业在分析竞争环境和评价自身竞争力的资源时，往往会发现完全依靠自身资源和能力取得的战略业绩与其战略目标之间存在着一定的差距，这就是所谓的战略缺口。战略缺口的存在一定程度上限制了区域传媒完全依靠自有资源和能力实现自我发展，所以战略联盟成为区域传媒"填平"战略缺口的重要手段，通过战略联盟各方的优势互补，实现各自的战略目标。

首先，区域传媒战略联盟成员间资源具有互补性。正是由于资源的异质性，使得不同区域传媒间的资源和能力存在各种差异。为了弥补战略缺口，区域传媒战略联盟成员在选择联盟伙伴时，往往将能够提供互补性资源的媒体或其他组织作为重要前提。区域传媒通过联盟获取伙伴媒体或组织异质资源的同时，也将自身的资源输送给对方，从而在资源上形成互补。资源的互补可以使联盟各成员的资源存量增加，进而提高媒体的竞争能力。

其次，区域传媒战略联盟成员间的资源具有共享性。联

---

① 史占中:《企业战略联盟》,上海财经大学出版社 2001 年版,第 122 – 123 页。

盟成员间除了异质资源外，还拥有同质资源。对于同质资源，联盟成员可以共享，提高资源的配置效率，从而实现资源的规模效应和范围效应。联盟成员在进行资源共享过程中，并不会因为共享造成企业资源存量的减少。

第三，区域传媒战略联盟成员间资源具有溢出性。联盟成员不仅可以通过联盟实现异质资源的优势互补，同质资源的共享利用，还能够将学习到的互补性资源和能力运用到联盟以外的项目上，从而获得联盟的溢出效应。

三、价值链理论

价值链理论将创造价值的过程分解为一个前后相继的价值链条，企业不可能在整个价值链上都具有竞争优势，只能在价值链的某个或某几个环节取得竞争优势，这就需要与价值链上其他企业形成战略联盟，从而在整个共享价值链上形成"净竞争优势"。

（一）价值链理论的主要内容

哈佛大学教授迈克尔·波特于1985年在其著作《竞争优势》中，提出了价值链理论，他认为："每一个企业都是在设计、生产、销售、发送其产品的过程中进行种种活动的集合体。所有这些活动可以用一个价值链来表明。"企业的价值创造是通过一系列活动构成的。波特的"价值链"理论表明，企业与企业的竞争，不只是某个环节的竞争，而是整个价值链的竞争，而整个价值链的综合竞争力决定企业的竞争力。①

---

① 迈克尔·波特：《竞争优势》，陈小悦译，华夏出版社1997年版，第36页。

无论是生产性行业，还是服务性行业，其创造价值的过程都可以用价值链来分析，但是不同行业的价值链中的核心环节并不相同。这也告诉我们，行业的垄断优势来自于该行业某些特定环节的竞争优势，抓住了这些关键环节，也就抓住了整个价值链。

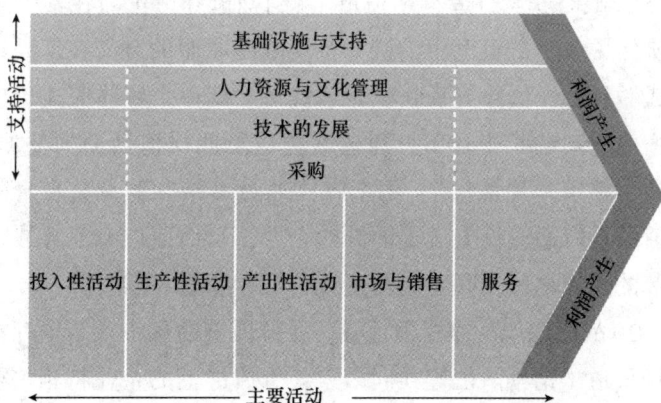

图 1-1　迈克尔·波特价值链模型图

通过图 1-1 可以看出在价值链的各个环节之间，存在相互关联、相互影响的关系。根据产品在价值链中各环节流转的程序，可以将其分为上游环节和下游环节，上游环节包括投入性活动、生产性活动、产出性活动；下游环节包括市场与销售、服务等环节。上游环节主要围绕产品的生产进行，技术特性占主导作用；下游环节主要围绕顾客的需要进行，营销管理技能占主导作用。

（二）价值链理论视角下的区域传媒战略联盟

价值链理论解读了企业创造价值的过程，是由不同环节构成的价值链实现的。由于区域传媒自身资源和能力的限制，不可能在价值链的各个环节都具有竞争优势，因此区域传媒只能将资源集中在具有竞争优势的环节，通过与价值链上下游的其他媒体或组织形成战略联盟，从而在价值链上创造更大的价值。

1. 战略联盟打造"增值链"。约翰逊和劳伦斯在其"增值伙伴关系"的概念中，认为企业战略联盟的意义在于通过形成一种合作伙伴关系获取竞争优势。即单个媒体完成价值链增值活动的某个环节，通过联盟成员间增值活动的叠加，构成了整条"增值链"，每个媒体通过缔结联盟调整自身的增值活动以适应价值链上的其他企业，从而使拥有互补战略环节的媒体之间在联盟中发挥出强大的整合优势。

2. 战略联盟的净竞争优势。在价值链的各个环节中存在市场渠道、销售队伍等共同因素，价值链上的企业将相关业务活动在价值链上进行共享，从而降低业务活动的成本或增强其差异化竞争优势。当这种共享收益超出共享成本时，即可获得所谓的"净竞争优势"。在价值链的某一共享环节中获取共享利益，同时也将不可避免产生共享成本（包括协调成本、妥协成本和僵化成本）。

通过建立战略联盟，共享价值链上的企业通过稳定的合作关系，在相关业务活动的共享中可以大幅降低协调成本；联盟伙伴间的战略协同形成的一致性，可以有效地减少共享价值活动中的妥协成本；联盟组织的松散性使联盟企业在履行"共享价值活动"的义务和职责时，仍保持着较强的灵活性和应变能力，这也将有效避免共享过程中企业战略联盟僵化成本的生产。① 共享成本的降低，可以有效保持战略联盟的共享收益，最大限度地获取共享价值链的"净竞争优势"。

四、产业集群理论

区域传媒战略联盟的建立，之所以能够降低联盟成员间的交易费用，形成外部规模经济和范围经济，促进知识和技术的创新和扩散，关键在于区域传媒战略联盟能够将大量与媒体相关的组织在空间上实现集聚，形成区域内传媒产业集聚。从我国大部分强势传媒集中在经济发达区域的现象，可以看出发达地区因为拥有广阔的广告空间、大量的传媒人才，为传媒产业集聚提供了良好的基础。目前，我国长三角、珠三角以及京津冀也逐渐形成发达城市圈，为传媒产业的区域化发展提供了良好的客观条件。

（一）产业集群理论的内容

产业集群理论的源头较为复杂，杂糅了多种经济学理论，包括亚当·斯密和马克思的分工协作理论、马歇尔的规模经济理论以及增长极理论。

20世纪90年代美国哈佛商学院的迈克尔·波特根据竞争力理论提出了产业集群的概念，认为在一个特定区域的一个领域，集聚着一组相互关联的公司、供应商、关联产业和专门化的制度和协会，通过这种区域集聚形成有效的市场竞争，构建出专业化生产要素集聚洼地，使企业共享区域公共设施、市场环境和外部经济，降低信息交流和物流成本，形

---

① 成樑:《基于知识链的企业战略联盟研究》,复旦大学2004年博士学位论文,第36页。

成区域集聚效应、规模效应、外部效应和区域竞争力。① 产业集群既具有专业化的特征，也具有地域化的特征。专业化特征主要是指产业集聚的成员企业间既包括产业上游的供应商，也包括产业下游的经销商，以及相关产业的关联企业等；地域化特征是指产业关联及其支撑企业、相应支撑机构在空间上集聚，是一种柔性综合体。

产业集群的研究主要集中在产业集群的机理、技术创新、组织创新、社会资本以及经济增长与产业集群的关系研究、基于产业集群的产业政策以及实证研究等方面。国外学者偏重于实证分析并在此基础上进行总结，并且多以论文的形式出现，缺乏系统研究的专著。归纳起来，产业集群的空间集聚优势主要包括三个方面：

一是从纯经济角度，主要着力于外部规模经济和外部范围经济，认为不同企业分享公共基础设施并伴随垂直一体化与水平一体化，大大降低了生产成本，形成产业集群价格竞争的基础。② 产业集群区域内会集聚大量的相关企业，单个企业规模虽然有限，但是众多企业间的高度分工协作，会产生高于市场平均的生产效率，从而在区域内各企业间产生外部规模效应和外部范围效应。

二是从社会学角度，主要从降低交易费用方面，产业集群区内由于企业地理邻近，容易建立信用机制和相互信赖关系，从而大大减少机会主义行为。集群区内企业之间保持着一种灵活性的非正式关系。在一个环境快速变化的动态环境

① 迈克尔·波特：《竞争论》，高等第译，中信出版社 2003 年版，第 210 页。
② 栾贵勤：《区域经济学》，清华大学出版社 2008 年版，第 28 页。

里，这种产业集群比垂直一体化和远距离的企业联盟更具效率。

三是从技术经济学角度，研究产业集群如何促进知识和技术的创新和扩散，实现产业和产品创新等。在世界经济地图上产业集群区域都显现出异乎寻常的竞争力，其竞争优势来源于生产成本、基于质量基础的产品差异化、区域营销以及市场竞争优势等方面。[①] 集群区域内由于企业地理位置上的相近，造成企业间的竞争更加直接和白热化，迫使企业不断进行技术创新和组织管理创新。一家企业的知识创新在产业集聚的空间里，很容易被其他企业发现和学习，这就形成了知识的外溢效应，从而使得整个区域内的竞争优势得到提升。

（二）产业集群理论视角下区域传媒战略联盟

所谓区域传媒战略联盟，就是媒体以区域经济一体化为动力，为实现服务区域内市场经济、传媒产业集群的共同目标，在保持相互独立的前提下通过股权参与或契约协议等方式，与区域内其他组织在某些领域建立相对稳定合作关系的介于市场和企业的中间组织。从定义可以看出区域传媒战略联盟的关键词一个是区域，一个是战略联盟。区域就是要实现在空间上的产业集聚；联盟则是要建立企业与企业间的合作关系。因此，区域传媒战略联盟正应和了产业集群理论的核心理念，是传媒产业集群的重要实现路径。区域传媒战略联盟也具备产业集群理论的三大优势：

1. 战略联盟有利于实现外部经济效应。区域传媒战略联

---

① 栾贵勤:《区域经济学》,清华大学出版社 2008 年版,第 28 页。

盟内的媒体或企业，是依托区域经济一体化的发展而形成的，联盟媒体在空间上具有集聚的特性，这使得联盟成员可以在某一区域内共享相互间的软硬件设施、人员、受众以及对外议价的筹码，从而使得联盟成员通过在区域空间上的联合，可以提高批量购买规模和销售的规模，使媒体享有购买电视剧、栏目等产品的便利和顺利实现产品交易，从而降低了媒体运营成本，提高了效率，形成规模效应和范围效应。

（1）规模经济是指在既定的技术条件下，在一定产量范围之内，产品的固定成本不会增加，随着产品数量的增加，新增产品会分担固定成本，使得产品的平均成本降低。规模经济的实现主要通过内部规模经济、外部规模经济和结构规模经济三种方式实现。内部规模经济是企业通过自我积累、扩大再生产的方式扩大企业的规模，实现规模经济；外部规模经济是整个行业扩大规模，引起该地区企业的规模收益递增的实现；结构规模经济是指不同规模的经济实体通过联系和配比，扩大企业的边界，形成结构规模经济。区域传媒战略联盟，正是联盟企业借助联盟调整企业间联系和配比，扩大企业边界的一种有效手段，使得联盟企业获得一定的结构规模经济。

（2）范围经济指企业通过扩大经营范围，增加产品种类，生产两种或两种以上的产品而引起的单位成本降低的经济现象。一般而言，企业通过多元化经营扩大不可分割专用资产的使用范围，使得闲置的不可分割专用资产生产能力得到充分利用，从而降低单位固定成本。范围经济不同于规模经济，前者以生产不同种类产品分摊固定成本而获得经济性，后者以生产规模的扩大而实现经济性，两者侧重点不同。区域传媒跨产业战略联盟正是进行多元化经营的重要手段。跨产业战略媒体将自身闲置的资源和能力，借助与其他组织的合作，在不扩大自身组织规模的基础上扩张媒体生产的经营范围，从而实现多元化经营，获得范围经济效益。例如苏州广电集团就充分利用联盟扩大自身闲置资源的经营范围，凭借自身在品牌、策划、设计、推广、主持人资源上的优势，携手拥有众多高档酒楼的苏州广大集团进军婚庆市场，打造苏州高端婚庆品牌，在不扩大自身组织规模的基础上，借助联盟的多元化经营，实现了闲置资源的范围经济。

2. 战略联盟有利于节约空间交易成本。产业集群是建立在群内企业之间彼此承诺与信任关系之上的，而这种承诺与信任则需要依靠企业主之间的社会关系来建立，企业主之间的社会关系是维持群内企业安定的主要力量。区域传媒战略联盟最大的优势正是为区域内的媒体间建立一种稳定可靠的社会关系，使媒体间保持着一种灵活性的"中间组织"关系，从而大大降低了媒体出现机会主义行为的可能，降低媒体的空间交易成本。

3. 战略联盟有利于实现学习和创新效应。首次创新会比随后类似的创新要艰难得多，一旦突破入门障碍，对后来者的启迪，包括观念、认识、信心及行为都有极大激励，客观诱导后来者蜂拥而至，形成技术创新的群集现象。区域传媒战略联盟成员对相互资源的共享和互补利用，让联盟成员看到自身与联盟成员间存在的差距，很容易使联盟媒体间产生成员间相互学习的动力，使得区域传媒联盟内媒体经过相互学习产生知识的溢出效应，从而提高联盟成员的整体能力。

另外，联盟成员如果组建技术联盟，则会产生技术的聚合效应，有效突破技术创新的障碍，从而因为技术的高效率突破，使联盟成员在技术领域获取额外的"速度"收益。哈佛大学经济史学家小艾尔弗吉德·钱德勒在其著作《看不见的手——美国企业的管理革命》中首次提出速度经济的概念。他认为，速度经济是指为了追求从生产到流通的速度而带来的经济性，也就是因迅速满足客户需求而带来的超额利润的经济效益。[①] 最初，钱德勒只是将速度经济运用在生产企业提高库存周转率和强化企业产品、资本的高通过能力上。随着全球经济一体化、知识化、信息化的不断深入，"速度"越来越成为关系企业获取额外收益的重要环节。速度经济的范围也由以前供应链环节扩大到研发、营销、服务等企业经营的方方面面。高新技术突飞猛进、传媒产品开发日新月异的今天，仅仅依靠一个媒体的能力难以快速满足顾客的价值需求。因此，战略联盟成为媒体实现优势资源互补，提升新技术研发和新产品开发速度，从而迅速满足顾客的价值需求，实现额外收益的速度经济。区域传媒战略联盟借助联盟伙伴的资源共享、优势互补的灵活性，可以降低各种沉淀成本，降低技术开发风险，从而加快技术的研发和新媒体产品的开发，缩短新产品、新技术投放市场的时间，获得速度经济带来的竞争优势。

五、 经济增长极理论

经济增长极理论所揭示的经济增长极现象，在传媒产业

---

① 邹文杰：《企业能力理论视角下的企业联盟》，社会科学文献出版社 2011年版，第 146 页。

也同样适用，我国已经在地域上形成了以北京、上海、广州、长沙等强势传媒为核心的增长极，但是增长极对周边传媒欠发达地区的极化效应明显，而扩散效应不足。区域传媒战略联盟正是解决传媒增长极扩散效应不足的重要途径，有利于打破现有媒介市场过度分割的局面，实现我国传媒产业均衡发展。

（一）经济增长极理论的主要内容

经济增长极理论与产业集群的形成紧密相关。增长极的概念及其理论是由法国经济学家弗朗索瓦·佩鲁（F. Perrour）在20世纪50年代提出来的。佩鲁在其著作《经济空间：理论的应用》和《略论增长极的概念》中，针对新古典增长理论的均衡增长观点，最早提出以"增长极"为标志，并以"不平等动力学"或"支配关系"为基础的不平衡增长理论。佩鲁的不平衡增长理论的核心观点为：在经济增长中，由于某些主导部门或者有创新能力的企业（行业）在一些区域内聚集，从而形成一种资本、技术高度集中，具有规模经济效益，且增长速度较快，并对周围区域产生辐射推动作用的"增长极"，通过增长极地区的先增长，可以带动周围区域的共同发展。[①] 随后，诺贝尔奖获得者缪尔达尔在此基础上提出了"地理上的二元经济结构"理论，认为发达地区对周围落后地区还存在阻碍作用或不利影响，称为极化效应，又称回波效应；发达地区对周围落后地区的推动作用或有利影响，称为扩散效应，又称涓流效应。经济增长极理论的核

---

① 施祖麟：《区域经济发展：理论与实证》，社会科学文献出版社2007年版，第118页。

心概念包括：

1. 推动性单位。所谓"推动性单位"就是一种起支配作用的经济单位，当它增长或创新时，能诱导其他经济单位增长。推动性单位可能是一个工厂或者是同产业内的一组工厂，或者是有关共同合同关系的某些工厂的集合。佩鲁认为推动性单位具有三个特点：（1）新兴的、技术水平较高的、有发展前景的产业；（2）具有广泛市场需求直至国际市场需求的产业；（3）对其他产业有较强的带动作用的产业。

2. 增长极。所谓增长极是集中了推动性单位的特定区域。增长极是一种由主导部门和有创新力的推动性单位，在某些地区或大城市的聚集发展而形成的经济活动中心。增长极具有支配能力和创新特征，它能形成一定范围的"经济空间"，对其他经济单位施加影响，迫使其他经济单位产生相应的变化。

3. 增长极的"极化效应"和"扩散效应"。主要包括四个方面的特征：（1）技术的创新与扩散，增长极不断地进行技术创新，推出新产品和新技术，一方面从周边落后地区吸引人才，另一方面将自身的基础扩散到周边区域，对周边区域产生技术影响，甚至是结构性影响；（2）产生规模经济效应，在增长极内部由于各项产业的集聚和创新能力较强，在单个企业内部可以产生内部规模经济，而在增长极区域内由于共用基础设施、销售渠道、人才市场等资源，产生外部规模经济；（3）资本的集中和输出，在增长极中由于大量资本和生产能力的集中，使得其自身拥有充足的资本，可以进行大规模资本投资，另外也可以利用资本向增长极周边区域输出资本，通过支持其他区域发展，来满足自身发展需要；

（4）形成聚集经济效果。增长极的产生使得在某一区域内聚集了大量的企业、人才、基础设施、资本，从而形成经济区域。这些经济区域往往也是贸易中心、资本中心、信息中心、交通中心、决策中心，从而对周边地区形成吸引或扩散作用。[①]

（二）　经济增长极视角下区域传媒战略联盟

在我国的传媒市场中，已经形成了数个传媒产业经济指标明显优于其他地区的优势区域，例如北京、上海、广州等区域的传媒产业发展增长极特点明显。这些区域无论是在媒体数量、广告份额、营业收入等经济指标上都超过了全国大部分区域。

首先，区域传媒战略联盟是形成传媒增长极的重要途径。传媒增长极的产生不仅需要以区域经济的高速发展为前提，还需要推动性单位在某一区域内的集聚，通过共享制播平台、人才网络、销售网络、广告市场等基础性资源，在某一区域内形成产业集群，从而实现区域内的外部规模经济和范围经济。区域传媒战略联盟作为一种介于市场与企业间的稳定合作中间组织，其自身灵活、开放、稳定的组织特征，为区域内强势传媒企业进行优势资源共享与互补提供了平台，有利于人才、资金、技术、广告等资源的聚集，进而实现区域传媒增长极。

其次，区域传媒战略联盟是实现增长极扩散效应的手段。现阶段，我国传媒市场虽然形成了若干传媒增长极，但是增

_____

① 施祖麟：《区域经济发展：理论与实证》，社会科学文献出版社2007年版，第121页。

长极的极化效应明显，例如京津冀的传媒市场，北京无疑是这一区域的增长极，大量优秀的从业人员、广告主、资本持续的从河北、天津等地流向北京，一定程度上阻碍了周边地区传媒产业的发展。要改变这一现状，就需要作为增长极地区的媒体向周边地区进行人才输出、资本输出、机制输出，但是我国传媒市场条块分割、地方保护的特点，阻碍了增长极地区形成扩散效应。因此，区域传媒战略联盟为区域内传媒增长极向落后地区进行扩散提供了一种行之有效的手段。区域传媒战略联盟既不会造成落后地区媒体所属权的变更，也能够通过成员间的合作向增长极地区媒体共享人才、经验、机制、市场等资源，从而实现区域内媒体的均衡发展。

第二章　区域传媒战略联盟的模式研究

第一节　区域传媒战略联盟的划分依据

法国著名战略管理学者皮埃尔·杜尚哲和贝尔纳·加雷特在其著作《战略联盟》一书中，根据战略联盟成员间是否存在直接竞争关系，将战略联盟分为竞争性战略联盟和非竞争性战略联盟两大类别。① 竞争性战略联盟根据企业对联盟的贡献和产出分为：供应共享型战略联盟、准集中化战略联

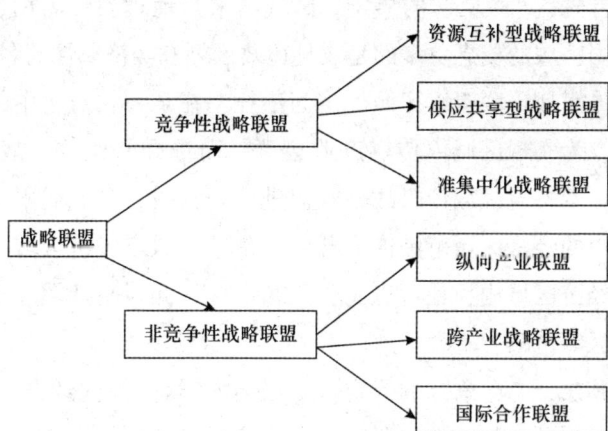

图 2-1　战略联盟模式划分图

---

① 皮埃尔·杜尚哲、贝尔纳·加雷特：《战略联盟》，李东红译，中国人民大学出版社 2006 年版，第 57 页。

盟、资源互补型战略联盟；非竞争性战略联盟根据企业成长和扩张的方向分为：纵向伙伴关系、跨产业战略联盟、国际合作联盟。

一、 区域传媒战略联盟的划分缘由

皮埃尔·杜尚哲和贝尔纳·加雷特两位学者认为，合作伙伴所在产业是否相同是非常重要的，一方面这关系伙伴间是否存在直接的竞争关系，另一方面竞争者之间的合作存在一些特殊的问题，包括从反垄断角度和管理竞争者合作角度出发引发的问题。[①]

区域传媒战略联盟在选用这一划分方法时，需要对两个关键问题进行区分：

首先，"区域"的界定。区域本来是地理属性名词，但在中国区域的概念更多的是兼具行政区划和经济属性的名词。区域传媒战略联盟以区域经济为依托，在某一相对集中的区域内，为实现区域内传媒产业集群，而选择联盟这一战略。因此，本书对区域传媒战略联盟进行划分时，区域局限于相对集中的经济区域范围内，既可以是某一城市经济区域或某一省经济区域内，也可以是长三角、珠三角、京津冀、东北经济区等范畴。

其次，"竞争"的界定。根据国内学者对皮埃尔·杜尚哲和贝尔纳·加雷特的研究，竞争性战略联盟是指"为了增强企业的竞争实力，由在同一市场上有着相同或类似产品和

---

① 皮埃尔·杜尚哲、贝尔纳·加雷特：《战略联盟》，李东红译，中国人民大学出版社 2006 年版，第 57 页。

服务的企业，在生产经营的某一环节上结成战略联盟，通过加强合作来减少企业之间不必要的虚耗，使之更加有效地参与市场竞争，获取额外的收益"。① 与其相反，非竞争性战略联盟是指"来自不同产业或者同一产业中不同业务领域的企业，为了应对出现的市场机遇，以交换各自拥有的关键性资源为手段，以降低经营成本、获得额外收益为目的而结成的一种网络式动态联盟"。② 由此，本书将联盟成员之间存在"竞争"与否，从三个层面进行界定：

一是处于不同产业的企业。作为传媒产业而言，凡是不属于传媒产业范畴的企业，与媒体都不存在竞争关系，双方属于非竞争关系，即使双方合作也不存在相互学习核心能力的可能性。例如国美电器和上海东方传媒集团旗下的百视通达成战略合作协议，SMG 不可能也没有必要学习国美电器的营销策略，而国美电器也没有必要学习 SMG 的内容产制技能。

二是分处于同一产业不同领域的企业。传媒产业是一个相对宽泛的概念，传媒产业是指传播各类信息、知识的传媒实体部分所构成的产业群，它是生产、传播各种以文字、图形、艺术、语言、影像、声音、数码、符号等形式存在的信息产品以及提供各种增值服务的特殊产业。它既包括传统的图书、报纸、杂志、电影、广播、电视等传统媒体，也包括网络、手机、数字出版、动漫、游戏、电子报刊、IPTV 等新媒体。另外，广义上的传媒产业还包括为以上媒体进行服务

---

① 龙勇、杨超：《基于竞争因素的战略联盟性质研究》，《经济与管理研究》2006 年第 5 期。

② 魏中龙、金益：《论企业间的非竞争性战略联盟》，《北京工商大学学报（社会科学版）》2008 年第 5 期。

的相关产业，例如为报纸、杂志、图书提供纸张的造纸行业；为 IPTV 等新媒体提供高新技术支持的高新技术企业。虽然以上都属于传媒产业，但是广播与电视之间，虽然存在对受众时间上的竞争，报纸与网络媒体有对受众渠道的竞争，各种媒体间有对广告市场份额的竞争，但是这类竞争属于行业间的竞争，而不是媒体间的竞争。因此，本研究将分处于传媒产业不同领域的媒体间的合作作为非竞争性战略联盟的一种。

三是指分处于不同市场领域的企业。虽然本书针对的是某些经济区域内的传媒战略联盟，但是由于我国大陆是一个统一的传媒市场，虽然由于行政区域的划分将传媒市场以行政区域进行了条块分割，但是无论分处于某一经济区域内的传媒，还是分处于某一行政区域内的传媒，在本书中仍以行业划分为先，将其归入竞争性战略联盟内。而所谓的分处于不同市场，则主要是指分处于中国大陆和大陆以外的港澳台、其他国家和地区的传媒市场的媒体，可以将其归类为非竞争性战略联盟。

二、 区域传媒竞争性战略联盟的类型

区域传媒竞争性战略联盟的划分是以每个联盟成员对联盟的贡献和联盟的产出为划分依据的。

（一）以成员对战略联盟的贡献划分。当联盟成员向联盟提供的是异质资源时，联盟具有很强的互补性，则属于资源互补型战略联盟。而当联盟成员提供的是同质资源时，联盟是为了在某一个领域或全部领域实现规模经济，则属于供应共享型战略联盟或准集中化战略联盟。

（二）以战略联盟产出性质进行划分。联盟成员提供给联盟的都是同质资源的前提下，如果联盟成员的合作领域只是价值链中的某一个环节，联盟不以市场参与者的身份出现，只是向联盟成员提供相同的"原材料"，这一类属于供应共享型战略联盟。

如果战略联盟所提供的不仅仅是最终产品的"原材料"，而是提供直接面向市场顾客进行销售最终产品，并以市场参与者的身份出现，那么这类属于准集中化战略联盟。

对于区域传媒而言，由于行业的特殊性，媒体既要向观众售卖新闻、栏目、电视剧等内容资源，又要将媒体的版面、时段等售卖给广告主，而且内容资源的影响和价值，又直接影响着版面、时段等广告载体的价值。因为大部分媒体最终获取收益主要依靠的是广告收入，这也说明媒体的最终产品应当是内容资源创造的广告载体的价值。由此，我们可以认为媒体间在新闻制作、购买电视剧等内容资源上的合作，都是为了能够实现广告的最大收益，而建立的供应共享战略联盟；而广告联盟则是将广告时段、版面等媒体的最终产品进行合作，播出平台联盟则是将地域上的广告市场联合，均属于准集中化战略联盟。

三、 区域传媒非竞争性战略联盟的类型

区域传媒非竞争性战略联盟的划分是以企业成长与扩张的基本方向为划分依据的。

根据战略管理相关理论，企业的成长型战略主要包括四种：纵向一体化、横向一体化、多元化战略和国际化战略。由于战略联盟本身就是企业为了实现横向一体化而采取的战

略措施，因此想要利用联盟进行成长与扩张，可以采取纵向一体化、多元化战略和国际化战略三个方式。根据这一原理，可将非竞争性战略联盟分为：

纵向产业战略联盟。为实现纵向一体化扩张，主要是将分属于传媒产业链不同环节的企业，为了能够实现前向一体化或后向一体化，与上下游的企业建立稳定合作关系的联盟。

跨产业战略联盟。为实现多元化战略扩张，主要包括相关多元化和非相关多元化。相关多元化联盟是指媒体与传媒业其他领域企业进行合作，共同进入相关传媒文化市场，例如报纸媒体与出版社合作出版相关图书，广电媒体与高科技企业合作共同研发新媒体技术等都属于相关产业多元化；而非相关多元化联盟则是媒体进行跨产业合作，进入与传媒毫无关联的全新市场，例如媒体与餐饮、旅游、房地产等企业建立联盟，均属于非相关多元化。

国际合作联盟。为实现全球化战略，主要包括国际市场拓展和国内市场拓展两个方向，国际市场拓展指的是我国媒体为了"走出去"与大陆以外的媒体进行合作，进入国外市场；而国内市场拓展指的是我国媒体为了"引进来"，通过与大陆以外的企业进行合作，将优秀的传媒作品、技术等资源引入我国的传媒市场。

第二节　区域传媒竞争性战略联盟的模式

从 1980 年丹东电视台牵头，组成了由丹东、大连、鞍山、抚顺、吉林市、齐齐哈尔、青岛、包头等城市电视台成立的省辖市电视台协作体算起，区域传媒战略联盟已经走过了近四十年的历程。由于早期传媒市场环境不成熟等原因，并没有引起足够的重视，战略联盟的实际作用也没有真正发挥。随着传媒市场环境的丰富和多元，竞争压力陡增和政策的逐渐放宽促使媒体开始将目光聚焦到与外界合作的战略上来，探索不同方式的联盟合作，近些年我国区域传媒战略联盟的构建，涉及不同内容，不同层次，但其根本宗旨都是希望突破条块分割的地区市场，促进区域内传媒产业资源集聚，从而形成外部规模经济和范围经济，共享媒介资源，探索区域传媒运营的新机制。区域传媒战略联盟的类型之一区域传媒竞争性战略联盟的模式主要包括以下三种。

一、 资源互补型战略联盟

（一）基于组织学习理论的资源互补型战略联盟的阐释

资源基础理论派认为企业在本质上不是产品的集合体，而是资源的集合体。另外，资源基础理论还为我们揭示了竞争优势来自企业自身的独特性、自身价值、不可复制性以及不可替代性，从而使企业能够为客户提供更加优秀的产品。也就是说，在资源基础理论看来，企业与企业间的资源与能力是异质的、独特的、不可复制的以及不可替代的。正因为如此，战略联盟为参与市场竞争的企业提供了获取竞争优势的一种有效途径，这源于企业需要通过直接或间接方式获取互补型资源。

在资源基础理论的基础上，以阿吉里斯、舍恩为代表的组织学习学派在此基础上提出了学习型组织的概念，进一步发展了资源基础理论。战略联盟除了能够实现资源的互补外，还具有促进知识和技能在联盟伙伴企业间转移的功能，一方面联盟为企业向联盟伙伴学习更多的显性知识与技能提供了通道，另一方面当拥有不同技能、知识和组织文化的企业合作时，联盟就为伙伴企业创造出独特的学习机会，同时联盟成员也可以共同创造出可以共享的新知识、新技能。

因此，资源互补型战略联盟应当定义为联盟成员为了获取或学习互补型资源与能力，实现企业竞争优势，而与处于同行业的其他企业建立的稳定的合作组织形式。

（二）资源互补型战略联盟的状况

传媒区域化发展的过程中，本地资源的限制，会在各个方面制约区域媒体的发展规模。强势媒体面临生产过剩，资源无法有效配置等问题，比如湖南卫视拥有强大制作能力和制作团队，在每年的创新遴选会议上，提交的节目方案与获批的方案大约 10:1 的比例，意味着 10 个制作团队只有一个能获得播出机会。这就导致一些优秀的团队和制作人才因为得不到播出平台而转投其他电视台。湖南台与青海台的合作，青海卫视成为湖南卫视另一条全国性的品牌延展和资源消化渠道，青海卫视的经营水平和频道竞争力获得了迅速和强力的提升。强势媒体拥有先进的经营模式，在品牌价值、收视表现和观众未来预期上基本达到了平衡状态，其继续发展在于发现市场空间的能力，不断提升品牌价值。而一些弱势媒体在资金和制作能力上的欠缺，在本地市场的生存空间和做强能力都比较薄弱。一方需要更多的渠道空间，一方需要实力的支持，这就促使许多地区媒体之间选择以制作经营模式的交流合作为途径，进行联合。制作经营模式的输出，主要体现在合作打造频道上，通过频道定位、包装、内容设置、经营宣传方式的合作交流，各方在制作理念、经营方式和资源空间上达成共享。湖南卫视与青海卫视的联盟合作，湖南卫视全面介入青海卫视的整体经营，帮助青海卫视塑造频道品牌，湖南卫视的制作团队为青海卫视打造了《花儿朵朵》《风尚之王》《单身厨房》等多档全新节目，形成了新的娱乐品牌。上海第一财经频道与宁夏卫视的合作也是以联合办台的方式进行。

再如2007年深圳广电集团联手桂林广播电视台，共同组建广播电视合作体，"深桂广电合作体"将合办桂林人民广播电台旅游音乐广播和桂林电视台科教旅游频道。具体合作内容包括：引进深圳广电集团的科学管理机制；深圳向桂林开放其丰富优质的节目资源和广告经营资源；深圳为桂林提供对外宣传平台，借助深圳卫视在国内及港澳、东南亚和欧美落地的优势，打造桂林的城市品牌和桂林广电的新品牌。2008年，深圳广电集团与新疆生产建设兵团电视台合力打造"西部新媒体，视觉新享受"的品牌频道——兵团频道。双方在兵团电视台综合频道的节目生产、制作、编排、频道形象的设计包装、广告的经营管理等方面进行全方位的改进和运作，合力打造一个观赏性、服务性强的西部品牌频道。同年4月，深圳广电集团又与太原电视台达成合作，合办太原电视台文体频道，在宣传管理、节目制作、队伍建设、广告经营等方面全面合作，探讨和实施现代媒体管理、运营的新机制。深圳广电集团的一系列跨地域频道合作项目，通过单项业务运营的方式，在节目资源、广告资源、人才资源和管理资源上实现东西部媒体资源的横向优化配置，获得发展动力。

二、 供应共享型战略联盟

（一）基于规模经济的供应共享型战略联盟的阐释

规模经济，是指当生产或经销单一产品的单一经营单位所增加的规模减少了生产或经销的单位成本时而导致的经济。① 按规模经济来源不同，可以分为内部规模经济、外部规模经济和聚集经济。

1890 年，经济学家马歇尔提出外部规模经济理论，后经克鲁格曼等学者的完善而得到发展。外部规模经济理论认为，在其他条件相同的情况下，行业规模较大的地区比行业规模较小的地区生产更有效率，行业规模的扩大可以引起该地区厂商的规模收益递增，这会导致某种行业及其辅助部门在同一或几个地点大规模高度集中，形成外部规模经济。共享型战略联盟正是运用联盟这一形式，使得媒体在内容产品产制环节上，由于多个媒体采取共同产制的方式，由于规模的扩大，从而有效分摊了产制成本，从而降低每一个内容产品的采购成本；而在购买内容产品环节上，由于联合了众多媒体，从而提高了战略联盟在购买过程中的议价能力，有效降低了购买的成本。

因此，供应共享型战略联盟是指为了实现外部规模经济，媒体在传媒产业价值链的上游环节，通过与拥有相似资源或能力的媒体合作，集中联盟成员的资源和能力，扩大生产规模，降低生产成本，提高议价能力的稳定合作组

---

① 小艾尔弗雷德·钱德勒：《规模与范围：工业资本主义的原动力》，华夏出版社 2006 年版，第 16 页。

织形式。

（二）供应共享型战略联盟的类型——以电视传媒市场为例

1. 内容协作联盟

电视传媒供应共享型战略联盟的最初形式是以新闻的联播为开端，实现新闻事件的联合报道，形成轰动效应。比如多家电视台以联盟形式同时获得新闻报道权，对于新闻信息的传播，特别是对于增强重大新闻事件传播的时效性和影响力来说有着巨大的作用。2005年，由山东齐鲁、江苏城市、湖南经视和福建新闻等频道成立了"全国SNG协作体"；2006年由天津都市频道和河南都市频道发起，联合了全国近28家省级地面频道成立了"全国民生新闻协作体"；2008年中国50家电视机构成立的中国电视新闻直播联盟（CSNG）。这些联盟都属于基于新闻信息合作的内容联盟。内容联盟致力于在新闻节目制作、传输等环节实现资源共享，使电视新闻传播更有效，充分发挥电视台联动的影响力，为受众提供更及时、更真实、传播范围更广泛的电视新闻节目。新闻联盟注重"信息首发"和"电视速报"，特别是在应对突发公共事件时，处于事发地的电视台在第一时间赶赴现场，搭建直播平台，按照联盟协议以直播方式将公用信号和现场报道发送给联盟成员，合作台能够以最快的速度播出新闻现场的消息。

2. 购片联盟

电视剧作为各级电视媒体播放和收视比重最大的节目类型，是电视台获取广告的重要节目资源。具有良好收视的优质电视剧一直以来都是各家电视媒体争相购买的目标。近年来，电视剧首播、独播已成为各家电视媒体吸引收视的卖点。但一家电视台要实现完全的独播不仅会造成投入成本上升而且要承担巨大的风险。

多家电视台以组成购片联盟的方式，统一向制片公司购买优质的剧集，联盟成员可以有效地分担成本，也可以获得依靠自身难以购买的优质电视剧资源。2013 年 5 月，由江苏电视台节目采购部、上海广播电视台影视剧中心、深圳广播电影电视集团影视剧中心、湖北广播电视台节目营销中心、山东城市台采购联合体、浙江电视台经济生活频道、成都市广播电视台节目中心、广州市广播电视台节目购销中心共同成立了地面电视剧采购联盟——"第一购剧联盟"。

江苏城市台协作共同体，共同出资成立了江苏城市联合电视传媒有限公司。该公司全年购剧费高达 1.2 亿元，与当年的江苏省台旗鼓相当，所购剧集在联盟实体内各台间播出。这些合作一度缓解了城市台的生存困境。事实证明，联合购买是解决城市台单打独斗时资金和市场资源匮乏问题的杀手锏。[①]

3. 电视网加盟联盟

易凯资本 CEO 王冉对电视网的定义为："电视网是指同一家公司同时与多个地方电视台形成相对稳固的战略合作关系，在固定时间为所有加盟的电视频道提供同样的栏目化、品牌化的内容，并围绕这些内容及其携带的广告时间进行商业运营和开发。"2008 年 3 月 1 日，光线传媒启动电视网工

---

① 吴玉玲:《我国广电媒体跨区域发展模式研究》,中国传媒大学出版社 2014 年版,第 54 页。

程，已与国内 42 家城市台签订战略合作协议，推广娱乐电视网加盟模式，即选择城市台一个较为弱势的频道，向其提供整频道的节目内容，包括 6 档日播节目、两集电视剧和情景剧等，并由光线旗下的包装公司向该频道提供整频道包装。以此换取一定比例的广告时间。当地方台与光线传媒形成战略联盟后，将分享光线的管理模式、广告经营和大型活动运作经验。地方台可借力光线传媒，打造自己的品牌活动。光线传媒还会借助自身研发力量，向地方台提供娱乐节目模板，由地方台在当地加工制作，打造与本土互动的娱乐节目。

电视网实际上是一种电视节目辛迪加，即形成一个节目分销系统。节目提供商将同一个节目的播出权分别卖给不同的电视台，将单个节目实现网络化的播出，用一个资源多种渠道来实现节目的多重增值。节目制作公司每天或每周在固定时间通过卫星把新节目传送给购买播出权的电视台，各家电视台一般会在收到节目的同时将节目播出。所以观众会看到一档节目或电视剧会在相同时段的不同电视台同时播出。

电视节目的制播分离是构建电视网的现实条件之一，制播分离的推进使得电视台在获取节目资源上有了更多灵活的选择，拥有节目版权的民营传媒公司能够在电视台的市场交易中有更多的参与机会。因而光线传媒等实力雄厚的传媒公司，一直试图成为中国的时代华纳，依托自己专业的制作资源，连接起众多的城市电视台形成一张具有自身品牌的电视节目联播网。电视媒体竞争性战略联盟的形成也是伴随电视市场辛迪加市场而成长的。

三、 准集中化战略联盟

（一）基于产业集聚理论的准集中化战略联盟的阐释

准集中化战略联盟的基本动因也是实现外部规模经济，但是由于其不仅是在价值链上游某个环节上实现外部规模经济，而且试图通过集中联盟成员的资源和能力，在研发、生产、销售整条价值链上都实现外部规模经济。新古典学派的代表人物马歇尔发现，外部规模经济与产业集聚之间有密切的关系，认为产业在特定地区的聚集可以更快地形成更大范围的外部规模经济。（1）劳动市场共享因素，该因素是造成经济活动聚集的基本因素；（2）附属产业的成长，可以为相关产业提供多种类、低成本的中间产品；（3）技术外溢，也是聚集经济的重要原因，产业在特定区域的聚集有利于新主意、新知识和新技能在企业之间传播和应用，因为信息在当地流动比远距离流动更容易，这就是所谓技术外溢效果。①

因此，准集中化战略联盟是将拥有相似资源和能力的媒体集中在一起，在研发、生产、销售等一个环节或多个环节共同合作，通过联盟带来的产业集聚，将最终产品推向市场，获取外部规模经济的稳定合作组织形式。

（二）准集中化战略联盟的类型

1. 广告联盟

传媒广告联盟是以广告联合经营为纽带，通过联盟，形成广告联播的价值优势，稳定市场价格，以实现市场份额的稳步增长，是传媒产业在应对广告市场竞争时的战略选择

---

① 徐康宁：《产业聚集形成的源泉》，人民出版社 2006 年版，第 36 页。

之一。

就广电媒体而言，央视以其绝对的广泛覆盖率占据了近1/3 的份额，其次是全国 34 家卫视频道凭借上星优势，不断争取全国范围的收视份额和广告份额，其中中东部卫视势头日益强劲，西部卫视的收视状况堪忧，仅从广告收益上来看，湖南卫视 2016 年的年广告额接近 1000 多亿人民币，西部一些卫视的广告额仅有几千万，电视台之间的差距极大。而处于区域市场的城市电视，局限于本地区的受众，不论在广告吸纳量和覆盖率上都处于劣势。目前全国广告收入占前 100位的地方台共有电视频道 380 多个。由于自身内容制作能力不足等原因，至少有一半以上也就是 190 多个电视频道处于闲置和半闲置状态。内容的匮乏直接造成广告赢利能力的弱势，效益低下。

因此谋求区域频道的联合经营，特别是在地域、经济和文化等方面具有接近性的区域电视之间发展合作，成为扩大电视区域市场影响力的有效途径。2007 年"城市力量，江苏电视广告联盟"在南京成立，联盟成员包括南京、苏州、无锡、徐州、常州、扬州、南通、连云港、淮安、镇江、泰州、盐城、宿迁十三家江苏省内城市电视台，旨在打造中国第一个以城市为纽带、覆盖全省的广告传播联合体，从地域分布上看，该广告传播平台实现了整个江苏区域的完整覆盖。"13 个经济强市，8000 万的覆盖人口，13 个城市电视台，51个频道，一年 34 万小时的节目，一年 6 万 6 千小时的广告，45% 以上的市场份额，60% 以上的电视广告投放份额"，这种"城市台集群"效应所蕴藏的强大的经济实力对广告主有着巨大的吸引力。同时联盟以此为契机，在形式和内容等多个方面进行尝试，共同建立节目生产和信息发布协作平台，将区域媒体间的合作不断深化。立足区域建立的广告联合平台已成为大部分城市电视台认同的发展模式。

在报纸行业，2005 年 4 月，深圳、珠海、中山、佛山、汕头、番禺、顺德、惠州、江门、肇庆、湛江等珠三角经济区域的 12 座城市最具影响力的 19 家主流媒体，在深圳结成新闻与广告传播的强势媒体联盟——珠三角报业广告联盟。联盟将在平等、互利、共赢的基础之上强强联合，形成覆盖整个珠三角经济区域的媒体组合，改写没有一张报纸能够整体覆盖珠三角的历史，此举将提高区域内新闻与广告传播效率，更好地服务区域内的广告主。

广告联盟能够利用媒体之间地域差异的优势，放大各个媒体的优势，实现市场有效覆盖和对接。在广告收益的实现基础上，逐步扩大经营合作的范围，从而形成区域协同效应。

2. 播出平台联盟

这类联盟仅用于广电媒介。对于覆盖范围较小的区域电视台而言，在没有充足的条件进行规模性的合作时，选择以单纯的节目交互播放为开端，也能在短时间内实现收视范围上的扩张。

2008 年自贡电视台与乐山电视台两地的新闻综合频道节目在两地电视台交互播出。双方节目对等落地，打破了地域限制、整合了频道资源，为观众提供了更加丰富的电视节目，在收视地域和受众市场上实现了一定程度的扩张，极大地增强了地方电视台的影响力。广州、佛山两地电视也以频道对等落地为开端逐步实现广佛电视同城。具体为广州电视台"综合频道"和"新闻频道"落地佛山，而佛山传媒集团的

"新闻综合频道"则进入广州有线电视网络。对等落地后，落地频道的节目内容设置将以两地受众的需求来定位，进一步突出珠三角地域特色和元素，以契合"广佛同城"的理念。

2004年，上海文广传媒第一财经频道，仅用了一年的时间就进入了长三角地区大部分城市的数字频道，并通过与网通合作落地江浙地区，与江浙沪15个城市联建长三角经济联播网，进行初步区域化合作。在与其他地方台合作的过程中，第一财经频道同一节目播出时的广告采用本土化经营，产生的利润与当地电视台分成，这有利于提高频道资源提供者的积极性，促进第一财经频道的发展壮大。

第三节　区域传媒非竞争性战略联盟的模式

面对目前的传媒格局，传媒产业只有运用非竞争性战略联盟，将挑战转化为提升自身核心竞争力的机遇，充分利用战略联盟创新业务模式，开发新媒体产品，开拓国际市场。

根据企业生命周期理论，企业也会经历诞生、成长、壮大、衰退甚至死亡的生命过程，当企业处于成长、壮大期时，企业的总体发展战略往往采取增长型战略，即纵向化扩张、多元化扩张和国际化扩张。因此，根据我国媒体的增长型战略将非竞争性战略联盟细分为：纵向产业联盟、跨产业战略联盟、国际合作联盟。下文以广电媒体为例展开论述。

一、 纵向产业联盟

（一）基于价值链理论的纵向产业联盟的阐释

根据迈克尔·波特的价值链理论，可以将广电媒体的价值链分解为：

表 2-1　广电媒体价值链

辅助活动	技术解决方案				
	人力资源管理				
	网络设备提供				
	企业资本运作				
基本型活动	内容资源生产平台	内容集成播控平台	内容传输服务平台	广告营销增值服务	用户终端互动服务

价值链上游 ──────────────────→ 价值链下游

由表 2-1 可以看出，广电媒体的价值链由基本性活动（内容资源生产、内容集成播控平台、内容传输服务平台、广告营销增值服务、用户终端互动服务）和辅助性活动（人力资源管理、网络设备提供、技术解决方案、企业资本运作）两部分组成。现阶段，任何一家广电媒体都不可能在整个价值链的所有环节都具有竞争优势。我们可以看出，在整个价值链体系中广电媒体在内容资源生产和内容集成播控平台上拥有竞争优势，而在资本、技术、内容传输、终端互动服务等方面并不具备优势，而且广电媒体不可能通过自身取得所有环节的竞争优势。这就需要广电媒体在集中发展内容资源优势的基础上，与通信企业、金融机构、高新技术公司、终端制造商建成战略联盟，借助战略联盟实现资源共享、优势互补，使得联盟媒体在整个价值链体系中占据优势。广电产业的竞争将不再是单一企业的竞争，而是一个基于价值链体系的战略联盟间竞争。

（二）纵向产业联盟的主要类型

1. 技术联盟

互联网时代的到来，广电媒体的竞争，已经不仅仅是广播电视内容资源的竞争，而是扩展到以内容、技术、渠道、终端、资本为一体的价值链体系的竞争。

面对数字化技术、VR/AR/AI 技术形成的技术壁垒，广电媒体在短时间难以掌握全部技术。广电媒体通过与高新技术公司建立战略联盟，借助联盟成员在技术研发上的优势，以较低的成本迅速提升自己的技术水平，同时双方也可以以较低的风险共同研发 VR/AR/AI 等新兴技术和新产品。

2008 年中央电视台与美国英特尔公司联合创办实验室，双方共同研发多项技术，以进一步加强多媒体处理以及高清视频编辑能力。英特尔为满足央视高清节目的制作要求提供包括酷睿微架构在内的多项创新技术；与此同时，央视也为英特尔的技术开发提供必要的技术实验平台和共同研发所需资金。双方各自发挥在技术开发和实验平台上的优势进行非竞争性战略联盟，实现联合研制的目的。

2011 年 3 月 17 日，联想集团宣布与上海广播电视台、上海东方传媒集团有限公司（SMG）旗下新媒体公司百视通在上海成立名为"视云网络科技"的合资企业，百视通持有合资公司 51% 股份，联想持股 49%，共同开拓中国移动互联与数字家庭市场。① SMG 借助联想集团在终端技术、互联网技术等方面的优势资源，将自身强大的内容资源和多种非视听增值服务运用到联想旗下的互联网电视、电脑、智能手机、平板电脑等产品，建立一个多屏融合的全媒体。联想集团也为旗下的终端产品带来了内容资源。联盟双方通过共同开发三网融合新技术和新产品，将媒体的内容资源从"一屏"扩展为"多屏"立体化传播，不仅降低了研发新技术的风险，同时扩大了内容资源的范围经济。

2. 渠道联盟

渠道联盟中整合的渠道资源拥有两层涵义：一是指通信渠道；二是指广电内容集成播控平台渠道。因此，渠道联盟会出现两种形态的模式，一种是通信渠道联盟；一种是广电渠道联盟。

通信渠道联盟，是指媒体借助通信公司的通信渠道优势，将自己的内容产品和增值服务扩展到电视屏幕以外的其他移动通信终端上去。2012 年浙江广电集团与浙江电信公司签署"三网融合"战略合作协议。浙江广电集团通信渠道联盟的建立，使其借助浙江电信公司在互联网、电信网上的渠道优势，将互联网上的海量视频资源、互动游戏、信息服务等内容融入到 IPTV 的节目资源之中，大大拓宽了浙江广电集团的内容资源，加速了浙江三网融合的进度。②

广电渠道联盟，是指其他产业的企业借助广电内容集成

---

① 孙进：《SMG"牵手"联想集团合资运营移动互联云视频服务》，《第一财经日报》2011 年 3 月 18 日，第 B4 版。

② 张蓉蓉：《浙江广电集团与中国电信浙江公司签署"三网融合"战略合作协议》，《浙江商报》2012 年 5 月 12 日。

播控平台这一渠道，将本产业的增值服务拓展到电视终端。2010年5月，上海东方传媒集团（SMG）与中国银联股份有限公司在上海签署战略合作协议，双方将共同构建"三屏融合"在线支付业务与电子商务在线支付平台。这也将改变传统的网络支付平台结构，电视、手机、互联网平台的支付环节将被打通，观众足不出户即可通过电视完成购物支付的全过程。① 中国银联与SMG建立的广电渠道联盟，SMG拥有BBTV集成平台的渠道优势，中国银联拥有全国最大的金融支付网络优势，中国银联为了打造全新的在线消费支付模式，借助BBTV集成平台的渠道优势将手机、互联网、电视的在线支付融为一体；而SMG也借助中国银联增强了其网络电视的观众粘性，完善了网络电视应用技术和功能，满足观众的支付需求，双方凭借联盟实现了彼此核心资源的利用，构建了全新的全媒体在线支付新模式。②

3. 终端联盟

2010年9月，上海广播电视台旗下的新媒体公司百视通对外公布了其与康佳公司合作开发的互联网电视产品BBTV，推出搭载BBTV的互联网电视。SMG拥有内容提供商和内容集成商双牌照，具有强大的节目资源和非视听增值服务的能力，在内容提供和内容集成播控平台建设上拥有强大的竞争优势。SMG与康佳公司合作，将自己的互联网电视产品BBTV与康佳新一代互联网电视捆绑在一起，为SMG提供了

---

① 杨斯媛：《东方传媒联手中国银联打造新媒体"三屏融合"》，《第一财经日报》2010年5月31日，第A10版。

② 商建辉、张志平：《三网融合背景下广电媒体的非竞争性战略联盟》，《现代视听》2012年第1期。

面向观众的电视终端；与此同时，康佳公司通过与 SMG 的合作，也为自己的新一代互联网电视寻找到了丰富的节目资源和合适的内容集成播控平台，彻底改变了电视的概念，电视不仅可以观看，更可以享受互联网资源、增值服务、网络视频、网络电话等一系列互动活动。双方通过建立终端战略联盟，把 SMG 在内容和平台上的优势，与康佳在电视终端上的优势完美地结合在一起，打造了一个全新的 IPTV 产业价值链，实现了联盟双方的"共赢"。①

近几年，互联网电视、IPTV、4G 手机电视等全新电视终端成为重要载体。以 IPTV 为例，它是一种利用宽带有线电视网，集互联网、广电网、电信网于一体的提供多种交互式服务的崭新技术，是未来的主要终端载体之一。利用 IPTV，人们除了可以观看电视频道，还可以实现网络视频、网络游戏、网上购物等互联网活动，甚至可以通过电信接口拨打电话，彻底将以往"看电视"转变为"用电视"。IPTV 的实现需要内容提供商、内容集成商、终端提供商。内容提供商提供节目内容资源；内容集成商需要将广电节目资源、互联网资源、增值服务等集结在平台之上；终端提供商需要提供相应的终端接收节目资源。现阶段，我国广电媒体在内容资源提供和内集成播控平台的建立上拥有较强的优势。

但是，广电媒体并没有必要通过收购终端提供商来完成在整条价值链上的竞争优势。首先，根据价值链理论，行业

---

① 马庆圆:《深康佳互联网电视业务签约百视通》,《中国证券报》2010 年 9 月 1 日,第 A13 版。

的垄断来自于某些特定环节的竞争优势，只要抓住价值链中的关键环节，就可以控制整个价值链。在 IPTV 价值链中，内容集成商是整个价值链的核心，广电媒体只要牢牢抓住内容集成播控平台的建设，就可以控制整个价值链。其次，我国电视制造业已经进入成熟期，市场进入壁垒较高，新进入者已经很难进入市场。以上两个原因决定了广电媒体需要与电视制造企业建立终端联盟。终端联盟往往依托广电媒体在内容和集成平台上的优势，借助电视制造商在电视终端上的制造优势，联盟完成了对 IPTV 在内容、平台、终端上的价值链全覆盖，从而完成对 IPTV 的有效控制。

4. 资本联盟

资本联盟是广电媒体与银行、基金等金融机构建立战略联盟，银行业为广电媒体提供长期稳定的融资服务、理财服务以及个性化的金融服务，利用金融行业的核心资源，即资金优势支持广电媒体，而媒体利用其良好的营运能力为银行业提供利息回报，双方实现闲置资金的充分利用。

电广传媒与国家开发银行签署战略合作协议，共同建立资本战略联盟。国家开发银行将积极支持公司的有线电视网络数字化业务发展战略，为公司的有线电视网络业务跨区域拓展提供长期稳定的金融支持和全方位金融服务，在 2009 年到 2018 年总计为电广传媒提供 197 亿元的贷款。资本战略联盟为电广传媒提供了长期巨额授信，为其整合湖南省内外有线网络提供了充足的资金支持。①

---

① 夏晓柏:《国开行 197 亿施援电广传媒躁动跨区域整合》,《21 世纪经济报道》2009 年 9 月 11 日,第 4 版。

我国广电媒体已经开始探索资本运作，已经先后有中视网络、电广传媒、广电网络等6家广电媒体通过借壳上市的方式进行融资。但是，对于广电媒体来说，上市融资存在资本运作经验不足、上市成本高、盈利能力要求高等问题。2009年，在国家发布的《文化产业振兴规划》中提出"鼓励银行业金融机构加大对文化企业的金融支持力度。"党的十七届六中全会更是将文化产业作为未来国民经济的支柱产业之一。因此，广电媒体应当积极与金融机构建立资本战略联盟，借助银行、基金等金融机构在资本融资方面的优势，利用充足的资金在技术研发、集成平台建设、人员引进等方面全面提升自己的核心竞争力；同时，银行等金融机构也可以借助广电媒体在企业品牌推广、形象宣传等方面的优势，通过联盟节省广告宣传费用，树立企业的品牌形象。

二、跨产业战略联盟

（一）基于资源基础理论的跨产业战略联盟的阐释

企业资源基础理论认为，企业持续竞争优势的获得并不是偶然形成的，而是由于企业拥有一系列有价值、稀缺、难以模仿和不可替代的资源的结果。[①] 资源基础理论的出现不仅丰富了传统战略管理理论，而且为挖掘企业竞争优势提供了思路。基于资源基础理论，企业的本质不是产品的集合体，而是资源的集合体。不同企业掌握不同的异质资源，也就造成了企业拥有不同的核心竞争优势。企业为了拥有持续不断

[①] 皮埃尔·杜尚哲、贝尔纳·加雷特：《战略联盟》，李东红译，中国人民大学出版社2006年版，第50页。

的竞争优势，就需要不断积聚资源和能力。

企业资源基础理论对于企业竞争优势的阐释，也正是企业建立跨产业战略联盟的根本原因。基于资源基础理论我们可以看出，跨产业战略联盟的建立正是为了满足企业获取持续的竞争优势，通过联盟积聚更多互补性资源和能力。因此，从资源基础理论出发，媒体的跨产业战略联盟是指我国媒体为了拥有持续的竞争优势，借助与其他行业的企业建立战略联盟，获取其他联盟成员的互补性资源和能力，从而实现多元化经营战略或全新业务开拓的一种有效途径。

（二）跨产业战略联盟的特性

国美电器和上海东方传媒集团旗下的百视通达成战略合作协议，启动针对互联网电视机顶盒（OTT）等业务的合作。百视通将利用国美强大的线上线下营销能力推广其高清3D智能云电视机顶盒"小红"。国美将专门开辟"小红"智能电视体验区，为体验顾客提供高清蓝光正版大片、独家NBA比赛以及TVB剧集等节目资源服务。

通过国美电器与百视通的跨产业战略联盟，我们可以发现联盟成员资源获取与利用的主要特性：

首先，资源总量不会减少。联盟成员间在将互补性资源进行共享的过程中，并不会造成资源提供方企业的资源总量的减少，在联盟资源共享过程中，往往会使以往闲置的资源得到充分利用，而不会造成资源总量的消耗。例如国美并不会因为将自身在线上线下的营销资源提供给百视通，使自身的营销资源遭受损失和占用。

其次，资源积累的增加。联盟资源的共享过程是一个双向、开放的过程，不会造成资源的单向流动，而是资源的双向流动，联盟成员在提供自身资源的同时也会从联盟伙伴那里获取资源，因此联盟成员间资源积累呈现增加趋势。与此同时，联盟在运作过程中也会共同创造新的资源，实现联盟企业资源的增加。例如国美与百视通借助战略联盟，联盟双方都获得了其自身所不具有的稀缺、有价值的资源，国美丰富了自身的产品类别，而且借助"小红"体验区增加了对客户的黏度；百视通则为"小红"的营销获取了线上线下复合渠道，扩大了产品的营销渠道。

最后，资源溢出效应。联盟在运作过程中，联盟成员获得的互补性资源和能力，不仅可以运用在联盟合作项目之中，同时也可以运用到自身其他非合作项目中去，实现资源的"溢出"。例如国美通过与百视通的战略联盟获得的对高清3D 机顶盒的营销经验，可以运用到以后其他机顶盒生产商或运营商的产品营销中去。

（三）跨产业战略联盟的主要类型

目前，我国广电媒体跨产业战略联盟成立的原因，主要是实现多元化经营和开拓全新业务。因此我们将广电媒体跨产业战略联盟划分为相关多元化联盟和全新业务拓展联盟。

1. 相关多元化联盟

多元化经营是企业发展战略的一种，广电媒体利用自身在内容资源、品牌形象、人力资源等方面的竞争优势将其运用到全新的产业或市场，从而扩大广电媒体的生产经营范围和市场范围，提高经营效益，保证其长期生存与发展。但是，对于自身不熟悉的市场或产品，盲目进行投资，由于缺乏经验难免会困难重重，而借助战略联盟则可以共担进入新市场和开发新产品的成本和风险，提高多元化经营的成功概率。例如苏州广电集团与苏州颇具影响力的苏州广大集团签署战略合作协议，合力打造苏州第一婚庆品牌。苏州广电集团利用自身在传播渠道、内容资源、品牌形象、主持人等方面的优势，借助苏州广大集团拥有松鹤楼高档婚宴场所，双方积聚在婚庆策划、创意、推广、执行中的优势，全力进军婚庆市场。与此同时，苏州电视台还专门打造了一档婚恋生活服务节目，并将旗下主持人资源充分整合到婚庆公司业务中去。苏州广电借助与广大集团的战略联盟进入婚庆市场，不仅充分利用了自身的节目资源、主持人资源，而且与广大集团合作也降低了多元化风险，提高了苏州广电的整体经营效益，扩大了经营范围。

2. 全新业务拓展型联盟

该联盟将广电媒体和其他不同产业的资源和能力整合到一起，能够创造出全新的业务，为参与其中的企业带来前所未有的商机。例如2012年10月北京广播电视台与北京市教委签署的战略合作框架协议，双方共同开发全新的业务领域——"北京数字学校"。"北京数字学校"是北京市转变基础教育发展方式，坚持均衡教育理念，在改善基本公共教育服务做出的尝试和突破。北京市教委提供教育资源、方案策划；北京广播电视台指定歌华有线公司通过高清交互数字平台和歌华飞视平台，采取有线与无线相结合的现代化信息传播技术，以课程点播、直播和互动教学等多种应用形态，为广大中小学生在电视、手机、平板电脑、电脑等多种终端提供学习服务。① 北京广播电视台通过全新业务拓展联盟开发了"北京数字学校"这一全新业务领域，实现了数字教育资源在多终端的整合，为公司的发展增加了全新的利润增长点。

三、 国际合作联盟

（一）基于国际生产折衷理论的国际合作联盟的阐释

国际生产折衷理论最早由英国瑞丁大学教授邓宁在对波特竞争战略和竞争优势理论进行拓展的基础上发展而来。国际生产折衷理论认为，任何一个企业想要在国际市场上占有优势，必须拥有三大优势：所有权优势（O 型优势）、内部化优势（I 型优势）、区位优势（L 型优势）。② 现阶段，随着新技术的不断涌现，技术创新和产品研发的周期越来越短，跨国企业普遍认为通过自身的积累，要想在全球范围内保持O 型优势已经越来越困难。与此同时，国际化竞争的日益加剧，本土企业的实力经过发展已经大大增强，企业经营环境的不确定性不断增强，单纯依靠跨国公司自身力量已经很难在其他国家和地区保持 I 型优势和 L 型优势，这就需要跨国公司通过联盟与本土企业建立长期合作关系，整合全球范围内的资源，共享核心资源，降低经营风险，实现跨国公司与本土企业的共赢。

基于国际生产折衷理论，我国广电媒体的国际合作联盟

① 中国政法大学传媒与文化产业研究中心：《北京广播电视与北京市教委在京签署战略合作框架》，《传媒经济参考》2012 年 28 期，第 7 页。

② 皮埃尔·杜尚哲·贝尔纳·加雷特：《战略联盟》，李东红译，中国人民大学出版社 2006 年版，第 47 页。

主要是指分处不同传媒市场中的广电媒体通过战略联盟的形式，利用一方在内容资源生产、内容平台技术、广告营销增值服务等方面的优势，借助联盟伙伴在本国市场运作方面的独特优势，实现联盟成员内容资源和技术资源在联盟伙伴所在国家市场的扩张。广电媒体的国际合作联盟是一种双向的合作形式，既包括我国广电媒体借助自身的竞争优势对其他国家市场的联盟，也包括国际传媒集团通过与我国广电媒体进行合作从而进入我国广电市场的联盟。

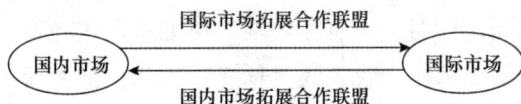

国际市场拓展合作联盟

国内市场 ⟷ 国际市场

国内市场拓展合作联盟

图 2-2　国际市场拓展合作联盟

（二）国际合作联盟的动机

首先，国家贸易壁垒的限制。传媒产业作为"准公共产品"性质的企业，肩负着经济效益和社会效益的双重责任，其往往被各国政府作为意识形态的工具，这也就决定了各国对于传媒产业的规制较多，大多数国家都只允许本国公民和企业从事媒体产业。因此，我国广电媒体想要"走出去"，将优质的视频资源、广电集成技术资源输出到其他国家，只能选择与本国的企业进行战略联盟，借助联盟伙伴在本国市场上的运作优势，将我国优质的内容资源和技术资源进行输出。

其次，当地伙伴企业的优势。媒体作为与意识形态密切相关的组织，因此，要想进入一国的广电传媒市场就必须要与当地政府拥有良好的关系。战略联盟可以充分利用当地伙伴企业良好的政治关系，顺利地进入该国广电市场。

最后，国内广电市场的激烈竞争。现阶段中国广播电视的盈利模式仍然以广告经营为主，广告收入与收视率基本呈正态分布，这就造成我国电视行业的同质化现象难以避免。在激烈的竞争中，我国广电行业栏目抄袭、节目克隆等现象十分严重，出现了"千台一面"的状况，造成广电节目资源的极大浪费。[1] 除了在节目资源上的同质化，在广告竞争上也陷入白热化，省级卫视以及各地区电视台纷纷进行广告合作，在某一区域内形成广告联盟，使得整个电视广告市场竞争加剧。与此同时，来自互联网、手机新媒体等新兴媒体对于整个传统媒体广告收入的"稀释"作用，都使得广电市场的广告竞争进一步恶化。这就需要我国广电媒体要跳出国内广电市场，充分借助"外力"在节目制作、技术资源、广告营销等方面的优势，通过与国外的传媒集团或其他企业建立战略联盟，通过对节目资源、技术资源、广告资源等核心资源进行交换，从而应对国内广电市场的竞争，开辟国际广电市场的"蓝海"。

（三）国际合作联盟的主要类型

1. 国际市场拓展型合作联盟

主要指我国的广电媒体利用自身在内容资源、广电平台技术资源、广告增值服务等方面的优势资源，通过与其他国家企业建立联盟，拓展海外广电市场的一种国际合作联盟。2011年10月，上海广播电视台、上海东方传媒集团有限公司（SMG）旗下百视通公司与印尼最大的信息通信企业印尼电信签订战略

---

① 强月新、黄晓军：《中国大众传媒合作竞争论》，人民出版社 2011 年版，第164 页。

联盟合作备忘录，双方将在互联网、手机、智能电视、OTT 机顶盒以及平板电脑等信息接收终端进行全方位合作。[①] 百视通将向印尼电信输出其自主研制的 IPTV 核心技术平台和新媒体技术系统，全面协助印尼电信在其国内实现手机、平板电脑、智能电视多终端覆盖的产品与市场策略。印尼电信通过这一联盟以较低的成本获得了最新的技术平台、内容系统、市场拓展产品，使得印尼 IPTV 和其他终端数字产品得到了长足的进步。与此同时，百视通借助联盟将企业在 IPTV 核心技术和新媒体技术上的优势成功输出到印尼的新媒体产业中，成功开拓了印尼新媒体市场，为今后中国优质视频内容走向国际市场进行了技术准备。双方所打造的"技术输出、市场联营、内容集成、资本合作"的新媒体跨国合作模式，即"印尼模式"，已经成为中国"文化走出去"的新模式。

百视通与印尼电信国际合作扩张联盟的案例，可以看出百视通开展国际合作业务，与印尼电信通过建立战略联盟，顺利地将自己在新媒体技术和内容集成平台技术输出到印尼，同时再借助印尼电信的内容集成平台将自身的内容资源输出到东南亚市场。双方通过建立联盟，印尼电信得到了新媒体技术，而百视通则成功打入东南亚的新媒体市场中。百视通的核心资源是技术，印尼电信的核心资源是市场，联盟双方通过核心资源的共享和互补，以较低的成本获得了联盟伙伴的稀缺资源和能力，提升了各自的核心竞争力，从而实现了联盟双方的"共赢"。

---

① 辛苑薇:《百视通打造"印尼模式"》,《21 世纪经济报道》2012 年 6 月 14 日,第 20 版。

2. 国内市场拓展型合作联盟

主要指国际传媒集团借助自身的内容资源、版权专利、技术资源等方面的优势资源，通过与我国广电媒体建立战略联盟，进入我国广电市场的一种国际合作联盟。2010 年 7 月，上海东方传媒集团公司与日本吉本兴业株式会社签署战略合作框架协议。双方将充分借助对方在本国市场的影响力，将自身的优秀电视节目在中日两国电视市场进行推广和发行。上海东方传媒集团将帮助吉本兴业的综艺节目在中国进行企划、版权管理、销售，并开展广告代理业务和电子商务；与此同时，吉本兴业也将会在日本市场推广上海东方传媒集团的电影、电视剧、动漫以及综艺节目，并帮助其开发符合中国市场的喜剧及新形式的"笑"的节目策划，以及销售和笑星的培养。[①] 日本吉本兴业作为日本最大的文化传媒企业，通过与上海东方传媒集团建立联盟，将自身在节目制作、节目资源、广告营销、广电技术等方面的优势实现联盟内部的共享，同时也顺利地将自己节目版权和广告资源渗透进入我国广电市场。与此同时，上海东方传媒集团也通过联盟学习到了日本先进的版权管理方法、"笑"节目策划、销售等方面的核心资源和能力，提升了其在内容生产上的竞争优势。

---

① 《上海东方传媒集团公司与日本吉本兴业株式会社签署"战略合作框架协议"》，中华人民共和国文化部网站，http://www.ccnt.gov.cn/xxfb/xwzx/dwwhjl/201007/t20100722_80937.html，2012 年 7 月 22 日。

第三章　区域传媒战略联盟的嬗变

第一节　基于时间轴的区域传媒战略联盟的变迁

媒体作为党和政府的喉舌，决定了其受政策影响较为明显。通过对我国区域传媒战略联盟的梳理，本书将改革开放以来区域传媒战略联盟的历史演变分为四个阶段：新闻联动为主的联盟萌芽阶段、主推经营层面的联盟合作阶段、联盟形式多元化发展阶段、跨媒体跨产业整合阶段。

本书以时间轴为视角的划分，主要有以下两个维度：

一是以政策变革为依据。传媒产品由于其"准公共产品"的性质，在世界各国都受到政府的规制。在我国，除了作为"准公共产品"的基本属性外，媒体还是党和政府的喉舌，肩负着宣传党的路线方针政策，为推进党和国家各项事业鼓与呼的重要责任。

改革开放以来，党和政府始终重视传媒产业的健康发展，针对传媒区域发展的相关政策主要包括：

2001年8月，中共中央宣传部、国家广播电影电视局、新闻出版总署联合下发了《关于深化新闻出版广播影视业改革的若干意见》（17号文件），首次提出组建跨地区媒介集团，这为我国传媒产业跨区域发展提供了政策支持。

2006年1月，中共中央、国务院在《关于深化文化体制改革的若干意见》提出，实行联合、重组，重点培育发展一批实力雄厚、具有较强竞争力和影响力的大型文化企业和企业集团并支持其实行跨地区、跨行业兼并重组，为传媒产业跨区域全面发展提供了政策依据。

2009年7月，国务院常务会议审议通过的《文化产业振兴规划》提出，"推动跨地区、跨产业联合或重组"，"积极推进下一代广播电视网建设，推进三网融合"。进一步为传媒产业借助三网融合的机遇，实现跨区域、跨产业发展提供了政策依据。

二是以媒介环境变化为依据。环境分析是战略管理的重要课题，任何组织在生存与发展过程中，都要准确分析市场环境，这样才能及时调整企业战略，趋利避害。在管理学上，环境分析主要包括三个层次：

1. 一般宏观环境分析（PEST 分析）。主要从政治和法律环境因素、经济环境因素、社会和文化环境因素、技术环境因素四个方面对整个市场进行宏观分析。

2. 行业环境分析。具有代表性的是迈克尔·波特的五力模型，用以确定企业在行业中的竞争优势和行业可达到的最终资本回报率，主要包括五个方面的利益相关方：新进入者的威胁、供应商议价能力、购买商议价能力、替代产品的威胁、同业竞争者竞争强度。

3. 经营环境分析。主要经营环境因素包括：市场分析和竞争地位、消费者消费状况、融资者、劳动力市场状况等。

对于传媒产业而言，区域传媒战略联盟作为市场竞争的战略之一，只有通过对市场环境宏观、中观和微观的分析，当战略联盟这一形式能够为传媒带来收益，规避风险时，才会选择组建区域传媒战略联盟。因此，本书将媒介环境作为划分区域传媒战略联盟的重要依据。

一、 新闻联动为主的联盟萌芽阶段 （1978年至2000年）

1980年，由丹东电视台倡议，丹东、大连、鞍山、抚顺、吉林市、齐齐哈尔、青岛、包头等电视台，组建了省辖市电视台协作体。协作的重要内容就是如何开展节目交换，丰富城市台的屏幕。这是我国有据可查的最早的区域传媒战略联盟。

在随后的1985年，省辖市电视台协作体又成立了城市电视台节目交流中心，为地市级电视台的节目交流提供了一个重要平台。中心起初主要采取物物交换的方式调剂节目，用合作拍片的方式增强实力。实践的结果是，城市电视台的交流活动促进了地市节目的商品化，预示着国内电视节目市场的形成和出现。①

紧接着在江苏、上海、淮海经济区等区域又相继组建了一批区域传媒战略联盟。这一时期的战略联盟，呈现以下特点：

1. 联盟内容以新闻联动为主。新闻联动，又称传媒联动，是指一定时间内媒体个体之间为同一主题相互协作共同报道的活动。需要特别注意的是传媒联动是不同媒体的联合行动，隶属于同一传媒集团的联动，属于传媒整合现象。②

---

① 郭镇之：《中国电视史》，文化艺术出版社1997年版，第39页。
② 董天策：《媒体竞争与媒体合作笔谈》，《西南民族学院学报》（哲学社会科学版）2001年第2期。

从这一时期的区域传媒战略联盟可以看出，联盟成员间主要是以共同制作、内容资源交换等为主，这是由于当时的媒体在节目水平、经营收入、设备水平、人才素质等方面都较为匮乏，这也是区域内媒体共同出资、出人、共同制作栏目的内在动力。

2. 联盟形式多以协作体为主。由于当时的媒体虽然是"事业单位，企业管理"，但大多仍然具有政府机关的性质，且当时整个市场经济发展还仍不充分，这也决定了这一时期媒体间的联盟大多以契约式的协作为主，而难以实现股份式的合作。

3. 联盟成员以广电媒体为主。在这一时期是报纸媒体高速发展的阶段，先是 80 年代的报纸周末版，随后是 90 年代中期的都市报的崛起，整个报纸市场也在急速扩张，这也决定了这一时期报纸媒体的主旋律是竞争，而不是合作。而广电媒体在 80 年代末的普及率不高，且广电新闻产品制作成本较高，造成了广电媒体需要借助联盟来共同制作新闻，降低制作成本。

表 3-1　联盟萌芽阶段的典型案例

联盟名称	成立时间	联盟成员
省辖市电视台协作体	1980 年	由丹东电视台倡议，丹东、大连、鞍山、抚顺、吉林市、齐齐哈尔、青岛、包头等电视台
江苏城市电视台协作体	1985 年	南京牵头，组成了由无锡、徐州、常州、苏州、南通、连云港、淮安、盐城、扬州、镇江、宿迁等13 家城市电视台

续表

联盟名称	成立时间	联盟成员
淮海经济区城市电视台协作体	1986 年	河南、安徽、江苏、山东四省的 7 家地级市电视台
《奋进的无锡》直播节目	1990 年	上海广播电台新闻教育台与无锡人民广播电台
《淮河》系列片	1991 年	安徽、河南、江苏、山东四省

资料来源：作者根据公开资料整理

二、主推经营层面的联盟合作阶段（2001 年至 2004 年）

进入 21 世纪以后，随着传媒跑马圈地阶段的结束，传媒间的竞争进入此消彼长的份额竞争阶段，传媒拓展生存空间的欲望十分强烈。在这一背景下，2001 年 8 月，中共中央宣传部、国家广播电影电视局、新闻出版总署联合下发了《关于深化新闻出版广播影视业改革的若干意见》（17 号文件），提出以资本和业务为纽带，组建跨地区、跨媒介的媒介集团，集中全国媒体资源优势，建立符合市场体系和规范的媒体运行体制。首次提出组建跨地区媒介集团，这为我国传媒产业跨区域发展提供了政策支持。

2001 年 8 月 19 日，国内第一个区域报业联盟正式组建，由陕、甘、宁、青、新五省（区）五家都市报——三秦都市报、兰州晨报、新消息报、西海都市报和新疆都市报共同发起并成立了"西北五省（区）省级都市报互动联盟"。联盟章程中规定："从广告经营活动入手，以培育、开拓和开发西北广告大市场为基本切入点，寻找更多更广泛的合作方式和途径，借助集团优势，在新闻宣传、广告经营、报纸发行

· 93 ·

等方面加强合作，扩大媒体影响，增强报业发展的张力，实现良好的社会效益和经营效益。"① 随后又成立了河北省地市级党报区域性联盟、川渝广电联盟、"中国媒介金牛市场"战略联盟、泛珠三角媒体合作论坛、华东全垒打暨华东第一品牌栏目联合体、湖南城市主流媒体广告协作体等区域传媒战略联盟等。综观上述战略联盟可以归纳出以下特点：

一是联盟以经营层面的合作为主。与上一个阶段区域传媒战略联盟主要聚焦于内容不同，这一阶段的联盟更注重经营层面的合作。例如河北省地市级党报区域性联盟，其成立的目的在于广告运营全省联动，提高对品牌广告的吸引力，形成"11 相加大于 11"的整体优势；"中国媒介金牛市场"战略联盟是由湖南经视频道、浙江教育科技频道、山东齐鲁频道和安徽影视频道四台各出 1000 万元，总额 4000 万元的免费广告时段提供给一家企业，条件是这家企业将在这一年按一定比例的本地销售额返还给四家电视台；华东全垒打暨华东第一品牌栏目联合体则是面向全国的广告客户进行民生新闻栏目特约播映权的联合招标；湖南城市主流媒体广告协作体主要是为了实现市州报经营、广告资源的共享与互换，共同开拓市场。

二是联盟逐渐走向正规化。这一阶段的区域联盟虽然大多仍以协作体形式合作，但是与上一阶段以短期合作协议为主相比更为规范。湖南城市主流媒体广告协作体不仅共同签署了《联合宣言》，并成立了相应的工作机构理事会，且原则通过湖南城市主流媒体广告协作体章程、理事会领导成员

---

① 周卫宏：《西北五省（区）互动联盟在行动》，《传媒》2002 年第 4 期。

组成，在成立之初长沙晚报被推选为理事长单位，株洲日报被推选为执行理事长单位，湘潭日报、常德日报、衡阳日报等被推选为副理事长单位。联盟形式的正规化，不仅从责任意识、联盟力度和实际操作方面有了提升，也为联盟合作的提供了制度化保障。

三是联盟行业的多元化。上一阶段，区域传媒战略联盟均为广电行业，主要目的是为了共同制作电视节目，互换新闻资源，降低电视节目的成本，扩大影响力。而随着都市报、晚报的繁荣发展，报纸媒体一方面需要借助联盟提升广告市场范围，提高广告招商的力度和广度；另一方面需要借助联盟共同抵御网络媒体的冲击，因此，这一阶段组建的区域联盟，呈现广电媒体与报纸媒体"平分秋色"的状态。

表 3-2　联盟合作阶段的典型案例

联盟名称	成立时间	联盟成员
西北五省（区）省级都市报互动联盟	2001 年 8 月	三秦都市报、兰州晨报、新消息报、西海都市报和新疆都市报
河北省地市级党报区域性联盟	2003 年 9 月	燕赵晚报等河北省内 11 家地市级报纸
川渝广电联盟	2004 年 2 月	四川、重庆两地广电传媒
"中国媒介金牛市场"战略联盟	2004 年 3 月	湖南经视频道、浙江教育科技频道、山东齐鲁频道和安徽影视频道
泛珠三角媒体合作论坛	2004 年 7 月	泛珠三角区域 11 个省区的媒体

联盟名称	成立时间	联盟成员
华东全垒打暨华东第一品牌栏目联合体	2004 年 9 月	江苏广播总台城市频道、安徽电视台经视频道、福建广播影视集团新闻频道、浙江电视台钱江都市频道
湖南城市主流媒体广告协作体	2004 年 12 月	长沙晚报、株洲日报、湘潭日报、常德日报、厦门日报

资料来源：作者根据公开资料整理

三、 联盟形式多元化发展阶段 （2005 年至 2008 年）

2005 年末，中国报业经历 20 年的高歌猛进之后，发展出现了拐点。传统报纸停下了持续多年的上升脚步，进入一个抛物线般的下滑轨道。下滑重要的指标就来自占报纸收入 70% 以上的广告收入的下滑。据《新财经》刊载的《2005 报业拐点与阵痛：数字化时代的报纸生存》一文披露据慧聪媒体研究中心按刊例价格对国内 1000 余份报刊的统计，全国报纸广告收入增长已经放缓：2004 年，中国内地报刊广告市场总额为 62.84 亿元，比 2003 年增长 18.7%，增速低于 2002 年的 37% 和 2002 年的 23%。2005 年 1 月至 5 月，全国报刊广告总额增长速度更加明显递减，报纸广告投放居全国前 10 位的城市，广告同比增长亦明显低于 2004 年的水平，其中，广州、青岛、深圳均出现了负增长。[1]

曾任中国地市报研究会会长的王贵海也结合地市报的发

---

[1] 邓艳玲：《地方报现状及发展对策研究》，中央民族大学 2006 年硕士论文，第 8 页。

展现实指出，从目前形势看，随着国家宏观政策的调整，随着网络、手机等新兴媒体的崛起，报纸广告的市场份额越来越小。要认识到传统媒体正在受到新兴媒体日趋激烈的蚕食，作为平面媒体的报纸，传统读者正在日益分流，呈减少态势。报纸新的读者群增长缓慢，这已成不争的事实。传统的纸质媒体要想在竞争中立于不败之地，就必须勇于面对来自新兴媒体的挑战。①

在 2006 年中，中国报业开始警醒。用时任京华时报社社长吴海民的话说，这是因为 2005 年对于整个报业而言是个"拐点"，这个"拐点"导致了整个报业集体意识及危机意识的觉醒。如何面对新媒体的崛起，如何再续报业的辉煌，报纸与报纸之间携起了手。这一年中，有一个词频频跃于眼帘，这就是"联盟"。团结成了 2006 年中国报业发展的主题。②

2006 年 1 月，中共中央、国务院在《关于深化文化体制改革的若干意见》中，提出了加快文化领域结构调整的意见。运用市场机制，以资本为纽带，实行联合、重组，重点培育发展一批实力雄厚、具有较强竞争力和影响力的大型文化企业和企业集团并支持其实行跨地区、跨行业兼并重组，鼓励同一地区媒体的下属经营性公司之间互相参股。这些政策再次强调对媒体跨区域合作的认可和支持，这标志着我国文化体制改革进入全面发展时期。

在这一阶段，区域传媒战略联盟经历了两次发展热潮。

---

① 甄雪:《让报业半壁江山美丽如画》，《中国新闻出版报》2005 年 11 月 10 日。

② 谢建:《2006:报业联盟年》，《中国报业》2007 年第 2 期。

第一次是 2005 年，媒体联盟大量出现，联盟的主要意图是通过媒体结盟、合作，打破区域限制，整合平台，更好地开拓新广告资源，提升媒体对广告主的吸引力。先后出现珠三角报业广告联盟、江苏电视广告联盟、江浙城市电视台经营协作组织、辽宁省城市电视台广告协会、中国中部强势媒体联盟、东北副省级城市党报集团联盟、环渤海主流媒体广告协作体、宁蒙陕甘毗邻地区 11 家地市级党报广告联盟等。

第二次媒体联盟创建高峰出现在 2007 年，以报业联盟为主。诸如广深报业联盟、山东半岛报业联盟、贵甘联盟、淮海经济区城市报业联盟等。这一阶段的联盟主要是由于网络媒体的日益强大，给报纸媒体带来了强烈的冲击。报纸媒体当时采取自办网站的策略，但是由于自身规模小、技术落后、投入小、效益差等原因，大多数报纸媒体所办网站并不成功，因此部分报纸媒体"抱团取暖"，试图通过建立报业联盟，联合各个分散的报纸媒体，共同对抗借助新技术快速发展的网络、楼宇电视等新兴媒体的冲击，这是报纸在媒体多元化和受众碎片化之下走向联合，实现资源共享、优势互补的联盟初衷。

这一阶段区域传媒战略联盟的主要特点有：

一是战略联盟内容更具综合性。如果说第一阶段战略联盟以新闻联动为主，第二阶段的战略联盟以广告经营为主，那么进入这一阶段后，随着传媒战略联盟经验的增加和联盟深度的提升，区域传媒战略联盟在合作内容上已经不仅仅局限于某一个领域的合作，而是从节目生产、节目购销、联合经营等全方位综合性的合作。例如"江浙城市电视台经营协作组织"不仅有广告经营方面的合作，而且在节目联合生产、节目联合购销、联合经营等方面均有合作；广深联盟合作内容也涵盖广告、新闻合作、新媒体以及组织架构等项目；武汉城市圈九报联盟更是实现了9个城市的报纸抱团发展，新闻、广告、品牌资源相互叠加将产生"1+8大于9"的聚合效应。

二是战略联盟形式逐渐多元化。以往的区域传媒战略联盟大多以协作体的形式出现，实际上是一种较为松散的契约式的战略联盟形式。但是，这一阶段的战略联盟形式虽然仍以协作体为主，但是战略联盟的载体逐渐多元化。根据战略联盟合作深度由浅及深，主要有以下三种形式：

1. 新闻协作体更加正规化。这一阶段的区域传媒战略联盟几乎都成立了相应的联络机构和组织，以便对联盟成员间的事务进行协调沟通。例如淮海经济区城市报业联盟，联盟会议实行轮值制，原则上每半年召开一次，为便于各市的联系，做好联盟各项工作的衔接和协调，由徐州日报一名负责人为联盟秘书长，鲁豫皖三省各推选出1家报社产生副秘书长，负责各项合作的协调和落实。再如，环渤海报业媒体合作联席会实行理事会运作方式，理事会由首批32家媒体构成，联席会秘书处设在今晚传媒集团。

2. 共同开发产品。除了签订协议、发表宣言等较为松散的形式外，还有部分媒体走得更远，借助共办栏目、共办报纸、共办频道等形式，增加合作的层次，维护战略联盟的稳定性。例如山东半岛报业联盟联合创办《今日胶东》专刊，在山东半岛报业联盟基础上创建的齐鲁报业联盟，又联合创办了《今日齐鲁》；武汉城市圈广播宣传协作体中，协作体内的 10 家电台同时开辟以新闻为主的《来自武汉城市圈的报道》和以专题为主的《武汉城市圈见闻》节目；深圳广电集团联手桂林广播电视，合办桂林人民广播电台旅游音乐广播和桂林电视台科教旅游频道。

3. 共同出资成立合资企业。这一阶段的部分战略联盟，为了联盟的共同目标能够顺利实现，增强联盟的稳定性，联盟采取股权式的形式，共同出资成立合资企业。例如"城市电视台购片协作体"，其是由江苏 13 家城市电视台共同组建的，并在此基础上共同出资成立了江苏城市联合电视传媒有限公司，全年购剧费高达 1.2 亿元，与当年的江苏省台旗鼓相当，所购剧集在联盟内各台间播出；贵甘联盟中贵州电视台与甘肃广电总台共同出资成立兰州智诚同辉文化传播有限公司，全面代理经营甘肃广电总台 6 个电视频道的广告、影视剧引进、频道包装、宣传推广等业务。

三是联盟行业以报纸媒体为主。受到报业"寒冬论"和报纸广告业绩下滑的影响，报纸媒体在面对网络媒体时，借助联盟这一形式"抱团取暖"已经成为不得已的选择。另外，由于报业的价值链相对较长，这也为报纸媒体的合作提供了丰富的合作空间。因此，在这一阶段报纸媒体的合作成为主旋律。

四是联盟跨省特点突出。在这一时期，大多数联盟都超越了某一个省的行政区域，而是将联盟定位于某区域经济体内，例如长三角、环渤海、淮海经济区、东北经济区等，跨省域的联盟越来越成为主流。例如江浙两省全部 24 个地级以上城市电视台共同成立的"江浙城市电视台经营协作组织"，这也宣告中国最发达地区出现了全国首个跨省城市电视台经营联盟；环渤海主流媒体广告协作体则包括了环渤海 29 个城市的 32 家主流媒体；宁蒙陕甘毗邻地区 11 家地市级党报广告联盟横跨四省。

表 3-3　联盟多元化阶段的典型案例

联盟名称	成立时间	联盟成员
珠三角报业广告联盟	2005 年 4 月	深圳、珠海、中山、佛山、汕头、番禺、顺德、惠州、江门、肇庆、湛江等珠三角经济区域的 12 座城市最具影响力的 19 家主流媒体
江苏电视广告联盟	2005 年 6 月	南京、无锡、徐州、常州、苏州、南通、连云港、淮安、盐城、扬州、镇江、宿迁等 13 家城市电视台
江浙城市电视台经营协作组织	2005 年 6 月	江浙两省全部 24 个地级以上城市电视台
中国中部强势媒体联盟	2005 年 7 月	燕赵都市报、齐鲁晚报、新安晚报、扬子晚报、楚天都市报、大河报和山西晚报
东北副省级城市党报集团联盟	2005 年 8 月	哈尔滨日报报业集团、长春日报报业集团、沈阳日报报业集团、大连报业集团
辽宁省城市电视台广告协会	2005 年 12 月	沈阳电视台联合辽宁省内十三家电视台
环渤海主流媒体广告协作体	2006 年 4 月	今晚报、燕赵都市报、辽沈晚报、齐鲁晚报、大连晚报、青岛晚报、山西日报、保定日报、广告人杂志等环渤海 29 个城市的 32 家主流媒体

联盟名称	成立时间	联盟成员
武汉城市圈广播宣传协作体	2006 年 6 月	武汉、黄石、鄂州、孝感、黄冈、咸宁、仙桃、天门、潜江等市的广播电台以及长江经济广播电台
宁蒙陕甘毗邻地区 11 家地市级党报广告联盟	2006 年 9 月	银川晚报、吴忠日报、石嘴山日报、中卫日报、固原日报、阿拉善日报、乌海日报、鄂尔多斯日报、榆次日报、平凉日报、陇东报
广深报业联盟	2007 年 5 月	广州日报报业集团与深圳报业集团
山东半岛报业联盟	2007 年 7 月	青岛、日照、潍坊、威海、烟台、淄博六市报社
贵甘联盟	2007 年 9 月	贵州电视台与甘肃广电总台
淮海经济区城市报业联盟	2007 年 9 月	江苏省的徐州、淮安、盐城、连云港、宿迁，山东省的菏泽、济宁、泰安、莱芜、日照、临沂、枣庄，河南省的商丘、开封、周口和安徽省的淮北、宿州、蚌埠、阜阳、亳州共 20 个城市报纸
深桂广播电视合作体	2007 年 12 月	深圳广电集团与桂林广电电视
武汉城市圈九报联盟	2008 年 1 月	武汉晚报、东楚晚报、鄂州日报、孝感晚报、鄂东晚报、南鄂晚报、仙桃日报、潜江日报和天门日报等武汉城市圈 9 家报纸

联盟名称	成立时间	联盟成员
齐鲁报业联盟	2008 年 3 月	青岛、滨州、德州、东营、菏泽、济宁、莱芜、聊城、日照、泰安、潍坊、威海、烟台、枣庄、淄博十五城市报社

　　资料来源：作者根据公开资料整理

四、 跨媒体跨产业整合阶段 （2009 年至今）

　　2009 年 7 月，国务院常务会议审议通过了《文化产业振兴规划》，指出要 "在重点文化产业中选择一批成长性好、竞争力强的文化企业或企业集团，加大政策扶持力度，推动跨地区、跨产业联合或重组，尽快壮大企业规模，提高集约化经营水平，促进文化领域资源整合和结构调整"。文化产业成为国家第十一个产业振兴规划，这意味着文化产业将作为国家发展的战略性产业来扶持。同时，相关部委先后出台了一系列政策，为文化企业拓宽融资渠道，多渠道获取金融支持，推动跨地区、跨行业联合或重组等提供了强有力的政策支撑。另外，在《文化产业振兴规划》中还提到了 "积极推进下一代广播电视网建设，发挥第三代移动通信网络、宽带光纤接入网络等网络基础设施的作用，制定和完善网络标准，促进互联互通和资源共享，推进三网融合"。作为传媒产业发展的重要战略。[①] 随后，2009 年 8 月，国家广电总局在《关于认真做好广播电视制播分离改革的意见》中提出，"鼓励节目制作公司联合、兼并、重组，实现规模化、跨区

---

　　① 《文化产业振兴规划》,《人民日报》2009 年 9 月 27 日,第 3 版。

域发展"。

2010年1月13日，国务院决定加快推进电信网、广播电视网和互联网三网融合进程。从现实意义上看，三网融合将迫使广电加快跨区域整合、网络改造和市场化运作，成为省级媒体跨区域合作发展的重要机遇。

2011年，党的十七届六中全会推出《中共中央关于深化文化体制改革推动社会主义文化大发展大繁荣若干重大问题的决定》。《决定》再次重申"选择一批改革到位、成长性好的大型国有或国有控股集团公司，加大政策扶持力度，鼓励其以资本为纽带进行跨地区、跨行业、跨所有制兼并重组，推动条件成熟的文化企业上市融资，鼓励已上市公司通过并购重组做大做强"。

2013年11月，党的十八届三中全会审议通过《中共中央关于全面深化改革若干重大问题的决定》，明确提出"推进文化体制机制创新"，并强调要"推动文化企业跨地区、跨行业、跨所有制兼并重组，提高文化产业规模化、集约化、专业化水平"。①

制播分离政策的正式推出、文化产业振兴规划的制定以及党的十七届六中全会、十八届三中全会的《决定》，让众多体制内的媒体看到了实现跨区域、跨行业发展的重大机遇，在行业先期探索以及主管部门的支持下，媒体间深度联姻的序幕已经拉开。这一阶段，区域传媒战略联盟基本特点包括：

一是联盟成员跨媒体、跨行业。随着广电领域三网融合

---

① 《中共中央关于全面深化改革若干重大问题的决定》，《人民日报》2013年11月16日，第1版。

的推进以及文化产业规划的实施，我国传媒产业已经不再局限于同行业间的联盟合作，为了获取资金、技术、渠道等互补性资源，越来越多的联盟呈现出跨媒体、跨行业的合作。主要有以下四种代表性联盟：

1. 跨媒体合作。为了能够整合区域内媒体的资源，构建立体传播格局，形成强大的舆论传播力、引导力、影响力、公信力，由政府宣传部门主导，同区域内不同媒体之间进行的联盟。例如四川日报报业集团与四川广电集团组建战略联盟，着眼发挥舆论引导主阵地、产业发展主力军和体制改革排头兵的作用，本着开放合作、互利共赢、强强联合、优势互补的精神，以战略合作促进构建立体传播格局、建设现代传媒集团的新跨越。另外，还有传统媒体与新媒体的合作，整合双方资源共同打造线上线下新闻产品，例如深圳报业集团、深圳广电集团、深圳出版集团共同与腾讯公司，进行大型活动策划并联合开发新媒体新闻产品，凭借各自的传播优势，共同打造微博社区化平台。

2. 媒体与电信企业合作。与电信企业的合作，报纸媒体主要是依托电信企业在信息技术、移动终端方面的优势，发展全媒体采编系统和内容的数字化，例如温州日报和中国联通温州分公司将利用各自的技术、媒体和网络平台等优势，进行涵盖苹果数字阅读平台的技术开发、温州手机报的推广和发行，以及温州网的品牌推广等多方面、多平台的战略合作。广电媒体则借助通信公司的通信渠道优势，将自己的内容产品和增值服务扩展到电视屏幕以外的其他移动通信终端上去。例如 2012 年浙江广电集团与浙江电信公司签署"三网融合"战略合作协议。浙江广电集团通信渠道联盟的建立，使其借助浙江电信公司在互联网、电信网上的渠道优势，将互联网上的海量视频资源、互动游戏、信息服务等内容融入到 IPTV 的节目资源之中，大大拓宽了浙江广电集团的内容资源，加速了浙江三网融合的进度。[①]

3. 媒体与石油企业合作。与石油企业合作，可以利用遍布全省的加油站网络和易捷超市，为媒体旗下的零售、流媒体扩展、户外媒体经营等提供便利；而媒体则可以为石油企业树立品牌形象提供帮助。例如大众报业集团与中石油山东销售分公司、宁夏日报报业集团与中石油宁夏销售分公司、河南日报报业集团与中国石油河南销售分公司、河南广电集团与中石油河南销售分公司均采用了这一联盟形式。

4. 媒体与金融企业合作。金融企业为媒体提供长期稳定的融资服务、理财服务以及个性化的金融服务，利用金融行业的核心资源，即资金优势支持传媒产业，而媒体则利用其良好的营运能力为银行业提供利息回报，双方实现闲置资金的充分利用。例如北京日报报业集团与北京银行、浙报集团与工行浙江省分行、安徽日报报业集团与交行安徽省分行、河南广电集团与中国银行河南分行等的战略联盟亦属于此类。

二是联盟内容的多样性。过去的战略联盟，由于多为同行业的竞争性联盟，因此合作内容上大多以新闻协作、共同购剧、广告协作、合办频道等局限于传媒领域的资源合作。

---

① 张蓉蓉：《浙江广电集团与中国电信浙江公司签署"三网融合"战略合作协议》，《浙江商报》2012 年 5 月 12 日。

而随着跨媒体、跨行业为代表的非竞争性战略联盟形式成为主流，区域传媒战略联盟的合作内容也越来越多样，既有传统的传媒资源的合作，也逐渐向价值链的其他环节进行合作，例如技术合作、渠道合作、终端合作、资本合作。新阶段联盟内容合作的多样性，使得联盟的开放性越来越强，使得联盟逐渐成为媒体弥补自身资源缺陷的重要平台，有利于媒体不断提升自身竞争能力，更好地参与到市场竞争中去。

三是合办购物频道成为亮点。在 2010 年、2011 年两年间，依托区域传媒战略联盟组建了嘉丽购物频道、宁夏家有购物频道、三佳购物频道、皖江电视购物频道等四家电视购物频道，成为这一阶段联盟发展的一大亮点。究其原因，主要是 2009 年 12 月下发的《关于电视购物频道建设和管理的意见》（"92 号文件"）的推动，其专门就居家购物频道建设和管理提出意见，"电视播出机构可以联合开办购物频道，使用同一频道名称、呼号，共享商品、信息、物流、结算等资源，合作经营，协议分成"的表述，以及"坚持规模发展，合理布局，优化结构，鼓励合作、兼并、重组，培育大型支柱企业，提高产业集中度和规模效益，做强做大电视购物产业"的基本原则，为区域性广电传媒跨区域发展提供了政策依据和方向引领。① 正是由于广电部门的引导和鼓励，使得这一时期的区域传媒战略联盟出现了合作办购物频道的热潮，借助联盟的资源使购物频道在资金、人员、收视市

---

① 钟家伟、黄斌：《电视购物：广电传媒跨区域发展的突围利器》，《南方电视学刊》2011 年第 2 期。

场、公信力等方面得以共享，从而摊薄运营成本，降低运营风险。

表3-4　跨媒体跨产业整合阶段跨媒体的典型案例

联盟名称	成立时间	联盟成员
中部电台联盟	2009 年 3 月	山西、安徽、江西、河南、湖北、湖南等六省电台
赣粤闽湘四省九市区域广电协作体	2009 年 6 月	广东省韶关市广播电视台、梅州市广播电视台、河源市广播电视台，福建省龙岩市广播电视局、三明市广播电视局，湖南省郴州市广播电视局，江西省吉安市广播电视局、抚州市广播电视局、赣州市广播电视局
海西经济区电视台合作联盟	2009 年 8 月	由漳州电视台倡议并主办，福建省电视艺术家协会、温州广播电视总台、潮州广播电视台、赣州电视台协办，来自海峡西岸经济区的 20 家城市电视台
武汉城市圈广播电视联盟	2009 年 8 月	以湖北省广电总台所属的楚天卫星广播、电视公共频道为主要宣传平台的广播电视联盟，其成员单位涵盖了省广电总台和武汉城市圈内九个城市的九家广播电视机构
青岛潍坊报业联盟	2009 年 11 月	潍坊报业集团与半岛传媒
关中—天水经济区广播影视合作论坛	2010 年 7 月	陕西省西安、铜川、宝鸡、咸阳、渭南、杨凌、商洛和甘肃省天水广电媒体

联盟名称	成立时间	联盟成员
嘉丽购物频道	2010 年 11 月	长沙市广播电视台、株洲广播电视台、湘潭电视台联合开办
宁夏家有购物频道	2010 年 12 月	宁夏广播电视总台、宁夏广电传媒集团、贵州电视台、贵州家有购物集团
三佳购物频道	2011 年 1 月	天津电视台、河北电视台、内蒙古电视台
黑龙江房地产主流媒体联盟	2011 年 2 月	黑龙江日报报业集团及所属的生活报传媒集团牵头，齐齐哈尔、佳木斯、鸡西、伊春、绥化、黑河、七台河、大兴安岭 8 家地市报参与
皖江电视购物频道	2011 年 6 月	由芜湖广播电视台牵头，联合马鞍山、铜陵、安庆、合肥等其他四市广播电视台共同开办
京冀出版战略联盟	2011 年 11 月	北青传媒与河北出版传媒集团
泛珠三角区域广播电视媒体战略合作框架	2012 年 8 月	福建、广东、广西、贵州、海南、湖南、江西、四川、云南等省广电媒体
中部传媒战略联盟	2013 年	江西日报传媒集团、湖南日报报业集团和湖北日报传媒集团
大东北城市电视台联盟	2013 年 11 月	中国北方四省（黑吉辽内蒙）44 家地级电视台

联盟名称	成立时间	联盟成员
湘鄂渝边界媒体联盟	2014 年 9 月	三峡日报发起，岳阳日报社、常德日报社、张家界日报社、三峡日报传媒集团、荆州日报传媒集团、荆门日报传媒集团、恩施日报社、神农架报社、三峡都市报社参与
粤桂黔城市报业联盟	2015 年 8 月	粤桂黔等地25 家主流报纸
两广七市报业联盟	2015 年 8 月	茂名日报社、西江日报社、玉林日报社、云浮日报社、梧州日报社、贺州日报社、贵港日报社

资料来源：作者根据公开资料整理

表3-5　跨媒体跨产业整合阶段跨产业的典型案例

成立时间	联盟成员	联盟内容
2006 年 12 月	河北日报报业集团和河北大学	河北日报报业集团采取多种方式推动河北大学新闻传播学科发展、促进教学改革，河北大学积极着手在河北日报报业集团创建新闻学博士后科研工作站；河北大学充分发挥其优势，在河北日报报业集团职工培训和继续教育等方面给予支持；河北日报报业集团为河北大学新闻传播学院的青年教师和本科生、研究生提供实习基地；双方共同发起成立"河北省媒介发展研究所"
2007 年 8 月	成都传媒集团与四川移动	双方将以推广营销中国移动"无线音乐基地"的无线音乐系列产品为合作起点，在广告、渠道、内容、活动等多个方面进行紧密的战略合作

成立时间	联盟成员	联盟内容
2007年9月	成都传媒集团与中国移动四川分公司	双方将在广告、渠道、内容、活动等多个方面进行紧密的战略合作，成都传媒利用优势内容资源，结合中国移动在移动传播渠道上的优势，将传统媒体的资源借助战略联盟移植到手机等终端上来，开发"中国移动无线音乐基地"等全新的手机媒体产品
2008年4月	北京日报报业集团与北京银行	北京银行将为北京日报报业集团提供"财富1＋1"公司金融品牌项下的融资授信、结算服务、网上银行和个人理财等综合金融服务。北京日报集团将发挥自身优势，为北京银行搭建优质媒体服务平台
2009年5月	大众报业集团与中石化山东石油公司	中石化山东石油分公司将大众报业集团列为首选合作伙伴，利用遍布全省的加油站网络和易捷超市，为大众报业集团旗下的媒体零售、流媒体扩展、户外媒体经营等提供便利；提供石油行业重大新闻、重大事件独家信息源。大众报业集团将为中石化山东石油分公司新闻宣传、品牌建设进行及时有效的重点报道；提供全方位的市场营销服务
2009年11月	上海文广新闻传媒集团（SMG）旗下的生活时尚频道Channel Young携手浦发银行信用卡中心	推出了国内首张由电视媒体与银行合作的联名信用卡——星尚浦发信用卡。该卡主要面向年轻时尚一族，力求打造成精致时尚生活的必备金融产品

成立时间	联盟成员	联盟内容
2010 年 5 月	天津日报报业集团与天津港战略合作	一是按照国际化、时尚化、都市化的定位，共同策划承办地区性、全国性和国际性会展博览活动；二是瞄准高端化、市场化、多样化的目标，共同运作举办艺术性、观赏性、群众性的文化演出活动；三是积极筹备，组织举办特色鲜明、知名度高、影响力大的区域性经济、文化论坛；四是逐步开拓文化创意、出版发行、艺术品交易等新领域、新市场，努力抢占产业多元化发展的制高点
2010 年 8 月	宁夏日报报业集团与中石油宁夏分公司	宁夏销售将宁夏日报报业集团列为首选合作伙伴，利用遍布全区加油站网络和平台，为宁夏日报报业集团旗下的六报两刊零售、主流媒体扩展、户外媒体经营等提供便利，同时提供中国石油行业重大新闻和重大事件独家信息源。宁夏日报报业集团将为宁夏销售新闻宣传、品牌建设、改革发展进行及时有效的重点报道，提供全方位的市场营销服务和形象宣传
2010 年 9 月	河南日报报业集团与郑州铁路局	双方就郑州铁路局高速铁路广告媒体资源合作达成协议，河南日报报业集团取得"两站一线"高速铁路 10 年媒体资源经营权

成立时间	联盟成员	联盟内容
2010 年 10 月	越秀集团和南方报业传媒集团	双方将在产品销售、宣传合作、房地产合作、资本运营合作、品牌推广合作及智库服务合作等六大领域开展深入合作，强强联合、优势互补、互利共赢、拓展市场、推进品牌建设
2010 年 11 月	农民日报社与永业集团	双方都是面向"三农"的单位，都是在各自领域里起到领军带头作用的单位，我们面向"三农"的强势媒体与面向"三农"的强势企业实现强强联合，互利共赢，一定会进一步促进双方更好地为"三农"服务
2011 年 3 月	云南日报报业集团与富滇银行	在依托银行信息、人才和资金优势为云报集团提供一揽子金融服务的同时，也将借力云报集团平台提升社会形象
2011 年 5 月	河南日报报业集团与中国石油河南销售分公司	报业集团将利用自身媒体资源和信息渠道，为中石油河南分公司提供品牌建设支持和信息咨询服务；中石油河南分公司将在全省加油站设置报架，摆放《河南日报》《大河报》《河南商报》等报刊，并合作开发加油站的户外媒体资源，将加油站打造成一道文化风景线。双方还将利用中石油、报业集团的物流网络和发行渠道，探索开展加油站网点布局和产品营销推广等业务，共同举办大型主题活动等

成立时间	联盟成员	联盟内容
2011 年 5 月	河北日报报业集团与河北联通	合作开展的全媒体移动采编项目，突破了以往时间、空间、设备等对媒体信息采编的约束，建成了全天候、实时高效的信息采编体系，将成为助力传统媒体走向"全媒体"时代的重要推手。推出的"全媒体移动采编"系统
2011 年 6 月	温州日报报业集团与中国联通温州分公司	双方将利用各自的技术、媒体和网络平台等优势，进行涵盖苹果数字阅读平台的技术开发、温州手机报的推广和发行，以及温州网的品牌推广等多方面、多平台的战略合作
2011 年 6 月	福建日报报业集团（东南网）与福建移动	重点就"移动新闻采编与整体信息化合作"签订战略合作协议
2011 年 7 月	河南省联通公司与大河报社	河南日报报业集团旗下有十报两刊一网站，为河南联通的发展创造良好的舆论环境；河南联通运用3G技术与河南日报报业集团进行更深层次的合作，充分发挥各自优势，共同把企业和传媒做强做大
2012 年 2 月	济南日报报业集团和济南舜耕山庄集团	双方就如何最大化利用和整合场馆功能、报业集团所属媒体进一步做好对会展业的宣传等事项达成一致。"依托济南日报报业集团'六报一网'媒体资源、济南舜耕山庄集团所辖两大会展中心资源，力促济南会展业更好更快发展"的合作格局已形成

成立时间	联盟成员	联盟内容
2012 年 2 月	青岛报业传媒集团与交运集团	青岛报业传媒集团与交运集团将在各个领域展开深层次合作，通过资源共享、优势互补，实现双方影响力和公信形象的提升，使双方共同实现又好又快发展
2012 年 3 月	今晚传媒集团与天津二商集团	双方将优势互补，共同打造今晚电子商务平台、合作发展今晚电子商务和社区便利店等多个项目，让更多安全放心食品快速送达百姓餐桌，为市民生活提供更多便利
2012 年 4 月	天津外国语大学与今晚报社	双方将在国际传播与人才培养、天津发展战略研究与宣传、媒体发展研究与实践等多领域开展合作，共同为更好地传播天津服务
2012 年 5 月	深圳报业集团、深圳广电集团和深圳出版发行集团，与腾讯公司	每年深圳报业集团与腾讯将进行不少于 2 次以上大型策划联合报道，以及品牌活动的合作联动策划的各项大型活动。这些活动除了在报纸上进行报道，还将在腾讯的新闻频道首页、传媒首页以及博客、微博重点位置进行重点推荐，共同推进影响力建设。此外，深圳报业集团还将与腾讯微博一起开发新闻微博领域，凭借各自的传播优势，共同打造微博社区化平台
2012 年 5 月	浙报集团与工行省分行	从综合授信、广告宣传等多层次、全方位深化合作内容，为双方今后共同发展、互惠共赢奠定基础

成立时间	联盟成员	联盟内容
2012 年	浙江广电集团与浙江电信公司	浙江广电集团通信渠道联盟的建立，使其借助浙江电信公司在互联网、电信网上的渠道优势，将互联网上的海量视频资源、互动游戏、信息服务等内容融入到 IPTV 的节目资源之中，大大拓宽了浙江广电集团的内容资源，加速了浙江三网融合的进度
2012 年 5 月	新华报业传媒集团与江苏省经信委	充分发挥新华报业传媒集团媒体集群的优势，依托江苏经济报等媒体平台共同加强对全省经济转型升级的宣传报道，做好经济和信息化领域重大决策、重点工作和重要活动的宣传，开展政策法规、发展规划和行业形势解读，为促进产业转型升级营造更好的舆论氛围
2012 年 5 月	四川日报报业集团与四川广播电视台	双方将本着开放合作、互利共赢、强强联合、优势互补的精神，以战略合作促进构建立体传播格局、建设现代传媒集团的新跨越
2012 年 5 月	苏州广电集团与苏州广大集团	双方共同进军婚庆市场，不仅集聚了旗下优质的策划、创意、推广、执行团队，以及目前苏州广大集团下属松鹤楼的部分中高端婚宴场所，还将成为苏州广电总台旗下所有主持人资源的唯一一对外婚庆活动的经纪代理公司，真正在苏州婚庆市场上做到高端、时尚、权威、周到的一条龙品牌服务，助推苏州婚庆业蓬勃发展

成立时间	联盟成员	联盟内容
2012 年 6 月	上海广电集团与东方航空	双方将在信息资讯、品牌传播、产品营销、客户服务、新媒体开发等领域开展全面合作，积极探索和实践跨行业优势互补、资源共享、互利共赢的新模式
2012 年 6 月	安徽日报报业集团与交行安徽省分行	报业集团选择交行为金融业务的主要承办银行之一，交行则将报业集团视为重要客户，充分利用自己的资源提供全方位、最优惠条件的金融服务
2012 年 6 月	青岛世园会与青报传媒集团	通过与青岛日报社、青岛报业传媒集团的合作，能够全面、及时、有效地宣传报道世园会，不断提高青岛世园会的影响力，提高青岛这座城市的知名度，调动社会各界关注世园会、支持世园会、参与世园会、服务世园会
2012 年 9 月	河南广电集团与中国银行河南分行	中行河南分公司在上市融资、直投、债券、信托等新兴业务领域，为全省各广播电视网络股份有限公司提供更加多元化、全方位、高层次的金融服务
2012 年 9 月	山东广电集团与山东联通	双方依托山东手机台这一全媒体平台，将整合媒体资源和通信资源，建设和运营一个山东省内新型知名媒体，共同推动山东省文化产业创新

成立时间	联盟成员	联盟内容
2012 年 10 月	北京广电集团与北京市教委	北京电视台指定歌华有线通过高清交互数字电视平台和歌华飞视平台，以课程点播、直播和互动教学等多种应用形态，面向电视机、PC 机、平板电脑、手机等多种终端用户提供学习服务
2013 年 2 月	海南广电报业发展有限公司与海南华普森投资（集团）管理公司	双方联手在海南发展文化创意产业。借助于海南广电报业公司的媒体资源平台，将鄂尔多斯民间资本引入海南，活跃发展海南的文化创意产业，实现强强联合

资料来源：作者根据公开资料整理

第二节　基于空间轴的区域传媒战略联盟的特点

一、　中国区域发展战略的变迁

中国是典型的大国经济，区域发展条件差异明显，实施促进各区域协调发展的国家战略是实现中国经济转型的重要保障。在建国之初，我国倡导的是区域平衡发展战略，改革开放后，为了改革开放战略的顺利实施，我国区域经济发展战略发生了根本性的转变，从区域平衡发展战略转向区域非均衡发展战略。改革开放以来，我国区域发展政策经历了四次发展战略的调整，主要包括：

（一）优先发展东部沿海经济时期（1978 年至 1990 年）

改革开放前，国家总体上实行的是向内陆倾斜的区域发展战略。上世纪 70 年代末期，中国的区域发展战略发生了方向性的转变，从理论上讲，是从区域平衡发展转向区域非均衡发展；从实践上讲，是从"工业西渐"战略转为向沿海倾斜战略，同时为东、中、西的协调发展打好基础。十一届三中全会确立改革开放的大政方针以后，在社会主义经济建设的新探索中，中央提出为了集中力量进行现代化建设，需要大幅度调整区域经济布局，将条件更为有利的东部沿海地区作为优先发展的重点区域。

（二）区域协调发展启动准备时期（1991 年至 1999 年）

1991 年，《关于国民经济和社会发展十年规划和第八个五年计划纲要的报告》文件首次提出"促进地区经济的合理分工和协调发展"，强调"生产力的合理布局和地区经济的协调发展"是中国经济建设和社会发展中的一个极其重要的问题。

1995 年，《中共中央关于制定国民经济和社会发展"九五"计划和 2010 年远景目标的建议》进一步强调，"坚持区域协调发展，逐步缩小地区发展差距"，是社会和经济发展必须贯彻的重要方针。

国家"九五"计划（1996—2000）将加快中西部地区发展列为重要战略任务，明确重点建设长江三角洲及沿江地区（即长江经济带）、环渤海湾地区、东南沿海地区、西南和华南部分省区、东北地区、中部五省地区、西部地区等 7 个跨省区市的经济区域。区域协调发展总方针的提出，标志着改革开放以来实施了 12 年的不平衡发展战略调整为区域协调发展战略。[1]

---

① 吴传清：《中国区域发展战略的三次调整》，《长江商报》2014 年 2 月 17 日。

（三）区域协调发展全面实施时期（2000 年至 2013 年）

2000 年西部大开发战略的实施，标志着区域协调发展的全面实施阶段正式开始。这一时期，我国政府希望到"十一五"初期基本完成总体战略布局，内地形成了以"四大板块"为主体的区域经济发展格局，即推进新一轮西部大开发；全面振兴东北老工业基地；大力促进中部地区崛起；积极支持东部地区率先发展。在经济发展步入新常态的背景下，由于过去惯用的四大板块仅是以地理位置并考虑行政区划对我国区域进行的划分，一定程度上割裂了区域之间的经济联系。

因此，在 2008 年之后，政府对区域经济发展提出了明确的发展规划和纲要。2008 年 9 月和 12 月，国务院分别印发《关于进一步推进长江三角洲地区改革开放和经济社会发展的指导意见》和《关于珠江三角洲地区改革发展规划纲要（2008—2020 年）的批复》，对这两个地区加快实现科学发展、和谐发展、率先发展作了具体的战略部署。2009 年 9 月，国务院印发《关于进一步实施东北地区等老工业基地振兴战略的若干意见》制定了东北地区等老工业基地加快转变经济发展方式。2009 年底，国家发展和改革委员会制定了《促进中部地区崛起规划》，细化了落实促进中部地区崛起的各项政策措施。2010 年 6 月，《关于深入实施西部大开发战略的若干意见》，对今后西部大开发战略作了全面部署。

2010 年 12 月，国务院印发了中华人民共和国成立以来第一部全国性空间开发规划——《全国主体功能区规划》，推进区域经济一体化，并形成各具特色的经济区和经济带，是建设主体功能区的一项重要内容。随后，密集出台了《关于推进上海加快发展现代服务业和先进制造业建设国际金融中心和国际航运中心的意见》《支持福建省加快建设海峡西岸经济区的若干意见》《江苏沿海地区发展规划》《关中－天水经济区发展规划》《辽宁沿海经济带发展规划》《横琴总体发展规划》《中国图们江区域合作开发规划纲要》《黄河三角洲高效生态经济区发展规划》《鄱阳湖生态经济区规划》《关于推进海南国际旅游岛建设发展的若干意见》《皖江城市带承接产业转移示范规划》和《青海柴达木循环经济试验区总体规划》等区域发展规划。①

（四）区域精准化发展时期（2014 年至今）

我国广阔的地域面积、差异极大的禀赋状况，决定了"一刀切"的区域政策不足以理顺区域间的关系，必须在准确把握国家战略方向的前提下，充分考虑不同地区的实际需求，构建差别化、有针对性的区域政策体系，实现区域精准化发展目标。

2014 年中央经济工作会议指出："要完善区域政策，促进各地区协调发展、协同发展、共同发展。西部开发、东北振兴、中部崛起、东部率先发展的区域发展总体战略，要继续实施。各地区要找准主体功能区定位和自身优势，确定工作着力点。要重点实施'一带一路'、京津冀协同发展、长江经济带三大战略"。

2015 年"十三五"规划建议中指出：以区域发展总体战略为基础，以"一带一路"建设、京津冀协同发展、长江

---

① 赵宇：《我国区域发展总体战略渐成型 全局视角探索新思路》，《瞭望新闻周刊》2012 年 2 月。

经济带建设为引领，形成沿海沿江沿线经济带为主的纵向横向经济轴带。发挥城市群辐射带动作用，优化发展京津冀、长三角、珠三角三大城市群，形成东北地区、中原地区、长江中游、成渝地区、关中平原等城市群。在"十三五"时期，我国区域发展战略的方向其实已经十分明确，这就是以三大战略为核心，重点打造的国家级经济带。以国家级经济带为骨架，以区域中心增长极为节点，以县域发展为基础，形成覆盖全国的区域发展新战略。①

区域传媒战略联盟的形成，其根本的发展动力是区域经济一体化的不断深入。因此，我国区域传媒战略联盟在空间轴上的区位划分，基本与我国区域经济发展的格局相一致。

二、 空间轴上区域传媒战略联盟的现状

（一）京津冀协同发展经济区

2014 年 2 月 26 日，习近平在京津冀协同发展工作座谈会上指出："北京、天津、河北人口加起来有 1 亿多，土地面积有 21.6 万平方公里，京津冀地缘相接、人缘相亲，地域一体、文化一脉，历史渊源深厚、交往半径相宜，完全能够相互融合、协同发展。推进京津冀协同发展，要立足各自比较优势、立足现代产业分工要求、立足区域优势互补原则、立足合作共赢理念，以京津冀城市群建设为载体、以优化区域分工和产业布局为重点、以资源要素空间统筹规划利用为主线、以构建长效体制机制为抓手，从广度和深度上加快发

---

① 孙久文：《"十三五"中国区域发展战略前瞻》，《人民论坛》2015 年第 8 期（上）。

展。"① 京津冀协同发展是国家重大区域战略，其核心是有序疏解北京非首都功能，调整经济结构和空间结构，走出一条内涵集约发展的新路子，探索出一种人口经济密集地区优化开发的模式，促进区域协调发展，形成新增长极。

对于区域传媒战略联盟，这一区域内的合作并不充分，区域内媒体的合作要追溯到 2003 年 9 月，河北省 11 家地市党报联合组建了河北省地市级党报区域性联盟。目标是广告运营全省联动，对品牌广告具有很高的吸引力，形成"11 相加大于 11"的整体优势。从理论上看，这样的联盟吸引力非常大，如果运作成功，对省级报纸将形成很大威胁，但由于涉及到利益分成问题，有些发行量少的晚报很难获利。《燕赵晚报》由于发行量大，占了 40% 股份，其他晚报缺乏联盟的积极性低，最后不了了之。② 但这仅是河北省内地方报纸为了对抗《燕赵都市报》的策略，并不是当地传媒产业集聚的结果。

真正意义上区域传媒联盟直到 2006 年 4 月才出现，今晚报、燕赵都市报、辽沈晚报、齐鲁晚报、大连晚报、青岛晚报、山西日报、保定日报、广告人杂志等环渤海 29 个城市 32 家主流媒体共同主办的"首届环渤海主流媒体广告协作体"成立。通过了《环渤海主流媒体广告协作体章程》并共同签署了合作确认书，并确定联席会运作方案；成立环渤海报业媒体合作联席会必将促进报业媒体之间"深化区域合

---

① 《优势互补互利共赢扎实推进　努力实现京津冀一体化发展》，《人民日报》2014 年 2 月 28 日，第 1 版。

② 邓艳玲：《地方报现状及发展对策研究》，中央民族大学 2006 年硕士论文，第 11 页。

作，促进共同发展"目标的落实，为实现环渤海区域经济合作营造良好的舆论环境。环渤海报业媒体合作联席会实行理事会运作方式，理事会由首批 32 家媒体构成，联席会秘书处设在今晚传媒集团。联席会的主要任务是：实现各联席单位采编部门、广告发行部门信息交流经常化，业务联动规范化；共同构筑多赢共同体，形成新闻、人才、经营资源共享、信息互通、战略共构的环渤海主流媒体合作新格局；发挥媒体在各自区域的影响力，积极参与环渤海地区合作，为推动本地区在环渤海区域中发挥更大作用，为推动环渤海经济文化联系发挥积极作用。作为环渤海地区媒体进行交流合作的平台，以及环渤海主流媒体广告协作体的联席会议，环渤海主流媒体峰会有利于加速环渤海区域高端对话和广域对接，实现优势互补、良性互动与和谐共赢。但是，该峰会并不像泛珠媒体峰会以泛珠三角区域经贸合作洽谈会为依托，仅持续了五届就宣告结束，不得不说是一种损失。

除了报纸媒体的合作外，在电视媒体和出版行业中，京津冀区域内的传媒也进行了联盟的尝试。

2011 年 1 月 1 日，"三佳购物频道"正式开播。"三佳购物频道"是经国家广电总局批准的、国内首家省级电视台联合创办的、跨地区的专业化电视购物频道。该频道由天津电视台、河北电视台、内蒙古电视台强强联合，面向天津、河北、内蒙古三省区市的一亿消费者提供电视购物服务。三佳购物频道将依托天津、河北、内蒙古三地的发展优势，凭借电视媒体产业与在线购物产业的整合优势，打造华北地区第一的电视购物频道。三佳购物频道全天 24 小时不间断播出，通过严格的管理、高水准的商品甄选标准、完备的质量检验体系、完善的配送和售后服务，使消费者足不出户就可以了解丰富、详尽、客观的商品信息，以多种方式订购商品，订购后72小时内（天津全境），商品将免费配送到观众指定地点，开箱验货满意后再付款，让观众尽享在家购物的便利、安心与轻松。

2011年11月5日，河北出版传媒集团与北青传媒股份有限公司（简称北青传媒）正式签订合作协议，根据北青传媒发布的公告显示，北青传媒将旗下的河青传媒有限公司60%的股权，评估作价4800万元，增资至河北出版传媒有限责任公司（简称河北出版传媒集团）旗下的北洋出版传媒股份有限公司（简称北洋传媒）。河青传媒于2006年成立，作为北青报业集团"三跨"战略之一的跨地区战略试点，与共青团河北省委合作经营打造《河北青年报》。经过5年多的经营，《河北青年报》在河北尤其是石家庄及周边地区取得了良好的社会影响力和市场业绩。注入北洋股份之后的河青传媒及其经营的《河北青年报》，除了将获得河北出版集团雄厚的市场及营销网络等资源支持之外，北青集团还将继续在新闻资源及人才输送上提供强力支持。

（二）长江经济带

长江经济带是我国经济、人口、城市密集的重要发展轴线，在全国"两横三纵"空间格局中占据重要地位。长江经济带包括九省二市，从上至下分别为云南、贵州、四川、重庆、湖南、湖北、江西、安徽、江苏、浙江和上海，面积约205万平方公里，人口和生产总值均超过全国的40%。长江经济带横跨我国东中西三大区域，具有独特优势和巨大发展潜力。长江是继中国沿海经济带之后最有活力的经济带，依托长三角城市群、长江中游城市群、成渝城市群，做大做强上海、武汉、重庆三大中心城市三大航运中心，推进长江中上游开发，拓展我国经济发展空间。

1. 长三角城市群

1985 年南京牵头，组成了由无锡、徐州、常州、苏州、南通、连云港、淮安、盐城、扬州、镇江、宿迁等 13 家城市电视台成立了江苏城市电视台协作体。2005 年 6 月，该协作体后来分别衍生出"江苏电视广告联盟"和"城市电视台购片协作体"，并共同出资成立了江苏城市联合电视传媒有限公司。全年购剧费高达 1.2 亿元，与当年的江苏省台旗鼓相当，所购剧集在联盟实体内各台间播出；同年 6 月，上述 13 家城市台共同组建"江苏电视广告联盟"。联盟内的城市台既获得了单个电视台所无法获得的优秀剧源，又增强了在电视剧市场的竞争能力。

2004 年 9 月，江苏广播总台城市频道、安徽电视台经视频道、福建广播影视集团新闻频道、浙江电视台钱江都市频道携各自强势民生新闻品牌栏目《南京零距离》《第一时间》《现场》《城市新闻》，联合推出"华东全垒打暨华东第一品牌栏目联合体"广告联播计划，面向全国的广告客户进行民生新闻栏目特约播映权的联合招标，并配合客户分别在江苏、安徽、福建以及浙江等地进行地面推广活动。这次合作标志着省级电视台地面频道通过跨区域合作的方式，谋求在全国市场凸显自己的传播价值。①

----

① 李豹:《区域经济下的区域媒体合作》,《市场观察》2004 年第 12 期。

2005 年 6 月 22 日，江浙两省全部 24 个地级以上城市电视台的台长及广告经营负责人齐聚南通，商议成立了"江浙城市电视台经营协作组织"，宣告中国最发达地区出现了全国首个跨省城市电视台经营联盟。将改变城市间松散联合的历史，以长三角区域高度发展的经济融合、文化融合、交通融合和地域发展融合为依托，形成紧密的传播体。协作组织将通过建设统一的品牌、统一的组织机构和统一的信息平台，很快地在全国开展联合招商、联合投放等举措，有望成为华东市场的媒体传播巨无霸和在中国传媒界、广告界举足轻重的一支力量。"江浙城市电视台经营协作组织"将从广告经营入手，逐步向节目联合生产、节目联合购销、联合经营等方向发展。这一联盟的出现，代表了中国城市电视台进入了全新的发展阶段。

2. 长江中游城市群

《全国主体功能区规划》将长江中游地区确定为"国家重点开发区域"，将承担"逐步成为支撑全国经济发展和人口集聚的增长极"的重大使命。"鼓励和支持武汉城市圈、长株潭城市群和环鄱阳湖城市群开展战略合作，促进长江中游城市群一体化发展。"2012 年 8 月，国务院出台《关于大力实施促进中部地区崛起战略的若干意见》，中部地区进入国家战略视野。长江中游城市群将是我国具有优越的区位条件、交通发达、产业具有相当基础、科技教育资源丰富的城市群之一，在我国未来的开发格局中，具有举足轻重的战略地位和意义。

2005 年 7 月，由燕赵都市报、齐鲁晚报、新安晚报、扬子晚报、楚天都市报、大河报和山西晚报七家报纸媒体共同成立了"中国中部强势媒体联盟"。联盟成员普遍认为，面对报业市场竞争，已成为主流媒体的省级晚报（都市报），必须加强合作与交流，增强核心竞争力，继续做大做强。为此，在更加广阔的区域内结成联盟，有利于共赢局面的形成。

2013年，江西日报传媒集团、湖南日报报业集团和湖北日报传媒集团在武汉共同签署《中部传媒战略合作协议》。这次战略合作，是中国媒体功能的一次突破，它超越了新闻业、传媒圈，对中国经济战略的发展有着重要的意义。赣湘鄂三省的传媒集团率先发力，建立区域媒体合作联盟，由媒体来引领长江中游的合作圈，这充分体现了媒体作为舆论领袖的远见卓识。①

2014年8月，为了充分发挥媒体在长江经济带建设中的舆论引导、信息传播等作用，推动"带"内区域交流与合作，宜昌三峡日报传媒集团发起成立湘鄂渝边界媒体联盟。在湖北宜昌举行的联盟成立仪式上，岳阳日报社、常德日报社、张家界日报社、三峡日报传媒集团、荆州日报传媒集团、荆门日报传媒集团、恩施日报社、神农架报社、三峡都市报社（重庆市万州区），共同宣告组建资源共享平台，秉承"流域合作、媒体先行"、"共同机遇、共同责任"等理念，助推长江中游城市群融合共进。联盟成立以来，九家媒体已陆续开辟了《三峡城市》等相关专版。湘鄂渝九地位于长江经济带中上游接合部，担负着承中启西的关键链接和支撑作用。此区域地理相近，人文相亲，城城联合，资源共享，优势互补，携手共进，既与长三角城市群、成渝城市群相呼应，

---

① 陈昌凤：《媒体跨地区合作与历史性创新》，《新闻战线》2013年第3期。

又与长江中游城市群相补充，构成长江流域完整的经济链条，对于助推长江经济带一体化发展，具有重要的意义。

（1）武汉城市圈

2006年6月，武汉市广播电视局发起并成立了武汉城市圈广播宣传协作体。协作体内的10家电台同时开辟以新闻为主的《来自武汉城市圈的报道》和以专题为主的《武汉城市圈见闻》节目。

2008年9月，国务院批准了《武汉城市圈资源节约型和环境友好型社会建设综合配套改革试验总体方案》。

2009年8月，武汉城市圈广播电视联盟经湖北省广电局批准正式成立。武汉城市圈广播电视联盟是以湖北省广电总台所属的楚天卫星广播、电视公共频道为主要宣传平台的广播电视联盟，其成员单位涵盖了省广电总台和武汉城市圈内九个城市的九家广播电视机构。湖北省广电总台楚天卫星广播在早间新闻杂志栏目《动力2009》中，开辟"关注武汉城市圈"专栏，晚间新闻时间将以武汉城市圈联盟电台同步直播的方式，及时传播经济、文化、生活资讯。湖北省广电总台电视公共频道，联合城市圈9家电视台开办新闻栏目《新闻·城市圈》，记录武汉城市圈"两型社会"建设重点工作、重点项目推进的步伐。

2008年1月，为顺应武汉城市圈发展需求，武汉的《武汉晚报》、黄石的《东楚晚报》、鄂州的《鄂州日报》、孝感的《孝感晚报》、黄冈的《鄂东晚报》、咸宁的《南鄂晚报》、仙桃的《仙桃日报》、潜江的《潜江日报》和天门的《天门日报》等武汉城市圈9家报纸共同签订了《武汉城市圈九报联盟协议》，宣告九报联盟成立。九报联盟将围绕

"新闻互通、广告互利、发行互促、活动互帮、品牌互推"的主旨，探索联合壮大，携手共赢的合作模式。与会的总编辑表示：武汉城市圈"两型社会"获得国务院批准，"1+8"实现又好又快的发展，迎来了重大的历史机遇。圈内9家报纸组成战略联盟，这一有创意、有操作性的合作平台，时机成熟、名正言顺、前景光明。9个城市的报纸抱团发展，新闻、广告、品牌资源相互叠加将产生"1+8大于9"的聚合效应，为城市圈报纸带来新的探索和发展空间，也开创了城市媒体间合作与交流的崭新模式。

（2）长株潭城市圈

2004年12月18日，长沙晚报、株洲日报、湘潭日报、常德日报、厦门日报五家报纸正式成立湖南城市主流媒体广告协作体及其工作机构理事会，并原则通过湖南城市主流媒体广告协作体章程、理事会领导成员组成。会上，长沙晚报被推选为理事长单位，株洲日报被推选为执行理事长单位，湘潭日报、常德日报、衡阳日报等被推选为副理事长单位。根据章程，湖南城市主流媒体广告协作体成员单位今后将遵循公平、合理原则，利用市州报100多万发行密集覆盖全省的优势，实现市州报经营、广告资源的共享与互换，共同开拓市场。会议发表了广告协作体的《联合宣言》。

2009年12月14日，国家发展和改革委员会下发文件，批准长沙、株洲、湘潭（简称长株潭）城市群与武汉城市圈，一同列为全国资源节约型和环境友好型社会建设综合配套改革试验区。2010年11月12日，由长沙市广播电视台、株洲广播电视台、湘潭电视台联合开办的嘉丽购物频道在获得广电总局批复后，正式开播，深度覆盖长株潭地区，辐射全省。随后，长株潭作为全国第一批也是全国唯一的一个城市群试点城市，很快建成了网络电视集成播控平台，并与中央台实现对接，长株潭三网融合试点取得实质性进展。2010年7月，由国家广电总局等多家单位联合组成的论证委员会，通过了《长株潭城市群面向三网融合的广电网络总体技术方案》。在首批获准开展三网融合试点的12个城市中，这是第一个获得论证通过的技术方案。此举标志长株潭三网融合向纵深迈进。①

3. 成渝城市群

2004年2月，四川、重庆两地广电传媒就近联合，签署《关于共同推进川渝两省市广播电视事业发展的合作协议》。根据这一协议双方确定各接收一套有地方特色的非上星电视节目在成都市和重庆市主要城区传输，建立新闻信息共享平台。②

（三）泛珠三角经济区

泛珠三角区域合作是指包括广东、广西、海南、云南、贵州、四川、湖南、江西、福建等内地9省（区）及香港和澳门两个特别行政区在内的南中国经济合作圈，是顺应区域经济一体化趋势、加强我国东中西部经济交流合作、推动内地与港澳建立更紧密经贸关系的重要平台。2003年以来，由广东省倡导并得到泛珠三角地区省份积极响应和大力推动的泛珠三角区域合作（即"9＋2"）引起了社会各界的普遍关

---

① 黄斌:《国家区域发展规划与广电传媒跨区域发展》,《南方电视学刊》2013年第1期。

② 邹辉:《川渝合作意味着什么？打造西部新型区域经济带》,新华网2004年2月6日。

注，得到了广泛赞同。2004 年 7 月，首届泛珠三角经贸合作洽谈会在广东省举行，参会各省代表签署了《泛珠三角区域合作框架协议》，标志着泛珠三角区域经济合作的平台正式建立。在首届大会上，泛珠三角区域 11 个省区广播电台进行了首次合作，三个多小时的联合县城直播、密集厚重的前期宣传造势，使整个活动取得圆满成功，在泛珠三角区域受到较好评价，产生较大影响。

与此同时，泛珠三角地区的媒体建立了泛珠媒体合作峰会，由泛珠三角区域各省（市、自治区）主流媒体联合主办，作为泛珠三角经贸合作洽谈会的配套活动，截止到 2016年，已经举办了十二届。十二年来，《江西日报》《福建日报》《南方日报》《海南日报》和香港《文汇报》《澳门日报》等 "9 + 2" 地区主流媒体在平等互惠、互利共赢的前提下，开展新闻、发行、广告、新媒体等业务合作，加强双边或多边联动，实现优势互补，提升合作媒体竞争力，为泛珠区域的经济与社会发展提供舆论保障。2011 年第七届泛珠媒体合作峰会上，"9 + 2" 主流媒体在峰会上达成《泛珠三角媒体合作框架协议》，对进一步扩大协作领域、深化协作内涵、建立协作机制、增强协作实效等方面进行了明确规定，并且将鄱阳湖生态经济区的新闻宣传纳入泛珠三角媒体协作联盟。随后，又在 2012 年 8 月 28 日，第八届泛珠三角区域合作与发展论坛文化合作专题磋商会上，签署了《泛珠三角区域广播电视媒体战略合作框架协议》，9 省（福建、广东、广西、贵州、海南、湖南、江西、四川、云南）将最大程度开展资源信息的交流与合作，共建广播电视相关的信息资源，共享广电媒体人才、设施设备、信息、视音频素材等各类资源等。对于当地经济社会建设重大成就与重大活动、事项、主办地将积极邀请其余各省区广电主流媒体，进行采访报道。同时，采取措施，强化在泛珠三角区域内各地的信号传播和节目覆盖，安排更多时段、节目对区域内省区重大活动、事项进行报道。[①] 由此可见，在泛珠三角地区的区域传媒战略联盟已经建立了较为成熟的合作机制，泛珠三角区域合作与发展论坛和泛珠媒体合作峰会为泛珠三角区域传媒企业交流合作、共享资源提供了良好的平台。

其他主要区域传媒战略联盟还包括：

2005 年 4 月，来自深圳、珠海、中山、佛山、汕头、番禺、顺德、惠州、江门、肇庆、湛江等珠三角经济区域的 12 座城市最具影响力的 19 家主流媒体在深圳结成新闻与广告传播的强势媒体联盟——珠三角报业广告联盟。联盟将在平等、互利、共赢的基础之上强强联合，形成覆盖整个珠三角经济区域的媒体组合，改写没有一张报纸能够整体覆盖珠三角的历史，此举将提高区域内新闻与广告传播效率，更好地服务区域内数千万目标读者。珠三角报业广告联盟的缔结，大大增强了珠三角地区的报业媒体和报业广告的整合传播优势，对提高珠三角经济的辐射力与吸附力起到了积极的推动作用。[②]

2007 年 5 月，广州日报报业集团与深圳报业集团达成战略合作协议（以下简称"广深报业联盟"），广深报业联盟涵盖广告、新闻合作、新媒体以及组织架构等内容，双方充分

---

① 王轲等：《主流媒体剂聚佛山展望区域合作》，《佛山日报》2015 年 8 月 31 日，第 A3 版。

② 魏晓薇：《珠三角报业广告联盟成立》，《新闻战线》2005 年第 6 期。

利用其在各自城市强势媒体优势和市场影响力，进行广告客户资源交换，增加广告市场份额，共同提高市场竞争力，使媒体广告增量，获得报业经济的共赢。

2007年12月5日，深圳广电集团联手桂林广播电视，组建"深桂广播电视合作体"，合办桂林人民广播电台旅游音乐广播和桂林电视台科教旅游频道，在宣传管理、节目制作、队伍建设、广告经营等方面全面合作。深桂广播电视按照市场规律配置资源，探索出国内城市广播电视跨地域合作与资源整合的新模式，得到了国家广电总局的高度重视。在关于深桂广电合作的批复意见中，国家广电总局强调："双方应充分发挥各自优势，密切配合，处理好合作发展和属地管理的关系，努力探索广播电视跨地区发展的机制和做法。"[①]

2009年6月，由江西省赣州市广播电视局倡议，中国广播电视协会，广东省韶关市广播电视台、梅州市广播电视台、河源市广播电视台，福建省龙岩市广播电视局、三明市广播电视局，湖南省郴州市广播电视局，江西省吉安市广播电视局、抚州市广播电视局、赣州市广播电视局共同主办的"赣粤闽湘四省九市区域广电传媒发展论坛"和"赣粤闽湘四省九市区域广播电视协作体第一次联席会议"在赣州市隆重举行，标志着赣粤闽湘四省九市区域广电协作体成立。[②]

2015年8月，粤桂黔城市报业联盟在佛山正式成立，25

---

① 陈娟：《深桂组建广播电视合作体》，《桂林日报》2007年12月6日，第1版。

② 黄斌：《城市广电区域协同发展的新探索——赣粤闽湘四省九市开展区域广播电视协作活动综述》，《声屏世界》2009年第9期。

家城市主流媒体手牵手，将从更广阔的空间和区域，跨领域、跨区域全方位整合资源，为粤桂黔区域合作鼓与呼。联盟成立后，将共同打造集信息交流、公关宣传、活动策划、整合营销于一体的综合服务平台，各媒体将以此为纽带，加强合作，实现资源的交流互通，为粤桂黔区域合作营造良好的舆论氛围和社会生态，并为报业经营创造良好的环境，发出共赢互利的好声音。

2015年8月，"两广七市报业联盟"在梧州成立，联盟成员包括茂名日报社、西江日报社、玉林日报社、云浮日报社、梧州日报社、贺州日报社、贵港日报社，本着"平等、协作、创新、共享、互惠"原则，肩负密切西江经济带沿线城市及两广毗邻城市报业媒体联系、整合合作城市之间的新闻平台资源、探索报业经营多元化深度合作的使命。梧州日报社还利用联盟的联动优势，组织、协调开展了两广七市报业联盟联合采访团走进粤桂合作特别试验区、"走包茂高速，看茂名发展"两广权威媒体到茂名采访等活动，均取得了圆满成功，且宣传效应显著。在此期间，联盟成员还就旅游联展、版面互换等话题进行了合作探索。①

（四）东北经济区

东北经济区包括黑龙江、吉林和辽宁三个省，虽然传媒产业在这一区域并不发达，但正是由于媒介资源的匮乏，使得该地区的媒体最早联合起来，借助联盟成员的资源，共同开发内容资源。最早的区域传媒战略联盟正是产生于东北经

---

① 刘小洪:《两广七市报业联盟成立》,《西江日报》2015年8月23日,第1版。

济区。1980年，由丹东电视台倡议，丹东、大连、鞍山、抚顺、吉林市、齐齐哈尔、青岛、包头等电视台，组建了省辖市电视台协作体。协作的重要内容就是如何开展节目交换，力图从枯竭的节目源中钻出来，丰富城市台的屏幕。此后，越来越多的电视台逐渐加入，到1987年会员台数量已经达到1748家。1985年，城市电视台节目交流中心成立，这是城市电视台协作会领导下的实体组织，为地市级电视台的节目交流提供了一个重要平台。中心起初主要采取物物交换的方式调剂节目，用合作拍片的方式增强实力。实践的结果是城市电视台的交流活动促进了地市节目的商品化，预示着国内电视节目市场的形成和出现。①

随后较长一段时间，东北经济区由于经济发展的滞后，直接影响到传媒产业的发展，直到2005年，随着报业寒冬论的盛行和传统媒体广告份额的锐减，使得东北地区的媒体再次利用联盟共同应对危机。主要包括以下联盟：

2005年8月，哈尔滨日报报业集团、长春日报报业集团、沈阳日报报业集团、大连报业集团共同成立了"东北副省级城市党报集团联盟"。该联盟包括四大集团所属的21报8刊，联盟以多边合作的形式，推进集团各项事业特别是报业经营领域的合作。联盟成立后，定期联合举办全国性的媒体推介活动，以整合优势扩大各集团的影响力；研究并实施对外埠广告客户资源的联络和维护，共同拓展外埠广告市场；定期策划广告主题活动，在四城市推广本地优势产业。同时，在发行、广告等报业经营活动中，联盟四方将保持密切联系，

---

① 郭镇之：《中国电视史》，文化艺术出版社1997年版，第39页。

共同应对报业市场不规范的竞争行为。①

2005年12月，沈阳电视台联合辽宁省内十三家电视台，在沈阳举行了题为"联合、力量、价值"的联合媒介推广会，宣布"辽宁省城市电视台广告协会"成立，此次联合形式的媒介推广会旨在通过合作搭建一个整体性质的广告平台。②

2011年2月，黑龙江日报报业集团及所属的生活报传媒集团，与齐齐哈尔、佳木斯、鸡西、伊春、绥化、黑河、七台河、大兴安岭8家相关地市报，共同组建了黑龙江房地产主流媒体联盟。8个地方版在办报质量上有了整体提升，相互间在报道和活动上进行了有效联动，进一步巩固了生活报全省第一都市报的龙头地位；广告经营上，生活报与8个地方版共同联办了车展等活动，8个地方版广告收入均大幅增加，如鸡西晚报广告收入就增长了5倍，绥化晚报广告收入翻了两番；发行量全面上升，进一步密集覆盖了黑龙江报业市场。而对于8家地市报来说，通过与生活报的业务沟通、交流与调整，在办报理念、技术支持、广告经营及品牌营销等方面实现了全面升级。已搭建并运行的报业多通道跨地域新闻制作平台，从技术设施上使生活报与各地方版之间新闻资源的互动有了共享之便，它开创性地实现了多通道、跨地域报业内容同步生产的流程，对来自多渠道、多格式的新闻信息内容，在统一的"资源共享平台"上实现了跨地域文字、图片、版面资源共享，可以同步生产多种都市报的内容

---

① 《东北副省级城市党报集团联盟成立》，《沈阳晚报》2005年9月5日。
② 吴玉玲：《我国广电媒体跨区域发展模式研究》，中国传媒大学出版社2014年版，第45页。

产品，满足了整合后报纸内容的生产需要。①

2012 年，沈阳广播电视台新闻频道、新闻广播实现了对整个沈阳经济区进行覆盖。鞍山、抚顺、本溪、营口、辽阳、铁岭和阜新等地市民，都可以收看到沈阳广播电视的节目，并在第一时间了解到沈阳甚至整个经济区的资讯。沈阳广播电视台新闻频道、新闻广播信号覆盖整个沈阳经济区，打造了一个八城市信息资源共享的平台，促进了沈阳经济区的发展。②

2013 年 11 月，"大东北城市电视台联盟"正式成立，该联盟以"四平模式"为基础，提出整合中国北方四省（黑吉辽内蒙）44 家地级电视台资源，成立"大东北城市电视台联盟"的新构想，力图通过这种创新模式，实现参与方的互惠共赢，为东北地区的电视媒体发展创造良好条件。2013 年，四平电视台与万兴文化传媒公司建立了新型合作运营模式，即四平电视台除 1 小时新闻节目外，其余节目由万兴文化传媒公司负责制作播出（四平电视台负责节目内容审核把关）。该合作模式运行以来，显示出了良好的发展前景与市场活力。鉴此，会议以"四平模式"为基础，提出整合中国北方四省（黑、吉、辽加内蒙古）44 家地级电视台资源、成立"大东北城市电视台联盟"的新构想，力图通过这种创新模式，将经济利益投放到文化宣传的阵地上，再通过文化阵地为经济服务，进而实现参与方的互惠共赢及老百姓普遍受益。③

---

① 曹晖：《2011 黑龙江省九报合作年会举行》，《生活报》2011 年 2 月 21 日。

② 吴玉玲：《我国广电媒体跨区域发展模式研究》，中国传媒大学出版社 2014 年版，第 45 页。

③ 吴玉玲：《我国广电媒体跨区域发展模式研究》，中国传媒大学出版社 2014 年版，第 56 页。

（五）西北经济区

西北经济区主要包括甘肃、青海、陕西、宁夏、新疆五省区及内蒙古西部，面积 344.0 万平方公里，占全国的 36%。在这一欠发达地区成立了我国第一个报业联盟，即"西北五省（区）省级都市报互动联盟"。

2001 年 8 月 19 日，由陕、甘、宁、青、新五省（区）五家都市报——三秦都市报、兰州晨报、新消息报、西海都市报和新疆都市报共同发起并参与的"西北五省（区）省级都市报互动联盟"宣告成立。联盟章程中规定的组织职责，说明了五报联合求发展的真正意图："从广告经营活动入手，以培育、开拓和开发西北广告大市场为基本切入点，寻找更多更广泛的合作方式和途径，借助集团优势，在新闻宣传、广告经营、报纸发行等方面加强合作，扩大媒体影响，增强报业发展的张力，实现良好的社会效益和经营效益。"[①]

2007 年 9 月，甘肃广电总台联合同为西部地区的贵州电视台，共同组建了贵甘电视联盟，拉开省级媒体跨区域合作的大幕，成为此次跨区域合作浪潮的引领者和推动者。贵州台希望通过对市场理念的探索，寻找新的媒体发展途径，甘肃广电总台则希望通过合作实现媒体产业资源的整合，培养一批业界精英人才，探索实现自身快速发展的新思路。两台的合作是在对现状研判的基础上实现的。2009 甘肃广电总台广告经营额相比 2007 年实现翻番，专业人才队伍迅速壮大，节目引进机制进一步完善，推广手段科学有效，广告客户数

---

① 周卫宏:《西北五省(区)互动联盟在行动》,《传媒》2002 年第 4 期。

量逐年递增且广告结构趋向合理化，两台的合作取得了预期的效果。[1]

另外，随着 2009 年经国务院批复通过建立关中——天水经济区，西部大开发战略实施以来，经济区经济社会发展取得显著成就。2010 年 7 月，关中——天水经济区七市一区共同签署了《关中——天水经济区广播影视合作交流协议书》，七区一市本着扩大交流、资源共享、互惠互利、优势互补、利益共享、合作共赢的原则，以搭建广播影视节目交流共享平台、提高宣传质量、创建合作交流机制、打造产业发展旗舰为目标，交流分享区域内相关市（区）广电部门在体制机制、新闻宣传、事业建设、行业管理等方面的先进经验和优良模式。[2]

（六）淮海经济区

淮海经济区于 1986 年 3 月成立，由江苏、山东、河南和安徽四省 14 个地、市组成，目前已发展到四省的 20 个地级市。经济区总面积 17.8 万平方公里，2008 年总人口约 1.2 亿人，约占全国面积的 1.8% 和总人口的 9.3%。在淮海经济区成立的同时，淮海经济区城市电视台协作体也成立了，由河南、安徽、江苏、山东四省的 7 家地市级电视台组成。截至目前，已发展为四省 25 家市级电视台，覆盖人口约 1.4 亿左右。淮海经济区，地理位置优越，发展潜力巨大，发展速度快，而且彼此之间有着相近的历史文化背景、相近的生活

---

① 白芳芹：《1+1＞2 理论在省级媒体跨区域合作中的实质性突破》，《中国广播电视学刊》2010 年第 8 期。

② 黄斌：《国家区域发展规划与广电传媒跨区域发展》，《南方电视学刊》2013 年第 1 期。

方式和审美情趣，且各成员台之间没有利益之争。自淮海经济区城市电视台协作体成立之后，其间各成员台之间沟通信息，交流经验，取长补短，促进了各成员台的共同发展、共同进步，也为宣传、推介成员台所在的城市作出了贡献。该协作体主要进行了三个方面的合作：一是以《淮海大地》栏目为依托，介绍各地的风土人情、名企名人；二是每年召开两次会议，即协作体半年会和年会，观摩节目，交流经验；三是成员台之间经常走访，考察学习，互通有无。① 在电视台协作体成立后的 1990 年 10 月，由淮河经济区四省的电视台联合摄制的 17 集电视系列片《淮河》开播，也成为该协作体的一大成就。

　　与电视媒体相比，淮海经济区内报纸媒体的合作相对较晚，2007 年 9 月，淮海经济区城市报业联盟在徐州成立。江苏省的徐州、淮安、盐城、连云港、宿迁，山东省的菏泽、济宁、泰安、莱芜、日照、临沂、枣庄，河南省的商丘、开封、周口和安徽省的淮北、宿州、蚌埠、阜阳、亳州共 20 个城市的报业媒体负责人共同签署《淮海经济区城市报业联盟徐州共同宣言》，宣布淮海经济区城市报业联盟成立。联盟将开展新闻、广告、网络和印务等专项协作，建立信息共享机制，共建、共用淮海经济区城市报业传媒发展的平台。联盟会议实行轮值制，原则上每半年召开一次。每次集中研究1 至 2 个议题。此外，为便于各市的联系，做好联盟各项工作的衔接和协调，由徐州日报一名负责人为联盟秘书长，鲁

---

① 戴明：《城市电视台跨区域合作—以淮海经济区城市电视台协作体的合作为例》，《新闻爱好者》2010 年第 6 期。

豫皖三省各推选出 1 家报社产生副秘书长，负责各项合作的协调和落实。①

（七）山东半岛经济区

2010 年国务院制定的《全国主体功能区规划》中，山东半岛经济区属于国家优先开发地区，位于环渤海地区的南翼，包括山东省胶东半岛和黄河三角洲的部分地区。该区的功能定位是黄河中下游地区对外开放的重要门户和陆海交通走廊，全国重要的先进制造业、高新技术产业基地，全国重要的蓝色经济区。该区域内的传媒战略联盟最主要的特征就是政府主导性质较为明显，无论是率先成立的山东半岛报业联盟，还是在此基础上和鲁中南报业联盟合并，吸收部分新成员成立的山东地市报协作联盟，抑或是后来成立的以党报新媒体为主的"山东党报新媒体联盟"。

为响应省委、省政府"促进山东半岛城市群崛起"的战略决策和有关部署，为半岛城市群发展营造良好舆论环境，推动半岛城市群报业健康、可持续发展。2007 年 7 月 11 日，青岛、日照、潍坊、威海、烟台、淄博六市报社代表，正式签署协议，成立山东半岛报业联盟，并创办《今日胶东》专刊。联盟成员统一为专刊供稿，对等开放新闻资源。联盟建立统一的编采平台，最大程度利用六方共有的资源，最大限度降低采编成本。山东半岛报业联盟还将在各成员单位所属网站上开辟"今日胶东"频道，第一时间发布《今日胶东》电子版，链接成员单位网站，建立网上宣传平

---

① 徐宣：《淮海经济区域报业联盟正式启动》，《中国地市报人》2007 年第 12 期。

台，为成员单位提供整合营销、业务及形象推广等综合服务。①

2008年3月，青岛、滨州、德州、东营、菏泽、济宁、莱芜、聊城、日照、泰安、潍坊、威海、烟台、枣庄、淄博十五城市报社代表正式签署协议，成立齐鲁报业联盟。齐鲁报业联盟是由原山东半岛报业联盟和鲁中南报业联盟合并，吸收部分新成员成立的山东地市报协作联盟。联盟旨在围绕山东省委、省政府的总体部署，为实现全省"一体两翼"发展和文化强省战略，推动经济社会又好又快发展，营造良好的舆论环境；促进联盟成员之间、成员单位与社会各界的合作与交流，做强做大地市报业，推动齐鲁报业健康、快速发展。齐鲁报业联盟将集中山东省十五市新闻资源，推出联合创办的《今日齐鲁》专刊，打造山东省城市群信息量最大、覆盖密度最高、时效性和影响力最强的平面媒体。联盟成员单位统一组稿，新闻资源共享，以充分发掘各地新闻资源，丰富新闻内容，建立统一的采编系统，降低采编成本，为经济、社会发展和企业、产品宣传建立宏大的新闻传播和广告发布平台。②

2009年，山东半岛蓝色经济区和胶东半岛高端产业聚集区建设全面启动，作为全国经济社会板块极具影响力的隆起带和全国第四大城市群，山东半岛的经济社会发展开始了新一轮的腾飞。2009年11月，潍坊报业集团与半岛传媒签署战略合作协议，双方严格按照现代企业制度的要求，注资成

---

①　管锡云：《地市报间的合纵与连横——山东半岛报业联盟、鲁中南报业联盟及齐鲁报业联盟相继创建的意义》，《中国地市报人》2009年第3期。

②　陶冶：《山东十五城市组建齐鲁报业联盟》，《广告人》2008年第4期。

立山东潍坊晚报传媒有限公司，共同经营潍坊晚报品牌。其中，潍坊报业集团控股51%，半岛传媒有限公司占股49%。山东潍坊晚报传媒有限公司是具有独立法人资格的规范化传媒公司，作为独立的市场竞争主体自主经营、自负盈亏、自我约束、自我发展。除了资金，合作双方还在公司注入品牌、文化、人才、市场等优质资源。[①]

2015年1月，山东17市党报新媒体发展研讨会在济南举办。全省17市党报参会代表共同倡议成立"山东党报新媒体联盟"，并以"齐鲁党报网"作为合作平台，探索区域主流媒体跨区域合作，实现融合发展的新路径。[②]

（八）其他经济区

1. 海西经济区

2009年5月，国务院颁发了《关于支持福建加快建设海峡西岸经济区的若干意见》，随后国家广电总局专门出台了《关于支持海峡西岸经济区广播影视业发展的若干意见》，明确表示在"与港澳台地区及外国广播影视业界的交流与合作"、"加强海峡西岸经济区的广播电视宣传报道工作"、"促进海峡西岸经济区广播电视整体创新工作"等方面提供支持。

2009年8月由漳州电视台倡议并主办，福建省电视艺术家协会、温州广播电视总台、潮州广播电视台、赣州电视台协办的海西经济区城市电视台发展合作论坛隆重开幕，论坛

---

① 来永生:《地市报业寻求突破的有效探索》,《青年记者》2010年第1期（下）。
② 《山东17市党报成立新媒体联盟》,《烟台日报》2015年1月19日,第2版。

的主题聚焦于"构建海西经济区城市电视台联盟,加强两岸电视媒体联络与联谊、对接和合作"。来自海峡西岸经济区的20家城市电视台以及台港澳多家媒体专家学者共谋合作发展,签署了《漳州共识》,决定成立"海西经济区电视台合作联盟",实现媒体跨省跨区合作。各成员台将共同设置"海西大看台"栏目,定期展播各台优秀专题节目,建立异地采访制度,建立定期沟通交流机制等。①

2. 皖江经济区

2010年1月,国务院正式批复《皖江城市带承接产业转移示范区规划》,作为首个获批复的国家级承接产业转移示范区,皖江城市带承接产业转移示范区是国家实施区域协调发展战略的又一重大举措。

2010年12月,经国家广电总局批准,由芜湖广播电视台牵头,联合马鞍山、铜陵、安庆、合肥等四市广播电视台共同开办了皖江电视购物频道。2011年6月25日,"皖江电视购物频道"开播,节目已在五市有线电视的数字频道落地。

---

① 黄斌:《国家区域发展规划与广电传媒跨区域发展》,《南方电视学刊》2013年第1期。

第四章　构建京津冀传媒战略联盟的产业背景

　　京津冀的传媒产业存在着发展不均衡、行政化的限制、缺乏顶层设计、协同深度不够、资源流动不畅等方面的困境，直接影响着京津冀传媒产业的发展。因此，构建京津冀传媒战略联盟，解决各区域经济间存在的"分异"，就要在传媒战略联盟研究中引入"空间"的概念，将"空间"作为研究传媒战略联盟的重要变量。

第一节　京津冀传媒产业的空间特征

一、"空间"概念在传媒产业中的应用

　　"空间"概念，原本属于地理学范畴，早在18世纪就被一些古典经济学家运用到经济学分析中，提出了区位论。英国经济学家亚当·斯密于1776年出版的《国富论》中，论述过运费、距离、原料等对工业区位的影响；德国的W. G. F. 罗舍尔则从理论上系统研究了工业区位论，提出"区位"就是为了"生产上的利益"，受到原料、劳动力、资本的制约。在古典经济学中，德国经济学家冯·杜能1826年完成的农业区位论专著《孤立国对农业和国民经济之关系》是世界上第一部关于区位理论的古典著作，具有划时代的

意义。

在继承古典经济学冯·杜能的农业区位论的基础上，"空间"概念在 20 世纪又得到了新的发展。

阿尔弗雷德·韦伯创立了工业区位理论，并以此理论解释产业集聚现象。韦伯认为，产业集聚分为两个阶段。第一阶段是企业自身的简单规模扩张，从而引起产业集中化，这是产业集聚的初级阶段。第二阶段主要是靠大企业以完善的组织方式集中于某一地方，并引发更多的同类企业出现，这时，大规模生产的显著经济优势就是有效的地方性集聚效应。①

沃尔特·克里斯塔勒在 1933 年出版的《德国南部的中心地》一书，系统地阐述了中心地区理论。主要内容是关于一个国家或区域内城市和城市职能、经济发展与经济增长、城市大小与区域结构的学说。在中心地区理论中，克里斯塔勒提出了"中心地"、"中心度"、"中心货物与劳务"等概念，并提出要有效地组织生产和流通，必须形成以城市为中心，由相应的多级市场区构成的区域市场结构，并说明了优越的区域结构对产业集聚会产生强有力的拉动效应。②

1956 年艾萨德出版了《地点与空间经济》，将冯·杜能、阿尔弗雷德·韦伯、沃尔特·克里斯塔勒等人的区域理论整合为一个框架，将"空间"概念在经济学中地位提升到了一

---

① ［德］阿尔弗雷德·韦伯:《工业区位论》,商务印书馆 1997 年版,第 115 -117 页。

② 张雄:《产业集聚、空间分布与就业—基于中国三大经济区的研究》,首都经济贸易大学 2011 年博士论文,第 119 页。

个新的高度。

以上"空间"概念在产业经济学中的发展，在经历了亚当·斯密、冯·杜能、马歇尔、阿尔弗雷德·韦伯等人的发展后，已经成为区域经济学、产业经济学中的重要概念，传媒经济学作为产业经济学的分支，在对传媒产业进行区域研究中，引入"空间"的概念有助于拓展审视京津冀传媒产业的视野。

二、 京津冀传媒产业"核心—边缘"的空间格局

随着"空间"概念在新地理经济学中的发展，"核心—边缘"理论对于促进京津冀传媒战略联盟发展具有一定的借鉴意义。保罗·弗里德曼1966年发表了著名的《收益递增和经济地理》，该文利用熊彼特的创新思想建立了"核心—边缘"模型，他认为发展可以看作一种由基本创新群最终汇成大规模创新系统的不连续积累过程，而迅速发展的大城市系统，通常具备有利于创新活动的条件。其模型的假设是一个区域有一个核心的地区和一个落后的边缘地区。以城市为核心的地区一般是指城市或城市集聚区，拥有着强大的创新能力和经济增长能力，而落后的边缘地区则受到核心区的带动缓慢增长。一般来说，政府可以通过区域一体化来减弱两个地区的经济差距。

（一）核心区域。弗里德曼所指的核心区域一般是指城市或城市集聚区，它工业发达，技术水平较高，资本集中，人口密集，经济增长速度快。

（二）边缘区域。边缘区域是国内经济较为落后的区域。它又可分为两类：过渡区域和资源前沿区域。过渡区域又可

以分为两类：1. 上过渡区域。这是联结两个或多个核心区域的开发走廊，一般是处在核心区域外围，与核心区域之间已建立一定程度的经济联系，经济发展呈上升趋势，就业机会增加，具有资源集约利用和经济持续增长等特征。该区域有新城市、附属的或次级中心形成的可能；2. 下过渡区域。其社会经济特征处于停滞或衰落的发展状态。其衰落的原因，可能是初级资源的消耗，产业部门的老化，缺乏某些成长机制的传递，以及与核心区域的联系不紧密等。

总体上，核心区处于统治地位，边缘区的发展依赖于核心区，核心区与边缘区处于不平等的发展地位。核心区集中着经济权力因素，如技术进步、高效的生产活动以及生产的创新等。核心区依赖这些优势从边缘区获取剩余价值，使边缘区的资金、人口和劳动力向核心区流动的趋势得以强化，构成核心与边缘区的不平等发展格局。核心区存在着对创新的潜在需求，创新增强了核心区的发展能力和活力，在向边缘区扩散中进一步加强了核心区的统治地位。但核心与边缘区的空间结构地位不是一成不变的。核心区与边缘区的边界会发生变化，区域的空间关系会不断调整，经济的区域空间结构不断变化，最终达到区域空间一体化。①

在传媒发展规模上，北京市的报纸总印张达到了 298.2 亿张，是河北的 7 倍，天津的 8 倍；北京市的图书总印张达到了 269 亿张，是河北的 17 倍，天津的 67 倍；北京市的期

----

① 汪宇明：《核心—边缘理论在区域旅游规划中的运用》,《经济地理》2002年第 3 期。

刊总印张达到了 78 亿张，是河北的 35 倍，天津的 41 倍。

在传媒发展质量上，以广电媒体为例，北京除了拥有全国的强势媒体—中央电视台外，其本地电视台北京卫视位列全国省级卫视排名第 4 位，属于省级卫视的第一集团，而天津卫视位列第 8，河北卫视仅位列第 21，竞争实力存在一定差距；在新闻媒体发展上，网站有效覆盖率和日均访问量的的全国前三名均出自北京地区，而天津和河北的新闻网站则多是报纸网络化的产物，不仅在全国影响力较弱，在当地的影响力也有待提高。

从以上的指标可以看出京津冀的传媒产业，无论从发展规模，还是发展质量上，北京的传媒产业发展都呈现绝对的优势，而天津、河北的传媒产业发展则竞争力相对弱小。根据保罗·弗里德曼的"核心—边缘"模型进行分析，北京已经处于后工业化发展阶段，在京津冀无疑处于核心区，呈现出传媒产业发达、传媒技术水平高、资本集中、地域经济增速度快的特点；天津处于工业化后期阶段，第三产业增加值更是在 2014 年首次超越了第二产业，成为天津市的主导产业，在京津冀处于上过渡区，本身与北京地理位置较近、交通便捷、人才交流频繁等条件，已经越来越成为上过渡边缘区，与核心区域之间建立了一定程度的经济联系，受核心区域的影响，经济发展呈上升趋势，具有资源集约利用和经济持续增长等特征；河北则由于自身处于工业化中期阶段，第三产业的发展仍处于起步阶段，在京津冀处于下过渡区，虽然传媒产业与北京核心区的交流并不频繁，但河北拥有广阔的广告市场和丰富的文化资源，使其传媒产业发展的潜力巨大。

三、 打破 "核心—边缘" 空间格局的基本路径

弗里德曼的"核心—边缘"模型认为，核心对边缘有两种完全不同的效果。一种是负效果，由于核心自身利益的存在，使边缘的劳动力、资金等流入核心区，剥夺了边缘的某些发展机会，以前向联系为主，是极化作用的结果；第二种为正效果，核心发展所得利益扩散到边缘，使边缘区的经济受惠于核心区的带动，就业机会增加，次级核心开始发展，后向联系明显，是扩散作用的结果。这个观点，与法国经济学家佩鲁的增长极理论如出一辙。增长极理论认为，一个国家想要实现平衡发展是不现实的，现实中总会有资源禀赋突出的地区形成经济地理上的增长极。增长极就是指产业部门集中而优先发展起来的地区，其经济规模明显超过其他地区，在京津冀的核心区——北京，也可以理解为增长极。萨缪尔森则把增长极对周边落后地区的阻碍作用，称为"极化效应"；而把增长极对周边落后地区的推动作用，称为"扩散效应"。

对传媒产业而言，核心区的负效果，也就是"极化效应"，就是传媒产业的资本、人才、技术、广告等一系列资源由边缘区不断向核心区流动，从而使核心区的传媒产业发展越来越强势，使边缘区的传媒产业发展越来越落后；核心区的正效果，也就是"扩散效应"，就是指核心区的传媒产业发展成熟后，其资金、人才、技术、广告等媒介资源，向边缘区进行辐射，对边缘区的传媒产业发展起到推动作用，进而在边缘区形成传媒产业发展的新的核心区，实现区域内传媒产业的均衡发展。

现阶段，京津冀传媒产业"极化效应"较为明显，而"扩散效应"则表现不足。想要打破京津冀传媒产业的"核心—边缘"状态，需要不断引导核心区——北京的传媒产业的"扩散效应"，打通京津冀传媒资源的扩散通道，真正改善边缘区传媒产业落后局面，促进京津冀传媒产业协同发展。

众所周知，我国的传媒产业具有"条块分割"的井字平行分布的特点，条块分割的产业格局决定了我国传媒市场一方面被分割为相对封闭的小版块，地方保护严重；另一方面各行政区都建立了雷同的报纸、电台、出版社、电视台，造成严重的浪费。独特的产业特性决定了我国传媒产业规模小、垄断高、效率低的现状。面对传媒产业的现状，京津冀传媒产业想要打破"核心—边缘"的格局，实现核心区的"扩散效应"，就要突破行政区划对传媒产业人才、资金、规章制度等方面的限制，需要媒体在短时间内无法改变体制机制的条件下，创新公司战略，突破行政区域限制，在区域经济条件下实现跨区域发展。跨区域发展并非简单的媒体合作，而是在地理上邻近、在文化上接近，几乎同处一个区域经济辐射下的媒体之间的合作。[①] 在现阶段，京津冀跨区域发展行之有效的手段，就是采取"区域传媒战略联盟"的手段，媒体依托京津冀区域经济一体化为动力，为实现服务区域内市场经济，打造传媒产业集群的共同目标，在保持相互独立的前提下通过股权参与或契约协议等方式，与区域内其他组织在某些领域建立相对稳定合作关系的介于市场和企业的中间

---

① 强月新、黄晓军：《中国大众传媒合作竞争论》，人民出版社 2011 年版，第224 页。

组织。采用区域传媒战略联盟，既可以突破当下传媒产业的"条块分割"的规制，也能够实现传媒资源在核心区与边缘区间的流动，通过核心区、边缘区间媒体的联盟合作，将核心区的人才、资本、技术、广告等资源与边缘区进行对接和转移，最终实现京津冀传媒产业的均衡发展。

第二节　京津冀传媒产业协同发展的现状与问题

京津冀三地山水相连、语言相近、人缘相亲，文化上相通性和差异性并存，传媒产业具有十分广阔的合作空间。近年来特别是京津冀协同发展上升为国家战略以来，三省市传媒产业协同脚步明显加快。2012 年 12 月，河北省文化厅牵头举办的"京津冀文化产业协同发展研究论坛"，签署了具有开拓性意义的《京津冀三地文化产业协同发展战略合作备忘录》。2014 年 8 月，三地政府在天津市签署了《京津冀三地文化领域协同发展战略框架协议》，对三地文化领域合作的指导思想、基本原则、合作内容和组织机制进行了总体部署。2015 年 4 月，在北京举办的京津冀文化创意产业项目推介会上，来自三省市的 60 多家文化创意产业园区代表签署了《京津冀文创园区协同发展备忘录》，表明京津冀文化协同逐步开始由政府部门引导走向文化企业的积极参与。① 可见，近年京津冀三地在文化产业上的合作较为活跃，传媒产业作为文化产业的重要门类也取得了一定的成果。

---

① 张晓星、赫鹏飞:《京津冀文化产业协同发展研究》,《人民论坛》2016 年第 4 期。

一、 京津冀传媒产业的总体状况

国内外对传媒产业的范围界定并不统一,本书对于传媒产业的界定主要依据两个方面:一是在国家统计局的行业分类中,"文化、体育、娱乐业"中包括:"新闻和出版业"、"广播、电视、电影和影视录音制作业"两个门类,由此可以看出传媒产业是文化产业的重要组成部分;二是在由崔保国教授主编的传媒蓝皮书《中国传媒产业发展报告(2015)》中认为,中国的传媒行业结构是由不同传媒形态构成的,主要包括报纸、图书、期刊、广播、电视、电影、音像、互联网、移动媒体、广告等十大行业,而根据传播媒介的不同,可将其分为印刷、广电、PC互联网和移动互联网四大板块,凸显传媒市场最新的发展格局。[①]

随着互联网信息技术和新媒体技术的日新月异,我国传统传媒产业与互联网融合的趋势越来越明显,传媒产业已经成为互联网时代不可忽视的一支力量。2014年国内生产总值(GDP)达63.64万亿,同比增长7.4%。根据清华大学传媒经济与管理研究中心的统计测算,2014年全年传媒产业总值达11361.8亿元人民币,首次超过万亿大关,较上年同比增长15.8%,对GDP的贡献率约为1.5%。

2014年,京津冀三地文化产业增加值占GDP比重分别是13.2%、9%和3.8%,三地文化产业发展水平差距较大。在京津冀,北京市的文化产业发展一直处于绝对领先地位,

---

① 崔保国:《中国传媒产业发展报告(2015)》,社会科学文献出版社2015年版,第1页。

产业门类齐全，综合实力强劲，已经形成了文化艺术、新闻出版、广播电视电影、软件网络及计算机服务、广告会展、艺术品交易、设计服务、旅游休闲服务等文化产业格局；天津市也逐步形成了以数字内容和动漫产业为优势产业的文化产业格局，目前国内已有1/4的知名漫画作者扎根天津，全国1/3的漫画作品在天津出版，天津在动漫领域占据着不可忽视的地位；[①] 河北省具有悠久的历史文化和丰富的文化资源，但是省内文化产业发展并不均衡，以石家庄、唐山、廊坊、秦皇岛、沧州为主的文化产业"高地"也取得了长足的发展，石家庄以动漫产业为抓手，逐步实现了动漫产业展销、文化产业园为一体的文化产业链。唐山则定位于工业文化、地震文化和休闲旅游文化；廊坊由于独特的区域位置，逐步将会展旅游业发展为六大支柱产业；秦皇岛以北戴河旅游文化为核心，打造了独特的海滨文化产业；沧州市著名的杂技之乡、武术之乡，逐步发展为具有一定规模的旅游文化产业。

对于作为文化产业核心层的传媒产业而言，本文将参照崔保国教授对传媒产业的划分标准，按照印刷、广电、PC互联网和移动互联网四个方面进行论述，另外对京津冀的广告市场进行分析。

（一）京津冀新闻出版业的发展状况

根据国家新闻出版广电总局的统计，广东、北京、浙江、江苏、山东、上海、河北、安徽、四川和福建依次位居印刷传媒总体经济规模的全国前10位，10个地区合计分别占到

---

① 陈建强：《天津"四带多点"布局文化产业》，《光明日报》2010年1月13日。

全行业营业收入的 73.1%。由此可见，在京津冀，北京和河北的印刷传媒产业处于优势地位。

表4-1　京津冀报纸出版的总体情况

地区	种类	总印数（万份）	总印张（千张）
北京	254	917000	29820000
天津	40	76123	3620912
河北	65	157641	4158395

数据来源：《北京统计年鉴2015》，《天津统计年鉴2015》，《河北经济年鉴2015》

2014 年，全国共出版报纸 1912 种，较 2013 年降低 0.2%；总印数 463.9 亿份，降低 3.8%；总印张 1922.3 亿印张，降低 8.4%；定价总金额 443.7 亿元，增长 0.8%。报纸出版实现营业收入 697.8 亿元，降低 10.2%；利润总额 76.4 亿元，降低 12.8%。[1] 京津冀的报纸印刷数量统计中，北京无论在印刷种类、印数和印张方面都占据绝对优势，北京的总印张达到了 298.2 亿张，是河北的 7 倍，天津的 8 倍。

1. 北京报业市场的发展状况

2014 年北京都市类报纸的零售总量下降了 30% 以上，继续维持了"两早两晚"的基本格局。早报市场由《新京报》、《京华时报》占主导地位；晚报市场由《北京晚报》、《法制晚报》占据。

从近年来北京综合类报纸的销量排名来看，《北京晚报》目前依然处于第一位，《新京报》从 2013 年上半年开始，销量排名超越《京华时报》上升至第二名，使得《京华时报》的

---

① 《中高速增长彰显可持续发展力》，《中国报业》2015 年第 8 期(上)。

销量排名第三位，《法制晚报》的销量排名未发生改变，稳居第四位，《北京青年报》与《北京晨报》的销量排名后两位。

　　根据北京世纪华文监测的数据显示，在早报市场中，《新京报》与《京华时报》累计市场份额为54.6%，占据一半以上的市场份额，市场份额分别为30.61%和23.99%；在晚报市场中，《北京晚报》与《法制晚报》累计市场份额为41.35%，两报市场份额分别为33.32%和8.03%。整体来看，北京综合类报纸的市场集中度较高，《北京晚报》《新京报》和《京华时报》3份报纸的累计市场份额达到87.92%。①

　　2. 天津报业市场的发展状况

　　天津综合类报纸零售市场竞争主要在两大报业集团之间展开，其中《每日新报》与《城市快报》同属天津日报集团，《今晚报》与《渤海早报》同属今晚传媒集团。两大集团在零售市场上的竞争非常激烈，《每日新报》的整体销量排名处于明显的领先地位，《渤海早报》以零售价格相对便宜的优势在零售市场上排名上升至第二，联合《今晚报》对天津日报报业集团旗下的两大报纸展开竞争激烈。②

　　3. 河北报业市场的发展状况

　　按照管理级别来划分河北省的报业市场，其是由河北日报报业集团和各地市报业集团构成的。河北日报报业集团由《河北日报》《燕赵都市报》《燕赵都市报·冀东版》《燕赵都市报·冀中版》《河北法制报》《河北农民报》等

---

① 晋雅芬：《从数据了解北京报业发行市场格局》，《中国新闻出版报》2014年1月14日，第5版。
② 田珂、蔡正鹏、崔江红：《马太效应依然凸显发展环境相对稳定》，《中国报业》，2011年第1期。

省级报刊共同组成的大型报业集团，其中河北日报是河北省委机关报，燕赵都市报则是风行河北地区的重要都市类报纸，一度曾位列世界日报发行数量的第 39 位。河北省内各地市日报社都拥有市委机关报和一份晚报或都市报，石家庄等 6 个地市的日报社还拥有其他报刊。石家庄、保定、沧州、衡水四个地市的日报社成立了传媒集团。保定、张家口、承德三地市的日报社拥有广告公司，其中保定日报社拥有三家广告公司。广告、发行、印刷是报社的传统业务，在广告方面有的地市开始探索其他广告媒体，例如户外媒体和社区生活圈媒体等；发行方面举步维艰，面对订阅量萎缩的现状苦苦挣扎，部分地市日报社采取"全员发行"和"赠报赠刊"等手段维持发行量，发行公司或者发行部门无暇寻找新的创收点；各地市都有自己的印刷厂，有的在承揽其他落地报纸或者本地 DM 刊的印刷业务，潜力发掘普遍不够。①

按照报业市场来划分，河北省的报纸市场可分为以省会石家庄的报业市场和以唐山为首的地市报业市场。《燕赵都市报》通过三份报纸来控制河北市场，实施不同的广告价格。在全省通行版上做广告是"金版"价格，《都市时讯》实施"银版"价格，《燕赵都市报·冀东版》实施"铜版"价格，如此一来，广告客户就可以根据自己的广告目的选择所要做广告的版，起到降低成本的效果。②

---

① 薄立伟：《河北省地市级报纸媒介产业化路径研究》，《今传媒》2014 年第 12 期。

② 陈国权、吴长伟：《寻找中心城市 河北报业竞争之格局观察》，《中国记者》2005 年第 8 期。

在石家庄市场上，河北日报报业集团旗下的《燕赵都市报》和石家庄日报报业集团旗下的《燕赵晚报》两报发行量相当，由于双方在石家庄市场长期处于均势，于是双方达成协议不再进行损害双方利益的促销活动，形成了较为稳定的石家庄报业市场格局。在唐山报业市场上，无论从经济发展水平上，还是地理区位上，唐山地区都无疑是当之无愧的河北第二大报业市场。可是直到 2003 年，唐山的报业市场还在"沉睡"，只有三家当地报纸分别为：《唐山劳动日报》《唐山晚报》《唐山广播电视报》，这三家报纸由于定位不同，因此并不存在直接的竞争关系。直到《燕赵都市报·冀东版》的创刊，以相对新的机制来运作，如采编、发行、广告三位一体的经营方式；积极的员工绩效奖励措施；发行上采用大投入，高成本的发行费率倒贴方式，还有"敲门发行、投递入户"等措施。《燕赵都市报·冀东版》很快成为一个成功的"搅局者"，也迅速在唐山市场站稳了脚跟，但与此同时，其他三家当地报纸也积极改变竞争策略，应对《燕赵都市报·冀东版》的攻势，最终四家报纸媒体竞争的结果是共同做大了唐山报业市场，在唐山市场形成了四足鼎立的局面。

表 4-2　京津冀区域图书出版的总体状况

地区	种类	总印数（万册）	总印张（千张）
北京	192137	240142	26953554
天津	5745	4560	428521
河北	7022	22234	1642130

数据来源：《北京统计年鉴 2015》，《天津统计年鉴 2015》，《河北经济年鉴 2015》

2014 年，全国共出版图书 44.8 万种，较 2013 年增长 0.9%。总印数 81.9 亿册（张），降低 1.5%；总印张 704.3 亿印张，降低 1.2%；定价总金额 1363.5 亿元，增长 5.8%。图书出版实现营业收入 791.2 亿元，增长 2.7%；利润总额 117.1 亿元，降低 1.3%。与此同时，数字出版继续保持较高增长速度，行业地位继续提升。数字出版实现营业收入 3387.7 亿元，较 2013 年增加 847.4 亿元，增长 33.4%，占全行业营业收入的 17.0%，提高 3.1 个百分点。增长速度在新闻出版各产业类别中继续名列前茅，总体经济规模超过出版物发行，跃居行业第二。网络动漫营业收入增长 72.7%，领跑数字出版；移动出版增长 35.4%，高于数字出版总体水平；互联网期刊与电子书增长 18.2%，远高于新闻出版业总体水平。表明新兴出版继续保持蓬勃活力，传统出版与新兴出版的融合发展进一步深入。①

在京津冀区域内，北京由于拥有众多的出版社和出版集团，其出版种类达到了 192137 种，占到了全国出版图书出版的 44%，是河北省出版种类的 27 倍，天津市的 33 倍；北京市的总印数达到了 24 亿册，占到全国总印数的四分之一，总印张达到 269 亿张，占到全国总印张的 38%。从这些数据可以看出北京无论是在出版种类，还是在出版总印数、出版总印张，都在全国图书市场占据着举足轻重的地位，远超天津和河北。

---

① 《中高速增长彰显可持续发展力》，《中国报业》2015 年第 8 期（上）。

表4-3 图书出版集团总体经济规模综合排名

综合排名	集团名称	综合评价得分
1	江苏凤凰出版传媒集团有限公司	3.38
2	湖南出版投资控股集团有限公司	2.05
3	中国教育出版传媒集团有限公司	1.39
4	江西省出版集团公司	1.15
5	浙江出版联合集团有限公司	0.88
6	河北出版传媒集团有限责任公司	0.84
7	安徽出版集团有限责任公司	0.83
8	中国出版集团公司	0.79
9	山东出版集团有限公司	0.67
10	中原出版传媒投资控股集团有限公司	0.38

数据来源:《中高速增长彰显可持续发展力》,《中国报业》2015年第8期(上)

表4-4 图书出版集团平均资产总利润率排名

综合排名	集团名称	总利润率
1	英大传媒投资集团有限公司	14.02
2	贵州出版集团公司	9.60
3	云南出版集团有限责任公司	9.34
4	湖南出版投资控股集团有限公司	8.99
5	中国科技出版传媒集团有限公司	8.61
6	河北出版传媒集团有限责任公司	7.88
7	青岛出版集团有限公司	7.21
8	中国教育出版传媒集团有限公司	6.95
9	中国出版集团公司	6.95
10	江西省出版集团公司	6.93

数据来源:《中高速增长彰显可持续发展力》,《中国报业》2015年第8期(上)

在图书出版集团总体经济规模的统计中,京津冀区域内的出版集团包括：中国教育出版传媒集团有限公司位列第三，河北出版传媒集团有限责任公司位列第六，中国出版集团公司位列第八；在图书出版集团平均资产总利润率的统计，京津冀区域内的出版集团包括：中国科技出版传媒集团有限公司位列第五，河北出版传媒集团有限责任公司位列第六，中国教育出版传媒集团有限公司位列第八，中国出版集团公司位列第九。由此可以看出，位于北京市的中国教育出版传媒集团有限公司、中国科技出版传媒集团有限公司、中国出版集团公司在总体经济规模和平均资产总利润率中具有竞争优势；河北省内的河北出版传媒集团有限责任公司在两项指标中均位列全国第六，在全国出版产业中具有一定的竞争实力；而天津市并没有强势的出版集团，在京津冀属于弱势。

表4-5　京津冀期刊出版的总体情况

地区	种类	总印数（万份）	总印张（千张）
北京	3053	103600	7802000
天津	242	3833	192011
河北	220	4833	226515

数据来源：《北京统计年鉴2015》，《天津统计年鉴2015》，《河北经济年鉴2015》

2014年全国共出版期刊9966种，较2013年增长0.9%；总印数31.0亿册，降低5.4%；总印张183.6亿印张，降低5.7%；定价总金额249.4亿元，降低1.6%。期刊出版实现营业收入212.0亿元，降低4.5%；利润总额27.1亿元，降低5.4%。在京津冀，作为国家文化中心的北京，期刊发行种类达到了 3053 种，总印数 10.36 亿份，总印张 78.02 亿张甚至超过天津与河北的总和。

（二）京津冀广电传媒产业的发展状况

对于广电传媒产业，我们重点介绍京津冀电视和广播两类媒体的产业发展情况。

1. 电视传媒产业的发展状况

对京津冀电视传媒产业来说，最具代表性的就是各地的省级卫视，可以基本代表该地区电视传媒产业的发展状况。

北京卫视 1979 年 5 月 16 日正式播出，前身为北京电视台第一套节目（6 频道），后于 1998 年 1 月 1 日上星。2001 年 6 月原北京卫视与原北京市有线广播电视台合并。2011 年，北京卫视改版，打出了"天涯共此时"的口号。

天津卫视开播于 1960 年 3 月 20 日，1998 年 12 月 28 日正式上星播出。2013 年天津卫视明确提出"生活正能量"的频道定位，从剧集正能量、职场正能量、爱情正能量、明星正能量多个方面，立足现实，释放正能量，成为全国独树一帜的正能量第一平台。

河北卫视开播于 1998 年 12 月 30 日，现为河北电视台第一套节目。历经十年的发展，节目不断推陈出新，频道定位多次调改，从最初的综合性频道，2000 年的新闻经济综合频道，2001 年 7 月 16 日的新闻综合频道，2006 年 9 月 8 日的新闻文化频道，频道风格越来越明确，特别是2007 年 7 月 16 日全面改版，提出了全新的"快乐家＋家"的频道理念。

表 4-6　2015 年上半年（1－6 月）省级卫视全天收视排名
（CSM50 测量仪 4＋）

2015年上半年　全天收视			一季度　全天收视		二季度　全天收视	
排名	频道	收视率%	排名	收视率%	排名	收视率%
1	湖南卫视	0.419	1	0.489	1	0.349
2	浙江卫视	0.307	2	0.305	2	0.310
3	江苏卫视	0.250	3	0.281	3	0.220
4	北京卫视	0.205	4	0.227	5	0.183
5	上海东方卫视	0.189	6	0.182	4	0.196
6	山东卫视	0.182	5	0.200	7	0.163
7	安徽卫视	0.158	7	0.152	6	0.163
8	天津卫视	0.144	8	0.152	8	0.137
9	江西卫视	0.139	9	0.145	10	0.133
10	湖北卫视	0.134	11	0.134	9	0.134
11	湖南金鹰卫视	0.120	10	0.140	11	0.101
12	深圳卫视	0.112	12	0.125	12	0.099
13	北京卡酷少儿	0.102	13	0.112	15	0.093
14	云南卫视	0.102	14	0.109	14	0.094
15	黑龙江卫视	0.096	16	0.095	13	0.097
16	辽宁卫视	0.085	15	0.098	18	0.072
17	重庆卫视	0.082	18	0.087	17	0.077
18	广东卫视	0.080	20	0.081	16	0.079
19	贵州卫视	0.078	17	0.090	19	0.067
20	四川卫视	0.072	19	0.083	20	0.060
21	河北卫视	0.061	21	0.067	22	0.056
22	河南卫视	0.059	22	0.058	21	0.060
23	吉林卫视	0.052	23	0.057	25	0.044
24	东南卫视	0.051	24	0.057	24	0.046
25	广西卫视	0.050	29	0.041	23	0.055

资料来源：视扬—广告雷达，2015 年省级卫视成绩单发布

从表 4-6 可以看出，北京卫视、天津卫视和河北卫视的差距较大，北京卫视位列第 4 位，属于省级卫视的第一集团，收视率达到了 0.205%；而天津卫视则紧随其后位列第 8 位，属于省级卫视的第二集团，收视率为 0.144%；河北卫视则处于省级卫视的中下游水平，位列第 21 位，收视率仅为 0.061%。

作为电视媒体的三驾马车之一的电视剧，从图 4-1 可以看出，收视率排名前五十的电视剧中北京卫视持有 5 部，天津卫视持有 1 部，较 2014 年都有所下降，而河北卫视则没有电视剧入围收视率前 50。由此看出，在电视剧的收视率上，

河北卫视仍然与北京、天津间存在一定差距。

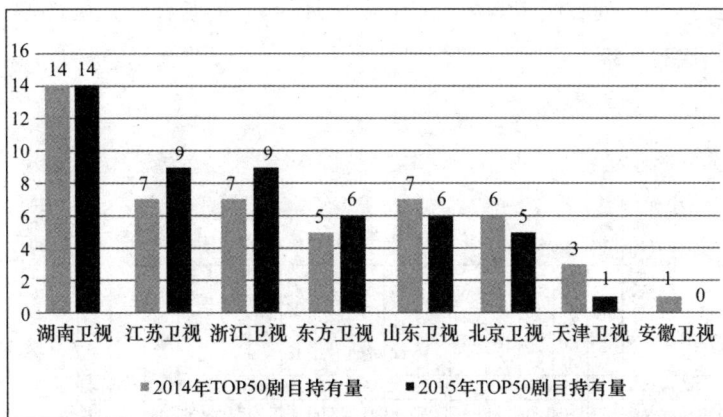

图 4-1　2014vs2015 年省级卫视 TOP50 剧目持有量

资料来源：视扬—广告雷达，2015 年省级卫视成绩单发布

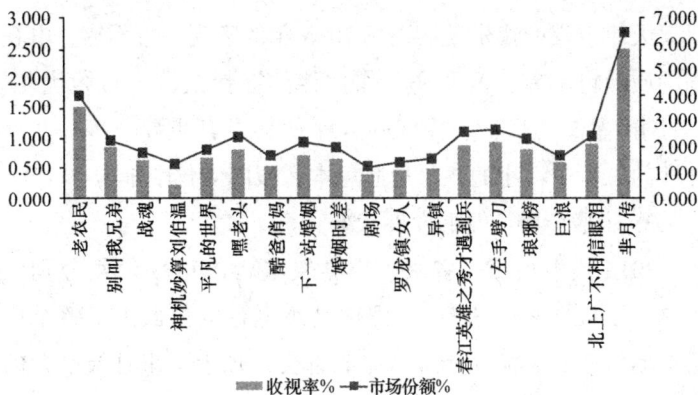

图 4-2　北京卫视《红星剧场》1－12 月收视走势（1－12 月平均收视 0.823%）

数据来源：中商情报网，http://www.askci.com/

北京卫视红星剧场 2015 年平均收视 0.823%，平均份额 2.31%，列省级卫视第五位；《芈月传》、《老农民》两部剧均突破 1%。

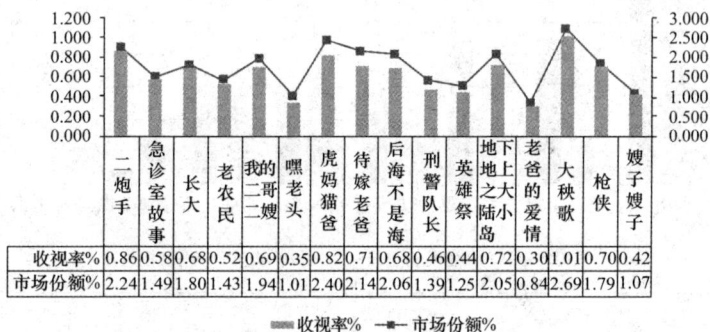

	二炮手	急诊室故事	长大	老农民	我的二哥二嫂	嘿老头	虎妈猫爸	待嫁老爸	后海不是海	刑警队长	英雄祭	地下地上大陆小岛	老爸的爱情	大秧歌	枪侠	嫂子嫂子
收视率%	0.86	0.58	0.68	0.52	0.69	0.35	0.82	0.71	0.68	0.46	0.44	0.72	0.30	1.01	0.70	0.42
市场份额%	2.24	1.49	1.80	1.43	1.94	1.01	2.40	2.14	2.06	1.39	1.25	2.05	0.84	2.69	1.79	1.07

■ 收视率%　■ 市场份额%

图 4-3　天津卫视《快乐生活剧场》1 – 12 月收视走势(1 – 12 月平均收视 0.625%)

数据来源：中商情报网，http://www.askci.com/

天津卫视的快乐生活剧场 2015 年的表现一直不错，电视剧的质量也不差，但联播合作伙伴的选择上需要持续优化，"一剧两星"之后，选择好的合作伙伴尤其重要，多一些互补性的、竞争性小的，尽量避免本区域同质化厮杀。

2. 广播传媒产业的发展状况

2015 年中央级、省级、市县级电台的市场份额分别为 10.3%、34.4%、55.3%，即市县级电台的份额占了整个广播市场份额的一半以上。而在非省会市场上，市县级电台的表现更加抢眼，市场份额超过了 70%。由此可以看出，我国广播市场的本地化特征较为明显，广播受众偏爱本地的广播媒体。在广播类型上，交通、新闻、音乐三类广播仍然占市场的主力，三类频率累计市场份额达到了 84.6%；在收听习惯上，车载收听、手机和便携式收音机仍然排名前三位，车载收听系统占到了41.3%，这与我国家庭汽车保有量的不断增加有直接关系；在听众类别上，广播主要听众集中在25岁至44岁的中青年听众，以男性为主，且85%具备高中以上学历。

另外，随着互联网技术的爆发、自媒体的崛起，传统的广播电台与互联网技术的结合，使得越来越多的受众借助手机APP收听广播，以手机APP作为收听工具的用户已经占到了38.5%，已经成为引领当下广播市场的潮流。

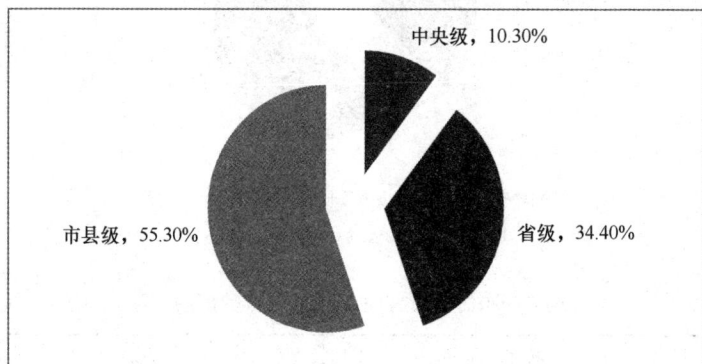

图4-4　2015年广播市场的份额分布

数据来源：赛立信媒介研究，2015

（1）北京广播市场的发展状况：北京电台一家独大

北京广播电台的市场占有率达到了63%，是北京地区竞争力最强的频率，在全天的大部分时段都占有绝对优势。而中央级媒体中央广播电台市场份额为28%，市场占有率列第二位，在18：00—20：00这一时段表现较好，超过了30%市场份额；中国国际广播电台以4.3%的市场份额紧随其后。

而从单个频率来看，北京交通电台是北京市场当仁不让的最强频率，其市场占有率超过了20%，北京音乐广播与北京新闻广播紧随其后，市场占有率超过了10%，这也与整个广播市场交通、新闻、音乐三大类的排名基本一致。而在中央电台的频率中表现最好的是中国之声，市场占有率达到了8.4%。

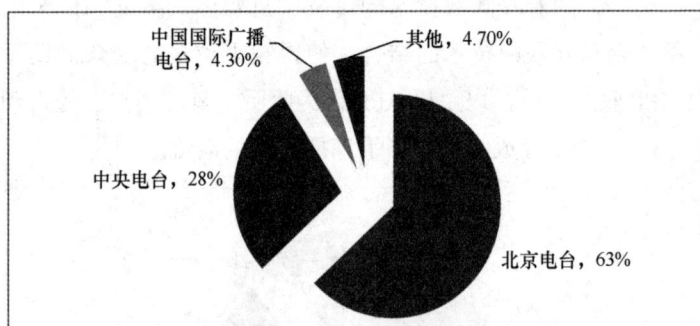

图4-5　2015年北京广播市场的份额分布

数据来源：赛立信媒介研究，2015

表4-7　2015年北京地区主要电台的市场份额

排名	电台名称	平均收听率（%）	市场份额（%）
1	北京交通广播	1.62	21.9
2	北京音乐广播	0.82	11.1
3	北京新闻广播	0.76	10.3
4	北京文艺广播	0.64	8.7
5	中央电台中国之声	0.62	8.4
6	中央电台音乐之声	0.35	4.8
7	中央电台都市之声	0.35	4.7
8	中央电台经济之声	0.34	4.6
9	北京体育广播	0.32	4.3
10	中央电台文艺之声	0.22	3.0

数据来源：赛立信媒介研究，2015

（2）天津广播市场的发展状况：市场集中度较高

表4-8 2015年8月天津地区主要电台的市场份额

排名	电台名称	平均收听率（%）	市场份额（%）
1	天津电台交通广播	2.05	27.7
2	天津电台音乐广播	1.60	21.6
3	天津电台相声广播	1.05	14.3
4	天津电台新闻广播	0.58	7.9
5	天津电台生活广播	0.55	7.4

数据来源：赛立信媒介研究，2015

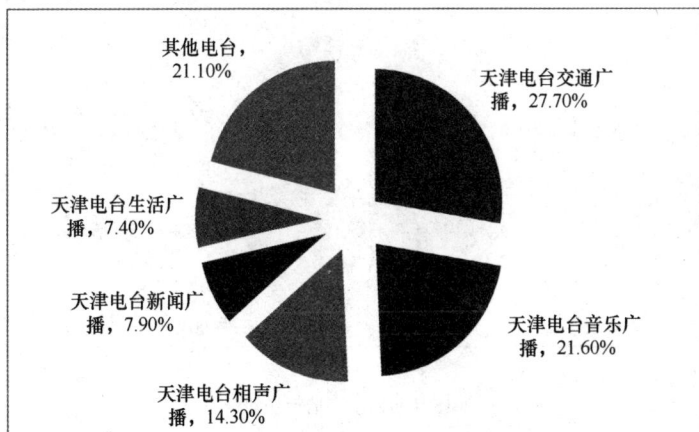

图4-6 2015年天津广播市场的份额分布

2015年天津市广播市场中，天津电台交通广播与天津电台音乐广播的市场份额分别为27.7%和21.6%，远远高于其他广播频率。天津广播市场内排名前五的份额合计占到了88.9%，表明天津广播的市场集中度较高。

（3）河北广播市场的发展状况：省市电台平分秋色

表4-9　2015年8月石家庄地区主要电台的市场份额

排名	电台名称	平均收听率（%）	市场份额（%）
1	河北电台交通广播	0.77	14.6
2	石家庄交通广播	0.67	12.6
3	石家庄新闻广播	0.55	10.4
4	河北电台音乐广播	0.47	8.9
5	石家庄音乐广播	0.42	8.0

数据来源：赛立信媒介研究，2015

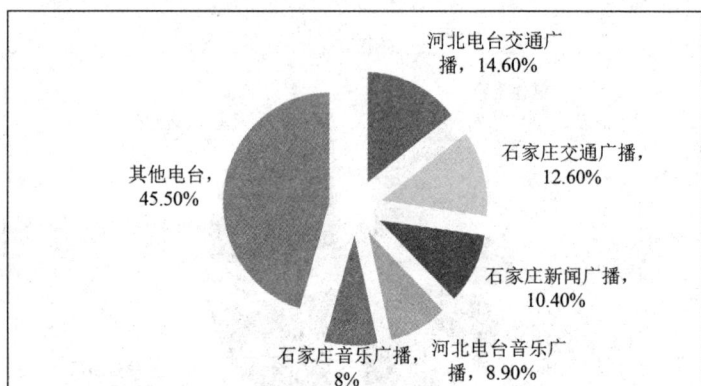

图4-7　2015年石家庄广播市场的份额分布

　　河北省的广播市场中，最具代表性的是省会石家庄广播市场，河北电台的交通广播占到了14.6%，位列省会电台市场份额的第一位。在省会市场前五名的市场频率中河北省台与石家庄市台平分秋色，河北省台的交通广播与音乐广播共计占23.5%，石家庄市台的交通广播、新闻广播、音乐广播合计占到31%。但是，相对于北京、天津的广播市场，石家

庄广播的市场集中度不高，前五位的广播频率所占比例仅为
54.5%，远低于北京的60.4%，天津的88.9%。

在省会石家庄的广播市场上，还有一个较为突出的特点
是对于外来广播节目的引进，2015年引进节目有《今夜不寂
寞》《叶文有话要说》《娱乐香饽饽》《岁月如歌》《金山夜
话》《晓声长谈》《在清华听演讲》《月光宝盒》《我的汽车
有话说》和《娱乐二人转》等十六个节目。石家庄市场引进
节目数量多，且来源广泛，省市两级电台均有主要频道在不
同时段播出引进节目，典型地反映了跨市场播出广播节目的
市场环境。跨市场播出的广播节目在北方城市间出现最为频
繁，由于北方城市的播音主持人具有天然的普通话优势，而
相对开放的广播节目输入市场也多为北方城市，北方城市间
相近相通的语言和文化环境，使得北方城市间的广播节目交
流更为活跃，北方城市也更有可能成为节目输出市场的原
产地。[①]

（三）京津冀网络传媒业的发展状况

根据中国互联网络信息中心《第36次中国互联网络发
展状况统计报告》统计，截至2015年6月，中国网民规模达
6.68亿，半年共计新增网民1894万人。互联网普及率为
48.8%，较2014年底提升了0.9个百分点。互联网已经成为
当下人们获取新闻信息、浏览视频的重要渠道之一。

1. 新闻网站的发展状况

根据艾瑞咨询推出的网民连续用户行为研究系统 iUser-
Tracker 最新数据显示，2015年9月，新闻门户网站日均覆盖

---

① 王平：《2014年广播收听市场概况》，《收听》2015年第1期。

人数达 5877.6 万人。其中，中青网日均覆盖人数达 930 万人，网民到达率达 3.7%，位居第一；光明网日均覆盖人数达 893 万人，网民到达率达 3.5%，位居第二；中国网日均覆盖人数达 772 万人，网民到达率达 3.1%，位居第三。

2015 年 9 月，新闻门户有效浏览时间达 1.1 亿小时。其中，光明网有效浏览时间达 950 万小时，占总有效浏览时间的 8.5%，位居第一；环球网有效浏览时间达 799 万小时，占总有效浏览时间的 7.2%，位居第二；中青网有效浏览时间达 783 万小时，占总有效浏览时间的 7%，位居第三。①

在全国排名前三的网络新闻网站都位于北京地区，北京不仅包括人民网、光明网、中青网、环球网、新华网等一系列中央媒体所办新闻网站，也包括搜狐、新浪等一系列在全国具有影响力的网络媒体。北京地区的新闻网站无论在数量、规模、营业收入等经济指标方面，还是在社会影响力、舆论引导能力等社会指标方面，在全国范围内都首屈一指。相对于北京地区的新闻网站规模，京津冀区域内的天津和河北则差距较大。

天津市的新闻网站主要包括两类：一类是以天津网、今晚网为主的传统媒体所办网站；另一类是以北方网、天津在线网为主的网络原生媒体。

天津网属于天津日报集团旗下的网站，是天津市重点新闻网站之一。天津日报报业集团独家授权天津网为唯一数字化出口。天津日报报业集团旗下的十报两刊的千余编辑记者，

---

① 数据来源：艾瑞 iUserTracker,2015

均向天津网提供全方位的新闻信息，目前天津网已成为天津市民获取信息最便捷的公众网络新闻信息网站。

今晚网由《今晚报》主办，致力于做到"天津资讯，快速全面"的服务宗旨。拥有自身新闻原创报道采编力量，除自身所刊登新闻外，还与《今晚报》等今晚传媒集团旗下报纸有新闻内容合作关系，为天津网民提供了全面、直观的内容服务，资讯精华和独家优势。今晚网集国内外热点资讯于一身，着重发挥新闻独家报道的影响力，努力打造海量、快速、权威的综合性天津网络媒体。

北方网是由天津市宣传部和天津的传统媒体——天津人民广播电台、天津电视台、天津广播电视报、今晚报、天津日报共同投入资金、信息资源组建的第四媒体。根据艾瑞网统计，北方网在新闻门户类网站排名 28 位，在中国网站排名 389 位。

天津在线网立志打造天津市实用的新闻资讯、地方综合门户平台。作为天津市重点门户平台，天津在线依托互联网的传播优势，全面整合全市的资讯信息资源，文字、图片与视频、音频结合，全方位、多角度、立体式地向全国各地展示天津，宣传天津。同时，向广大市民提供各种便民、利民、为民的网络功能和信息服务。

目前河北省的网络新闻媒体基本上是依托传统媒体建立的网络平台，主要可分为三类：第一种是门户类网站，有河北新闻网、长城网和河北广电网；第二种是由地方媒体主办的地方网络媒体，主要有石家庄新闻网、廊坊广播电视网、唐山经广在线、邯郸新闻网等；第三种是由一些专业类的传统媒体主办的专业网站，主要包括河青网、燕赵法治网、现代物流报网等。

目前河北省有影响力的门户网站有河北新闻网、长城网、河北广电网三家。河北网络新闻的发展也不占优势，无论是在全球综合排名、中国网站排名、反向链接数和平均页面浏览数这四个指标里的哪一个，河北省的几家网络媒体的排名都十分靠后，在中国网站排名中，河北新闻网排名 5054 名，长城网排名 7078 名，河北广电网排名 66778 名。河北虽然毗邻京津，网络新闻媒介数量也不少，但却没有形成一定的规模和具有强大影响力的品牌，网络新闻的发展不仅与北京相去甚远，甚至不及一些同类的省级媒体。[①]

2. 网络视频网站的发展状况

2015 年中国在线视频市场规模达 401 亿元，较 2014 年增长了 61.2%，其中广告业务收入达到了 232 亿元，仍然占比重最大，增长贡献率达 52.6%。从网络视频播放市场来看，通过 PC 端观看各类视频时长份额中，电视剧播放时长占比达 54.8%，紧随其后的是综艺节目 16% 和电影 8.5%。

从中国互联网络信息中心（2015.4.1—2015.6.30）三个月的统计数据来看，以总覆盖人数为参考标准，排名前五位的视频网站分别为：爱奇艺、优酷网、迅雷看看、搜狐视频、腾讯视频。可见，除了腾讯视频所属的腾讯公司位于广州外，其他视频网站均属于北京地区，足以看出北京地区在全国网络视频行业的重要地位。

---

① 马婷、王秋菊：《论地方网络新闻媒介融合与品牌化发展的必要性》，《浙江传媒学院学报》2008 年第 10 期。

表4-10　总部位于北京的视频网络发展状况

综合排名	视频网站名称	覆盖人数
1	爱奇艺	17523.5 万
2	优酷网	17346.4 万
3	迅雷看看	16558.9 万
4	搜狐视频	15344.7 万
5	腾讯视频	14940.5 万

数据来源：艾瑞咨询，《2015 年中国互联网年度热点洞察报告》

（四）京津冀移动传媒产业的发展状况

根据中国互联网信息中心（CNNIC）公布数据显示，2014 年中国手机上网比例首次超越传统 PC 上网比例，手机网民规模超过八成，这也预示着移动互联网时代的全面到来。在移动互联网时代，微博、微信和新闻客户端，即"两微一端"无论在传播影响力，还是在广告收入上，都引领着移动传媒产业的发展。同时，随着传统媒体与移动互联网技术的融合，越来越多的传统媒体借助"两微一端"，不断扩大传统媒体的传播范围，增加传统媒体在移动互联网领域的影响力。

2015 年由人民网研究院发布的《2015 中国媒体移动传播指数报告》，对 2015 年 1 月至 12 月我国报纸、杂志、网站、电视、广播五大媒体在微博、微信、聚合客户端、媒体自有 APP 等各个移动传播平台的影响力进行评估，这一报告较全面地描述了传统媒体在移动互联网上的传播现状。

首先，各类传统媒体都十分重视微信平台的传播，表现在微信指标在各榜单中都获得较高的分数，其中报纸、杂志和广播电台最高。几乎所有报刊、杂志、网站、广播电台都开通了官方微信，在该报告中全部37家电视台中，也有31家开通微信，相对而言，电视节目开通官方微信的比例低一些，前100套节目中，开通官方微信的有82家。这可能是因为目前不少电视节目都采用季播的形式，每年的播放时间只有几个月，而在不播放的时间里，微信作为互动的手段，其效用相对较弱。而广播电台则主打"新闻+服务"微信公众号，有53%的广播公众账号是交通类广播电台，其推送内容多是当天最热门、用户最关注的话题，如自然灾害、突发事故等，兼顾新闻及时性和温情报道。此外，交通广播类微信公号还提供各类功能性服务，如节目互动、车友俱乐部、路况查询、查询车辆违章、查询天气状况等，这些功能性服务使得广播电台在微信平台表现抢眼。

其次，在微博平台，全国性媒体优势明显。媒体微博的传播数据有所下降，但微博的公开性与互动性仍使其具有区别于其他平台的独特价值，在突发事件报道、舆论引导、粉丝互动等方面，媒体微博依然具有不可替代的作用。全国性媒体在微博中的影响力和引导力远高于地方性媒体，报纸类如《人民日报》《环球时报》，网站类如人民网、新华网，杂志类如《三联生活周刊》《时尚芭莎》，电视类如中央电视台等，均名列前茅，其官微传播范围广，影响力高。这是由于全国性媒体一般开设微博较早，粉丝基数大，覆盖面广，经常及时介入全国性热点事件，引导舆论风向，而地方性媒体一般只做本地新闻，信息的覆盖面和传播力度都弱于全国性媒体。

第三，在新闻客户端，聚合类、自建类两翼齐飞。2015年，客户端成为各大媒体竞争的重点。传统新闻媒体借力新闻客户端的方式主要有两种：一是入驻聚合类新闻客户端，几乎所有上榜的报纸（92%）、杂志（99%）、网站（100%）、电视节目（100%）、广播（91%）都入驻了以腾讯新闻、今日头条、网易新闻、搜狐新闻等为主的聚合类新闻客户端，借助其巨大的用户基础进行快速有效的传播，上榜媒体的入驻开通率达到 96.5%。二是自建新闻客户端，2015 年不少媒体在自有客户端上积极发力，有的还联合互联网巨头，推出了一大批原创新闻客户端。从各类媒体自有客户端在安卓市场的下载量来看，突破百万的媒体数量总共有 33 家，占所有上榜媒体总数的 6.2%。而大部分媒体自有客户端的下载量非常有限：七成报纸、杂志客户端的下载量不足 10 万，近四成网站客户端的下载量不足 1 万，传播力和影响力没有突出表现。媒体自有客户端表现明显两极分化。①

二、　京津冀传媒产业协同发展的问题

北京、天津、河北人口加起来有 1 亿多，土地面积有 21.6 万平方公里，京津冀地缘相接、人缘相亲，地域一体、文化一脉，历史渊源深厚、交往半径相宜，京津冀自古就同属于同一文化圈内。但是，同属于文化产业范畴内的传媒产业，直到 2006 年 4 月京津冀间真正意义上的协同发展才真正到来，当时今晚报、燕赵都市报、辽沈晚报、齐鲁晚报、大连晚报、青岛晚报、山西日报、保定日报、广告人杂志等环渤海 29 个城市 32 家主流媒体共同主办的"首届环渤海主流

---

① 人民网研究院：《2015 中国媒体移动传播指数报告》，人民网 2016 年 3 月 24 日。

媒体广告协作体"，成为京津冀传媒产业协同发展的开端。随后，京津冀传媒产业的协同发展虽然有了一定发展，但是无论从发展水平、规模，还是从合作深度、内容等方面，都无法与长三角、珠三角、长江中游城市群等地的传媒产业协同发展水平相抗衡。究其原因，主要有以下五个方面：

（一）京津冀传媒产业发展不均衡

通过对京津冀三地传媒市场的分析，在印刷传媒市场，报纸、图书、期刊三类印刷媒体，无论从出版种类、总印数还是总印张，北京都远远超过天津、河北，北京市的报纸总印张达到了 298.2 亿张，是河北的 7 倍，天津的 8 倍；北京市的图书总印张达到了 269 亿张，是河北的 17 倍，天津的 67 倍；北京市的期刊总印张达到了 78 亿张，是河北的 35 倍，天津的 41 倍，从以上数据可以看出在印刷传媒市场上北京的绝对优势。在广电传媒市场，除去位于北京的中央级媒体，仅从省级卫视的横向比较中来看，北京卫视位列全国省级卫视排名第 4 位，属于省级卫视的第一集团，而天津卫视位列第 8，河北卫视仅位列第 21；而在广播市场中，以北京交通广播、新闻广播、音乐广播为首的北京本土电台，其在平均收听率和市场份额上，都远远超越中央级的电台，足可见其强大的竞争实力，而天津、河北的广播电台则实力相对较弱。在网络传媒市场上，北京市在京津冀的优势则更为明显，新闻网站有效覆盖率和日均访问量的全国前三名均出自北京地区，而天津和河北的新闻网站则多是报纸网络化的产物，不仅在全国新闻网站排名均靠后，且在当地的影响力也十分有限。在移动传媒市场上，"两微一端"中微博的主要运营商新浪以及新浪新闻、搜狐新闻等新闻客户端所属公司，均在北京地区。北京的移动传媒市场牢牢掌握着移动传媒运营平台，发挥着至关重要的作用。

通过以上分析，不难看出京津冀的传媒产业发展处于一种极不平衡的发展状态，相对于天津、河北，北京的传媒产业发展遥遥领先。"一家独大"的京津冀传媒产业格局，对于京津冀协同发展造成两方面挑战：一是对接挑战，这一产业格局使得天津、河北与北京地区传媒产业在发展水平、人才储备、运营能力等方面存在巨大的差距，造成天津、河北很难与北京传媒市场形成产业对接。二是平衡挑战，由于京津冀的传媒产业都集中于北京地区，京津冀之间传媒产业将逐步形成核心—边缘空间格局，虽然在传媒核心产业区——北京，能够实现产业集聚和规模效应，但是随着核心区的不断发展，核心区与边缘区的差距会越拉越大，最终会在边缘区形成传媒产业的荒漠。

（二）京津冀传媒产业协同发展的行政化限制

长期以来我国的传媒产业承担着政府宣传的责任，逐渐形成了"条块分割"的格局。所谓"条"是指按照媒介的形态不同，由各部门实行中央、省、市、县的四级纵向管理；所谓"块"是指按照行政区域的不同，各地的传媒产业受当地政府部门的横向管理。正是由于条块分割的传媒产业格局，决定了我国传媒产业规模小、垄断高、效率低的产业现状。"条块分割"的传媒产业格局使区域性的垄断成为我国传媒产业的重要特征。正是这种区域性的垄断，使得京津冀各地的媒体也呈现行政化色彩明显，北京的媒体要想打入河北、天津市场几乎不可能，而河北的媒体要想进入京津地区也不现实。京津冀各地的媒体受到行政区划限制，已经形成了三个高度垄断和相互独立的地区市场，无论哪一个媒体想要跨越行政区划限制进入其他市场，都会受到当地媒体的联合抵制以及当地政府的限制。例如 2014 年南方报业传媒集团将《新京报》49% 产权转让，作价 2.94 亿元，接收方为北京市委宣传部指定的北京市国有文化资产监督管理办公室。原本由光明日报主管、光明日报和南方报业主办的《新京报》，今后将变更为北京市委宣传部主管主办。由此也可以看出，在"条块分割"的传媒市场中，想要实现跨区域经营的困难。与此同时，由于传媒产业不仅为广大受众提供新闻、娱乐等方面的服务，同时还肩负着当地政府喉舌的职能，这也决定了传媒产业不可能像其他产业一样完全市场化运作，必然受到政府和主管部门的限制。例如当年轰动一时的上海广播电视台和宁夏广电总台合办宁夏卫视频道，将宁夏卫视打造成为财经专业电视频道，合作三年，虽然在经济效益和社会效益上都取得了不俗的成绩，但是如何既保证专业财经频道的质量，又照顾省级卫视的宣传功能，始终是困扰双方的一个问题，最终双方的合作在 2013 年 7 月被政府叫停。①

（三）京津冀传媒产业协同发展缺乏顶层设计

2012 年 12 月，京津冀三地文化部门签订了《京津冀三地文化产业协同发展战略合作备忘录》；2014 年 8 月，三地政府又在天津市签署了《京津冀三地文化领域协同发展战略框架协议》；2015 年 4 月，京津冀三地的文化产业园签署了《京津冀文创园区协同发展备忘录》，表明京津冀文化协同逐

---

① 吴玉玲：《我国广电媒体跨区域发展模式研究》，中国传媒大学出版社 2014 年版，第 39 页。

步开始由政府部门引导走向文化企业的积极参与。这些协议的签署，表明京津冀三地文化领域的合作已迈出坚实的一步，体现了三省市响应国家号召，从京津冀整体利益出发，对推动三地文化协同进行了积极探索并取得初步成果。但是，京津冀三地政府签订的各类协同发展的协议、备忘录中存在几个突出问题：一是三地缺乏专门传媒产业规划，从三地政府层面已经达成的各个意向来看，多以文化产业为主，例如《京津冀三地文化领域协同发展战略框架协议》涉及的多是公共文化服务、文化演艺、动漫游戏、艺术品业、民俗节庆、文化旅游等内容，而作为文化产业核心层的传媒产业的合作则并未提及，也反映了现阶段三地政府层面缺乏在传媒产业的专门规划，不利于京津冀传媒产业的协同发展；二是三地缺乏固定沟通机制，从现有京津冀签署的协议可以看出，既有以各省市文化部门发起的协议，也有以各地文化企业发起的协议，但是并没有在京津冀形成从省级政府、文化部门、新闻广电部门和媒体共同参与下的协同发展体系和固定沟通机制，阻碍了京津冀传媒产业协同发展的步伐；三是三地协同发展缺乏执行力，从已经签署的各项协议、备忘录的内容来看，内容中合作意向多、原则多，缺乏对于具体合作事项的规定，这使得合作落地困难，难以取得满意的成果。

（四）京津冀传媒产业协同发展的深度不足

京津冀传媒产业的协同发展最早起于 2006 年 4 月，今晚报、燕赵都市报、辽沈晚报、齐鲁晚报、大连晚报等环渤海 29 个城市 32 家主流媒体共同主办的"首届环渤海主流媒体广告协作体"成立，并签署了《环渤海主流媒体广告协作体章程》。随后，2011 年 1 月，由天津电视台、河北电视台、内蒙古电视台强强联合创办的跨地区专业化电视购物频道"三佳购物频道"正式开播，为天津、河北、内蒙古三省区市的一亿消费者提供电视购物服务。同年11月，河北出版传媒集团与北青传媒正式签订合作协议，共同注资对《河北青年报》进行建设。

京津冀现有合作存在以下特点：一是合作层次较低，京津冀媒体间的合作大多是以成立协作体、共同注资、合办等形式进行的区域传媒合作，处于产业协同发展的低级阶段，难以实现传媒产业在空间上的集聚，从而形成规模效应降低媒体的生产成本，形成范围经济降低媒体的交换成本，最终在区域内形成有竞争力的区域媒体，对区域外的媒体形成竞争力；二是合作内容单一，现有的京津冀传媒产业的合作内容，大多仍以媒体内容资源、广告资源、客户资源的共享为主，仍处于简单媒体资源的交换，而在涉及人才资源、资本资源、市场资源等较复杂资源的合作上仍然较为缺乏；三是合作区域不够全面，现有的传媒产业合作大多是河北与天津合作、河北与北京合作，很少能够看到京津冀三地间都参与合作的案例，这从一个侧面反映出在京津冀传媒产业合作中河北最为积极，且与京津的互补效应更强，而京津间由于产业发展阶段相近，彼此存在一定的竞争关系，因此双方在合作上存在一定隔阂。

（五）京津冀传媒产业的资源流动不畅

北京的传媒产业实力无论从人才储备、管理水平、资本实力等方面都远高于天津和河北，但是北京是城市经济，发展空间有限，"大城市病"日趋严重。天津拥有较为完善的传媒产业链和较为成熟的传媒市场，具备承接北京传媒产业

"过剩产能"的能力和受众市场；河北省则具有环京津、沿渤海的区位优势，产业体系较为完整，自然资源和劳动力资源丰富，是北京非核心功能疏解的主要承接区域。然而，因受传媒产业"条块分割"的行政区划的限制，造成对传媒人才和好项目、大项目的阻隔，市场要素、创新资源很难自然流动起来，不利于整个京津冀传媒产业资源的畅通流动和协同发展。

以人才资源流动为例，传媒产业是人才密集型产业，人才是传媒产业发展的重要资源。但是，由于目前我国传媒产业中以报纸、电台、电视台、出版社等为主的传统媒体，仍然实行"事业性质、企业管理"，使得我国的传媒产业中依然大量存在强调员工身份的"身份管理"型人力资源管理，在一定程度上阻碍着传媒产业的发展，也严重地影响着区域性传媒产业的跨区域发展。由于我国传统传媒是实行企业化管理的事业单位，必然就会有事业编、企业编之分，同时随着广电传媒产业的发展壮大还会有大量的临时性员工出现。为了方便管理、减少矛盾，我国各级广电传媒都会实行折衷的"老人老办法，新人新办法"的政策进行管理。①

---

① 罗以澄、张春朗：《区域性广电传媒如何"跨区域"发展》，《今传媒》2009年第 11 期。

第五章　构建京津冀传媒战略
联盟的机遇与挑战

第一节　构建京津冀传媒战略联盟的必要性与可能性

一、构建京津冀传媒战略联盟的现实意义

京津冀传媒战略联盟，是在京津冀区域经济一体化的大背景下，借助战略联盟这一战略手段，有效规避传媒产业"条块分割"的政府规制，通过区域内不同媒体间组建战略联盟，打通区域内媒介资源流动通道、推动区域经济一体化进程、促进跨区域、跨产业融合发展、扭转传统媒体的经营困境，最终实现服务区域内市场经济，打造传媒产业集群的共同目标。

（一）打通京津冀媒体资源流动的渠道

京津冀三地传媒产业发展，基本符合弗里德曼的"核心—边缘"分布格局，如何打破三地间媒体资源流动的壁垒，实现媒体资源从核心区向边缘区的扩散，成为打开京津冀传媒产业协同发展的关键。我们首先要认清造成京津冀各地传媒产业发展不均衡的原因：一是京津冀各地政治经济地位的不平等。在京津冀三地，北京是国家首都，具有特殊的政治地位，国家级媒体都集中于此，无形中使北京的传媒产业发展具有先天的优势；天津市是直辖市、北方经济中心、重要

港口城市，直辖市的特殊地位为天津传媒产业发展提供了相对充足的广告市场和人才储备，且天津立足本土相声文化、海滨文化、民国文化等文化资源，传媒产业发展较为发达且独具特色；河北省虽然在京津冀面积、人口、经济总量都最大，但是在与北京、天津相比中，由于政治地位的不平等，使得河北经济发展更多地以服务京津为主，且多以钢铁、煤炭等能源型工业为主，第三产业发展并不充分，而传媒产业则由于存在"条块分割"的状况，在各地市均建有报纸、电台、电视台等，存在重复建设、地域垄断的问题，在省内难以形成强有力的传媒集团。二是京津冀各地媒体资源流动存在壁垒。由于媒体肩负着宣传职责，这也决定了媒体受当地政府一定程度的管制。由于媒体的特殊产业特性，使京津冀媒体资源受行政资源限制被固定在本地传媒市场中，跨区域的媒体资源流动会被视为对行政管辖权的挑战，这就使得因空间阻隔而产生的交易成本和空间成本限制了媒体资源禀赋优势的发挥，经济活动不可能随资源要素的禀赋状况而均匀分布或随机地散布，而是集中在一定的空间范围里。

区域传媒战略联盟，正是打破京津冀传媒产业资源流动壁垒，实现区域均衡发展的有效途径。区域传媒战略联盟是立足于区域经济一体化，以区域市场为着力点，其既不同于市场交易，也不同于企业内部交易，其是介于市场与企业之间的一种中间组织。区域传媒战略联盟为京津冀的媒体搭建了一个合作共赢的平台，由于联盟不是企业并购，可以在保持各媒体独立性的基础上进行合作，充分实现媒体资源在区域各地间的充分流动；由于联盟不是市场交易，其可以利用联盟的协商机制来降低交易费用，实现企业的规模效应和范围效应。因此，区域传媒战略联盟的平台效应，有利于促进京津冀媒体的资本、人才、品牌、技术的自由流动，绕开传媒产业的条块分割壁垒，实现传媒核心区向边缘区的扩散效应。

（二）推动京津冀经济协同发展的重要力量

2014年2月26日，习近平总书记在北京主持召开座谈会并发表重要讲话，全面深刻阐述了京津冀协同发展战略的重大意义、推进思路和重点任务。可见，京津冀协同发展已经上升为我国的重大发展战略。区域经济一体化的发展有利于在区域内形成统一传媒市场，打破传媒市场的行政壁垒，促进传媒产业的均衡发展。区域经济一体化与区域传媒产业是相互促进的关系。区域经济一体化可以促进区域传媒产业的发展，区域传媒产业作为区域经济的重要组成部分，也有利于区域经济一体化的发展。区域传媒战略联盟作为区域传媒产业发展的重要路径，在推动京津冀经济一体化过程中，主要体现在三个方面：

一是区域传媒战略联盟为区域经济一体化提供信息支持。信息时代的到来，信息网络的高度发达促使区域间和区域内各部分之间社会经济的相互依赖性加强，决定一个区域或城市发展的不再是区位、产业、资源，而是对信息的占有、获取能力及信息流的畅通程度。卡斯泰尔在《信息化城市》一书中对新的信息发展模式迅速改变着区域与城市的空间结构和形态进行了详实的论证。[1]也就是说，作为信息生产、发

---

① 转引自王斌：《传媒业空间形态演化研究》，中国人民大学出版社2010年版，第50页。

布的传媒产业，在未来区域经济一体化过程中具有不可忽视的地位，而区域传媒战略联盟正是依托区域空间，对区域内的媒介资源进行整合，在区域内提升媒体对信息的生产、发布的能力，进而提升区域与城市的信息占有、获取能力；区域传媒战略联盟打通区域内的媒体资源流动通道，进而提高区域内信息流动能力。因此，区域传媒战略联盟提升区域信息能力，促进区域经济一体化的重要手段。

二是区域传媒战略联盟为区域经济一体化打造新的增长点。传媒产业作为文化产业的核心层，涵盖了报纸、电台、电视台、图书出版、网络媒体、手机媒体等众多产业，是经济增长中不可或缺的组成部分。现阶段，经济下行对区域和产业都形成了压力，构建新的增长点是经济发展的必由之路。随着京津冀生态环境治理压力的增加，以低污染、高收益的第三产业作为经济的新增长点，无疑成为该区域内各地政府发展的主要方向。在 2014 年三地产业结构中，北京第三产业比重达 77.9%，远超全国水平；天津第三产业比重达49.6%，首次超过第二产业比重；河北第三产业比重为37.3%，低于同期全国水平。可见，京津冀第三产业发展水平不平衡，天津、河北的发展潜力巨大。传媒产业作为第三产业的支柱之一，传统媒体经济增长受到了前所未有的挑战，报纸、电视台、电台的广告收入都有一定程度的下滑。因此，想要在区域经济一体化下将传媒产业打造为新的经济增长点，需要借助区域传媒战略联盟，通过跨地区、跨行业的战略联盟，激活传统媒体的增长活力，降低交易成本、实现规模经济、范围经济，开拓传统媒体发展的蓝海，打造区域经济的全新经济增长极。

三是区域传媒战略联盟为区域经济一体化提供协调机制。在城市有机体的系统中，媒体被比作为"神经系统"，作为桥梁的角色而存在的，起着沟通和传递作用，根植于城市特有的生活方式，是城市生态中能作用于城市各个层面的力量。区域经济一体化不仅仅是经济层面的一体化，而是涉及政治、经济、文化、社会等综合性系统性的工程。在京津冀，北京是首都文化、政治文化，天津市商业文化、海滨文化，而河北则兼具着众多文化。因此，如何在区域内建立有效的协调机制，直接关系着区域经济一体化的进程。区域传媒战略联盟在区域文化协调上具有十分积极的作用，一方面能加快各地文化沟通，区域传媒战略联盟正是不同区域内媒体与媒体、媒体和其他组织的联合，本身就是区域各地文化融合的表现，在联盟内共同打造新闻栏目、宣传各地风土人情，能够更好的促进区域内各地文化的交流和相互尊重；另一方面促进各地文化融合，大众传媒尤其是新媒体的特点就是大众参与程度较高，这就为区域内各地受众更好地了解、认识、尊重其他地方文化提供了良好的交流平台，有利于促进区域内文化的大融合、大发展。

（三）实现传媒产业跨区域发展的有效途径

传媒产业作为国家"软实力"的重要组成部分，在对外传播上具有举足轻重的作用。在美国，以时代华纳、维亚康姆等为首的传媒集团，已经完成了跨地域、跨业态的发展阶段，形成了稳定的寡头产业格局，成为美国价值观的有力传播者。而在我国则缺乏能够与欧美国家相抗衡的传媒集团，这是由于长期以来我国"条块分割"的传媒产业格局造成的，媒介资源分散且难以流动，存在着重复建设和资源浪费现象。每个地区都有报纸、电视台、电台、杂志社、出版社等，基本上都拥有一整套采、编、播、技术及行政后勤机构，"麻雀虽小五脏俱全"，人员流动性不足，管理费用居高不下。行业内各单位之间几乎没有明确的分工，存在着各地电视台同时播着同一部电视剧、各路人马抢着同源新闻、节目样式严重同质化、有线网络画地为牢各自为政等现象，无法形成宣传合力和规模效益。① 因此，组建具有国际竞争力的传媒集团，不仅是我国增强国际影响力、掌握国际舆论话语权的重要手段，也是传媒产业内部避免资源浪费、高效发展的内在要求。由于传媒产业肩负地方政府宣传工作的职责，且我国传媒"事业性质、企业管理"的属性，使得传媒产业的地方保护主义较为明显，短时间内我国还很难实现跨区域的传媒并购，进而建立跨区域传媒集团。基于这一客观事实，区域传媒战略联盟无疑是提升我国媒体竞争力、实现跨区域、跨行业发展的一种创新尝试。在不改变属地管理的前提下，区域传媒战略联盟可以将不同区域内的媒体借助联盟形成一个平台，在这一平台上的媒体可以共享资金，共同购买热播电视剧，分担购剧费用，例如 2010 年，河南各城市电视台间的"城市协作体"，郑州电视台每年出资 1000 多万，其他十七家电视台根据人口多少出资 200—400 万元不等，18 家城市电视台全年拿出 5000 多万元拼抢电视剧大片首轮播映权，每年能够与省级卫视同步播出 10 余部有影响力的电视剧②；

① 余晓曼：《广电传媒跨区域合作的探索与实践》，《西南民族大学学报》（人文社会科学版）2010 年第 10 期。
② 李明：《"协作体"：城市电视台困局下的发展之路》，《中国记者》2011 年第 5 期。

可以共享广告市场，组建广告联盟，联合招商引资，为客户提供更加优惠的广告价格和更加广阔的广告市场。例如国内第一个区域报业联盟，即由陕、甘、宁、青、新五省（区）五家都市报——三秦都市报、兰州晨报、新消息报、西海都市报和新疆都市报共同发起并成立了"西北五省（区）省级都市报互动联盟"，就是从广告经营活动入手，以培育、开拓和开发西北广告大市场为基本切入点；可以共享内容生产资源，共同打造内容栏目。例如深圳广电集团联手桂林广播电视，组建"深桂广播电视合作体"，合办桂林人民广播电台旅游音乐广播和桂林电视台科教旅游频道，在宣传管理、节目制作、队伍建设、广告经营等方面全面合作。由此可以看出，区域传媒战略联盟有利于不同区域内的媒体，借助联盟平台共享内容、人才、资金、技术、广告市场等媒介资源，实现联盟的规模经济、节约交易成本，在传媒产业跨区域发展过程中具有一定的借鉴意义。

（四）实现传媒产业融合发展的创新手段

2014年8月，中央改革小组第四次会议提出了《推进传统媒体和新兴媒体融合的意见》，成为加快推进传媒产业融合发展的号角。"融媒体"一时间成为传统媒体转型实践中的重要方向。融媒体的核心是融合，是在新媒体技术下传统媒体与新媒体的融合，大多的融媒体实践都是以传统媒体内容为基础，借助新媒体技术实现融合与互动。在传媒产业融合中，传统媒体作为内容生产商，而新媒体则被视为改变媒介形态的介质，也就是内容的新媒体渠道。但在实践过程中，传统媒体在融合发展过程中，由于在新媒体领域缺乏必要的技术、人才、经验，造成传统媒体的融合发展之路并不顺利，例如在京津冀传统媒体所办网站中，天津四家传统媒体共同主办的北方网在中国网站排名 389 位，而河北日报主办的河北新闻网排名 5054 名，河北电视台主办的河北广电网排名66778 名。可以看出，传统媒体在进行融媒体尝试过程中，单单依靠自身的技术、人才、经验，远远达不到预期的效果。

2016 年 7 月，国家新闻出版广电总局印发的《关于进一步加快广播电视媒体与新媒体融合发展的意见》通知中，提出了"努力寻求广播电视与政务、商务、教育、医疗、旅游、金融、农业、环保等相关行业合作与融合的有效途径，积极参与智慧城市、智慧乡村、智慧社区和智慧家庭建设。加快建立跨区域融合服务平台，推动全行业融合型服务业务协同共进"。"探索跨区域资源整合和资源共享的运行方式，实现新媒体业务的集约化、规模化。借助社会力量加强融合项目的技术研发和市场开拓。"在国家新闻出版广电局颁布的这一通知中，我们可以看出将广电媒体与其他社会力量合作进行新媒体融合发展的思路。而区域传媒战略联盟正是顺应了政府发展融媒体的要求。区域传媒战略联盟类型之一的非竞争性战略联盟，就是不同行业或同一行业不同领域的媒体进行合作的模式，合作双方可以借助联盟获取互补性资源，传统媒体可以借助与新媒体进行联盟，获取其新媒体技术和人才，而新媒体则可以获取内容资源，双方以较低的交易成本，共同打造融媒体，实现联盟的目标。

二、 构建京津冀传媒战略联盟的机遇

（一） 区域经济一体化的发展趋势

经济全球化和区域经济一体化已经成为当下世界经济发展的主要趋势，党的十八大以来，我国政府也将区域经济一体化作为未来经济发展的重要方向。区域经济一体化的浪潮使得国内行政区划经济概念正被打破，泛珠三角、长三角、京津冀等区域经济协作组织纷纷崛起，这是工业化、城市化、市场化带来的必然趋势。经济社会一体化、大融合必然带来信息一体化的需求，这就为传媒产业的大联合、大发展创造了条件。我们应该敏锐地捕捉这个历史性的机遇，跨区域整合资源，优势互补，走联合发展之路。传媒产业作为文化传播的主要载体，在发挥自身媒介特性和社会功能来实现文化的交流、互动与融合方面担负着义不容辞的责任，必须融入区域经济一体化中去，服务并推动区域经济的发展。①

京津冀协同发展必然会带来区域内经济文化更加频繁的交流，打破区域间的市场壁垒，实现区域的分工和协作，为区域的产业集群化发展铺平道路。京津冀协同发展的深入推进，是区域传媒战略联盟发展的难得历史机遇。一是区域经济一体化为联盟提供了统一市场。随着京津冀协同发展的不断深入，区域内企业合作、人员流动的日益频繁，将最终形成区域市场，而区域市场的形成是区域传媒战略联盟发展的经济基础，统一的区域市场有利于区域传媒联盟形成统一广告市场、促进人才自由流动、提高传媒技术合作；二是区域

---

① 钟家伟：《城市广电的跨区域合作新路径》，《声屏世界》2009 年第 9 期。

经济一体化为联盟打破了行政区划壁垒。区域经济一体化的深入推进，将在行政和市场的双重力量推动下，区域间对媒体资源流动、人才交流、资本投资、技术合作等方面的限制将逐步取消，有利于区域内媒体通过联盟实现分工协作，减少重复建设，促进媒体资源在区域内的自由流动，整合区域媒体资源，进行跨区域经营，最终形成以区域品牌媒体为龙头的跨区域的传媒集团。以经济圈为基础，以中心城市为龙头，实现大经济区域的政治经济文化信息流通，带动相关经济区的传媒产业的发展，逐步建立起一个既相互联系与协作，又各具特色的传播空间系统。① 三是区域经济一体化有利于联盟实现规模经济。传媒产业是规模经济，只有达到一定的规模才能获得较好效益。区域经济一体化打破了传媒产业的"条块分割"格局，利用区域传媒联盟在区域内联合更多的媒体，可以在更大范围内实现专业化分工，有效地降低各种传媒内容产品的成本，并且能够在传媒广告产品议价中掌握更大的话语权。联盟既可以扩大媒体的边界，实现规模经济，又可以避免因规模过大导致的"组织失灵"，使规模经济与竞争活力的兼容，在一定程度上缓解了"马歇尔冲突"问题。②

（二）国家政策的大力支持③

我国政府历来都十分重视传媒产业的发展，2001 年，中

---

① 王斌:《传媒业空间形态演化研究》,中国人民大学出版社 2010 年版,第 53 页。

② 金雪涛:《传媒企业战略联盟的类型及形成动因》中国传媒经济(第一辑) 2004 年版。

③ 郭全中:《中国传媒跨区域合作的机遇与挑战》,《新闻前哨》2013 年第 3 期。

央宣传部、国家广电总局、新闻出版总署《关于深化新闻出版广播影视业改革的若干意见的通知》（即 17 号文），进一步明确了要积极推进媒体集团化改革，组建跨地区、多媒体大型新闻集团的目标；2001 年国家广电总局在《关于广播影视集团实行多媒体兼营和跨地区经营的实施细则》中明确指出，"选择若干具备条件的省、区、市广电集团及广播电台、电视台进行跨地区经营试点"；2004 年 2 月，又出台了《关于促进广播影视产业发展的意见》，鼓励以资产和业务为纽带，整合广播和电视经营性资源，推进广播电视经营性资源的区域整合和跨地区经营；2004 年 9 月，国家广电总局第 37号令第二十三条再次明确规定："广播电台、电视台可以跨地区合办经批准设立的广播电视频道或栏目"；① 2009 年 7月，国务院通过了《文化产业振兴规划》，明确提出推动跨地区、跨行业联合或重组，培育骨干文化企业；推进有线电视网络、电影院线、数字电影院线和出版物发行的跨地区整合，繁荣城乡文化市场。随后，商务部、证监会、中国人民银行等部委也出台了一系列支持政策，为文化企业拓宽融资渠道，多渠道获取金融支持，推动跨地区、跨行业联合或重组提供了强有力的政策支持。② 2010 年新闻出版总署发布的《关于进一步推动新闻出版产业发展的指导意见》中，明确了鼓励和支持新闻出版骨干企业跨媒体、跨行业、跨地区、跨国界和跨所有制重组，在三到五年内，重点培育六七家资

---

① 余晓曼：《广电传媒跨区域合作的探索与实践》，《西南民族大学学报》（人文社会科学版）2010 年第 10 期。

② 罗以澄、姚劲松、王声平：《战略联盟：中国报业成长绕不开的话题》，《中国媒体发展研究报告》2012 年第 5 期。

产超过百亿、销售超过百亿的国内一流、国际知名的大型新闻出版企业，努力打造具有国际竞争力的跨国出版传媒集团。这些文件为中国传媒业的整合奠定了理论依据，为传媒行业的大发展注入了政策活力，带来了传媒跨区域整合的新一轮热潮。根据国家统计局《文化及相关产业分类》，传媒产业属于文化产业的核心层，必将受相关政策红利扶持，得到长足发展。京津冀区域一体化和传媒产业上的政策推动，将为京津冀区域传媒战略联盟的建立提供良好的政策环境。2013年11月，党的十八届三中全会审议通过《中共中央关于全面深化改革若干重大问题的决定》，明确提出"推进文化体制机制创新"，并强调要"推动文化企业跨地区、跨行业、跨所有制兼并重组，提高文化产业规模化、集约化、专业化水平"。这些政策为传媒产业实现跨区域、跨产业、跨所有制发展指明了方向，具有重要意义。

（三）城市群的高速发展

作为经济增长的重要引擎，城市群已经成为衡量一个国家或地区经济发展水平的重要标志。城市群往往集外贸门户职能、现代化工业职能、商业金融职能、文化先导职能于一身，成为经济最发达、效益最高的地区，具有发展国际间联系的最佳区位优势，是产生新技术、新思想的"孵化器"。国家"十三五"规划指出："要发挥城市群辐射带动作用，优化发展京津冀、长三角、珠三角三大城市群，形成东北地区、中原地区、长江中游、成渝地区、关中平原等城市群"。传媒是城镇化的产物，也就是说传媒的发展与城市的发展息息相关。就以我国报纸的发行总量来看，占全国城市总数比例5.5%的36个城市，报纸的发行量占到了全国的62.2%，其中四个直辖市就拥有全国五分之一的报纸。① 城市经济又是区域经济的重要组成部分，城市与区域内的其他部分相比，具有聚集性、产业结构高级化和开放性的特点，使得城市成为区域经济发展的核心推动力量。因而，城市化的发展水平就成为衡量区域经济发展水平的显著标志。

京津冀协同发展准备打造"一轴两带"的格局，"一轴"，即京津发展轴，"两带"分别是滨海经济带和京广北段经济带，进而建立世界级的城市群。京津冀城市群的打造对于区域传媒战略联盟有两方面推动作用：一方面，为联盟的发展提供了足够的市场。城市人口规模不断扩大而产生的聚集效应为媒体的发展提供了可以生存的土壤。正如帕克所描述的："大城市的增长，已经大大扩大了读物的出版规模。这种读物在乡下曾经是奢侈品，在城市里已变成为必需品。在城市的范围里，人们的读和写几乎同说话一样是生活的必需，这就是有如此多的外语报纸的原因。"② 城市群作为区域经济的核心，既为传媒产业发展提供了众多的广告客户，也提供了广阔的受众市场，即提升了区域传媒联盟的市场边界。另一方面，为联盟发展提供了集群条件。城市群的聚合效应，由于城市具有区位、交通、科研、资金等方面的优势，加之传媒产业是人才密集型产业，城市在传媒产业集聚上具有明显优势，英国的舰队街、北京的呼家楼等传媒产业集聚无不在城市中形成。京津冀城市群的形成，将为区域传媒战略联

---

① 王斌：《传媒业空间形态演化研究》，中国人民大学出版社2010年版，第27页。

② 转引自余建清：《我国区域传媒产业发展研究》，武汉大学博士2009年学位论文，第58页。

盟提供形成产业集群的有利条件。

（四）数字技术的日新月异

随着科学技术的日新月异，先进的计算机技术、电子集成技术、通讯技术、互联网技术迅速在传媒领域渗透，传统的媒体技术逐步转变为数字化媒体技术。传媒产业在数字媒体技术上的突破，具有划时代的意义。数字化媒体技术不仅是对传统媒体技术的数字化改造，而是对传统媒介技术在制作、传输、发射、接收等整个生态系统的彻底颠覆。在工业经济时代产业边界分明的传统媒体，在数字化媒体技术的冲击下已经逐渐模糊，传媒产业、电信产业、互联网产业间已是"你中有我，我中有你"，传媒产业与其他产业间的融合时代已经带来。数字媒体技术的日新月异对于区域传媒战略联盟来说，主要带来了两方面的机遇：

首先，数字化技术下联盟突破区域限制。区域传媒战略联盟成立的重要动因就在于突破传媒产业"条块分割"的地域限制，而数字化传媒技术为区域传媒联盟实现这一目标提供了全新的渠道。报纸媒体，可以借助数字化技术，将报纸内容数字化后发布于新闻网站或手机新媒体中；广播媒体，可以借助数字化技术，通过网络收听电台节目；电视媒体，可以借助数字化技术，将电视节目在网络、手机播出。数字化媒介技术使传统媒体，借助互联网平台讲内容迅速传播到世界各地成为现实，突破了区域对传统媒体的限制。但是，媒体自身在数字技术和网络渠道上的不足，使媒体网络化尝试并不成功。这就需要媒体能够借助联盟，与互联网企业合作，利用互联网企业的渠道优势和技术优势，将传统媒体的内容资源利用数字化技术实现跨区域传播。

其次，传媒产业数字化价值链逐步形成。数字化媒体技术的发展，使广电网、电信网、互联网间的界限消失，三网融合成为未来传媒产业发展的方向。三网融合不仅指电信网、电视网、互联网三网物理层面的融合，更是电信、广电、互联网三大产业业务层面的融合。面对三网融合的大背景，传媒产业虽然在内容生产上具有优势，但是在渠道技术、终端用户等方面缺乏经验。这就需要媒体借助区域传媒战略联盟，在区域内寻找合适的联盟伙伴，由媒体负责内容生产与播控平台建设，由电信企业负责通信技术、终端用户控制，由互联网企业负责网络渠道和网络平台建设，通过战略联盟共享内容和平台资源，形成全新的数字化传媒产业价值链。

第二节 构建京津冀传媒战略联盟的挑战

一、宏观层面： 构建区域传媒战略联盟面临体制机制的挑战

党的十八届三中全会提出了传媒产业的跨地区、跨行业、跨所有制发展，成为我国传媒产业发展的里程碑。但是，由于我国传媒产业现行的"事业单位、企业化管理"的二元体制，以及条块分割、平行结构的传媒产业布局，加之三网融合后不同部门的多重规制，无疑都给区域传媒战略联盟的发展蒙上了一层体制机制的阴影。

（一）二元体制导致市场主体不明

传媒产品具有公共和市场二重属性。就公共属性而言，纯粹的公共物品是指每个人消费这种产品不会导致别人对该

产品消费的减少，即它们具有在同一时间可以使多个个体得益的特征。由于传媒产品的对象是社会大众，且内容产品不会因他人的观看、收听、阅读而影响其他人的消费，不存在消费的拥挤现象，具有非竞争性。因此，报纸、电台、电视台、图书、互联网等媒体都具有满足公共物品的部分条件，属于"准公共物品"。正是"准公共物品"的属性决定了传媒产品不同于一般的商品，需要政府一定程度的规制，与此同时，由于传媒产业具有向大众传播信息的功能，其还需承担政府对外宣传国家方针政策，引导社会舆论的职能。媒体的广告是其重要经济收入，广告消费遵循谁投资谁收益的原则，具有收益的排他性，随着传媒产业内竞争的日益加剧，这使得媒体需要投入到市场竞争中去，售卖产品进而实现经济效益，这也决定了传媒产业的市场属性。

正是由于传媒产业的双重属性，进而决定了媒体"事业单位、企业化管理"的二元体制。政企分开、产权明晰、法人权责健全、承担有限责任、科学管理是现代企业制度的基本特征。由于媒体大多是国家投资建设的，其产权归国家所有，无论是人事任免权、所有权、经济自由权都由属地的党和政府掌控，这也决定了媒体的企业化管理难以真正实现。媒体的事业性质，使大多数媒体的领导层均由主管宣传部门提出任免意见，且多为政府官员担当，这也使媒体"官本位"色彩较浓，造成传媒资源配置效率较低，应对市场变化的适应能力较差。

媒体的二元体制不仅造成其在参与市场竞争中，产权不明晰、政企不分、管理效率低下等问题，也是其市场主体模糊的原因。这种体制对于区域内媒体构建战略联盟造成诸多困境：一是联盟双方地位不平等。媒体的二元体制，使得媒体间的联盟变得更为复杂，由于媒体均具有行政级别，无论是强弱联合还是弱弱联合，都必须在政策和市场之间寻求一个平衡。二是联盟双方合作需考虑政府因素。由于媒体喉舌的性质，联盟双方无论在合作内容、形式、层次上都需要充分考虑政府因素。例如曾经轰动一时的湖南卫视与青海卫视、上海东方传媒集团与宁夏卫视的合作，在取得了不错的社会和经济效益后，正是由于当地政府对省级卫视政府宣传能力的质疑，最终遭到当地政府的叫停。三是联盟间难以实现人才流动。事业单位性质决定了人员难以流动交叉，在京津冀传媒战略联盟中，对于河北媒体来说，媒体专业人才更为匮乏。在战略联盟双方达成合作关系后，一方面联盟单位力图起用并培养自己的专业人才、吸纳和引进大量年轻并富有朝气的媒体人，另一方面又必须受到事业单位原有用人机制的影响。如何在合作的频道、公司中平衡好人员的"吐故"与"纳新"之间的关系，使频道、公司人员精简，高效运作，直接关系到联盟的成功与否。四是联盟在跨国发展中需考虑意识形态因素。传媒产业的意识形态属性，决定了其在与国外传媒集团进行合作时需要更多的考虑政策风险对于国际合作联盟的影响。如果一旦超越了政策所允许的范围，势必会遭到相关国家主管部门的禁止，造成国际合作联盟的解体。因此，在进行国际传媒集团之间合作时，政策风险是至关重要的影响因素。例如2002年湖南广电集团同新闻集团旗下的星空电视签署了合作框架协议，双方初步达成了在电视节目生产、版权交换等方面的全面合作意向。两大集团的合作在当时引起了轩然大波，因为在当时的政策规定国内媒体是不允许与国外媒体共同生产电视节目的。因此，在新闻发布会的最后，湖南广电集团负责人不得不补充说，双方的签订的只是框架，其中并没有实质性内容。

（二）跨区域、跨媒体发展受阻

学者刘洁在《中国媒介产业布局与产业区域联合》一文中，对我国传媒产业的布局进行了深刻的分析，总结出三个方面的基本特点：一是井字结构；二是平行结构；三是倾斜式结构。首先，井字结构。主要是指我国传媒产业按照"条块分割"，形成四横四纵的井字型结构。四横是指报纸、广播、电视和网络四种主要媒介形式，按照归口管理分属于不同的管理部门；四纵是指按照中央、省、市、县四级，使各个媒体隶属于不同级别的地方政府。虽然现在报纸、广播、电视已经都归属于国家新闻出版广电总局，但是全国条块分割的基本格局并没有改变。其次，平行结构。主要是指我国传统媒体间跨媒体经营长期受到禁止，直到 2001 年才由政府相关部门放开政策，发展至今，传统媒体间的融合程度仍处于较低水平。最后，倾斜式结构。主要是指由于我国地方经济发展水平的差异，造成我国传媒产业在空间布局上的不平衡，基本呈现东部中西部不平衡、城市与农村不平衡、中心城市与中小城市不平衡的局面。

现阶段，我国传媒产业布局的现状，使得我国传媒产业呈现出条块分割、地区封锁和城乡分离的市场格局，各地传媒产业重复建设严重，逐步形成"小而全"的封闭垄断传媒市场，形成各地市场壁垒和行业间的壁垒，给传媒战略联盟的跨区域、跨行业的合作带来困难。首先，地方市场壁垒对联盟跨区域合作的制约。现行传媒格局造成了省级媒体对本地区新闻传播和广告经营的垄断，而垄断必然造成外地媒体进入这一市场的门槛被抬高，市场壁垒高起，加大了传媒跨区域经营的成本和难度，即使借助联盟进行合作，打破了已有的垄断局面，但随着联盟或合作的深入发展，各方所得利益与总体利益的均衡成为维护各方合作关系的关键因素。在利益分配面前不可能做到完全整齐划一，有可能出现结盟后某方所得的利益并不比结盟前多的现象，这些因素必然会导致媒体之间在利益分配方面的众多矛盾。[①] 其次，平行结构对联盟跨行业合作的制约。现行的平行结构，使得我国传统媒体间缺乏合作的制度环境，报纸与电台、报纸与电视台、电台与电视台间仍然存在较大的产业壁垒，即使合作也仅限于联盟成员间内容产品的共享，无法真正突破产业壁垒，实现跨产业全方位的融合，进而组建集新闻出版、电视台、电台为一体的大型传媒联盟，实现集约化、规模化发展。最后，倾斜结构对联盟均衡发展的制约。在京津冀，中心城市与中小城市不平衡发展的倾斜式结构十分明显，北京在这一区域内占据主导地位，而天津、河北则与之差距较为明显。京津冀传媒产业发展的巨大差距，造成其传媒产业间由于处于不同发展阶段，而难以设定共同的合作目标，且传媒产业的转移与对接，也由于传媒人才的缺乏而无法实现。

（三）媒体融合受到多重规制

在媒介融合大背景下，我国媒体纷纷调整发展战略，将

---

① 白芳芹：《1+1>2理论在省级媒体跨区域合作中的实质性突破》，《中国广播电视学刊》2010年第8期。

媒介融合作为未来媒体发展的方向。例如上海东方传媒集团旗下的子公司百视通公司（BesTV），早在 2005 年就将信息网络技术的发展作为首要工作，其 IPTV、互联网电视等集成播控平台处于世界领先水平，已经出口法国、意大利、西班牙、印尼等多国市场，取得了不俗的业绩。除了拥有强大的技术研发能力，依托上海东方传媒集团（SMG）的内容资源，百视通公司已经累积了 30 万小时版权的优质内容资源。截止到 2011 年底，百视通已经与 20 多个城市电视台合作，其 IPTV 对接用户已经接近 1000 万户，百视通公司在国内 IPTV 业务领域，无论是技术还是内容版权上都首屈一指。正当百视通公司准备在 IPTV 市场大有作为的时候，广电总局发布 43 号文《广电总局关于 IPTV 集成播控平台建设有关问题的通知》规定，IPTV 全国集成播控平台分为总平台和分平台两级，其中总平台由中央电视台运营，这使得百视通不得不转变发展战略，与中央电视台进行合作共同组建央视百视通合资公司，共同开发 IPTV 业务。通过百视通公司的案例，可以看出在媒介融合这一传媒产业大转折过程中，由于媒体受到政策的影响较大，这就需要媒体对国家政策拥有一个良好的风险研判。

在媒介融合发展过程中，不仅传媒产业内部的相互制约和政府规制，还有来自电信行业、互联网行业的政府多重规制。在传统产业分立的情况下，规制内容和方式是为了适应各个产业的特点而设立的，并且由不同的规制机构负责监督实施。中国电信业和互联网的主要规制机构是工信部，而有线电视网的主要规制者是国家广电总局。对于融合的业务来说，将面临不同规制机构的多重规制。例如网络电视 IPTV，作为 ICP（网络提供商）受到信息产业部的规制，作为 ISP（内容提供商）网上视听节目，又受到国家广电总局的规制。众多政府部门的多重规制，无疑将对区域传媒战略联盟的发展造成全新的挑战。

二、中观层面：京津冀传媒战略联盟打造产业集群的挑战

在学术界，对产业集群的阐释众说纷纭，受到普遍认同的观点是迈克尔·波特基于竞争力理论提出的观点，其认为产业集群是在一个特定区域的一个特别领域，集聚着一组相互关联的公司、供应商、关联产业和专门化的制度和协会，通过这种区域集聚形成有效的市场竞争，构建出专业化生产要素优化集聚洼地，使企业共享区域公共设施、市场环境和外部经济，降低信息交流和物流成本，形成区域集聚效应、规模效应、外部效应和区域竞争力。[①] 由此可以看出，产业集群是企业间为了实现集聚效应、规模效应、外部效应和区域竞争力而在空间区域上的集聚。传媒产业作为第三产业中的创意产业、文化产业，属于知识密集型和人才密集型产业，其在产业集聚过程中与传统产业集聚存在着显著差别。传媒产业集群是指大量的专业化产业或相关性、支持性的媒体以及机构，在一定范围内柔性集聚并结成合作创新网络。传媒产业集群呈现的更多的是其网络化、跨产业、跨区域、创新性等特征，其最终目的与传统集群一致，为了实现集聚效应、规模效应、外部效应和区域竞争力的提升。由此可以看出，

---

① 迈克尔·波特：《竞争论》，高等第译，中信出版社 2003 年版，第 1 页。

传媒产业集群的基本内涵、特征与意义，与区域内传媒战略联盟实现规模经济、外部经济和竞争力提升的目标不谋而合，加之都将"空间"因素作为重要考量标准，传媒产业集群是以空间上的集聚为依托，而区域传媒战略联盟也以区域作为限定要素，由此，这也决定了产业集群是区域传媒战略联盟发挥作用的重要途径。但是，目前来看京津冀传媒战略联盟在打造产业集群上存在一定的挑战，主要包括：

（一）我国京津冀传媒战略联盟的产业集群存在唯市场论风险

从现有的产业集聚理论来看，多暗含着"市场万能"的前提假设，也就是在高度自由的市场经济体系下，产品和服务的生产与销售完全由自由市场的价格机制所引导，而不是主要由国家行政引导。这样的理论假设，在以工业为基础的传统产业或许奏效，而对于以生产准公共产品为主的传媒产业，并不一定适用。我国传媒产业具有公共属性和市场属性的双重属性特征，决定了传媒产业除了具有市场属性外，由于其生产的新闻产品要面向社会公众，具有"准公共物品"的属性，使传媒产业具有一定的公共属性，关系着整个社会的舆论导向，因此需要受到政府的监管。同时，由于我国的大多数媒体属于国有性质，这也决定了媒体承担着党和政府的宣传阵地的职责。习近平总书记在党的新闻舆论工作座谈会上，更是强调"做好党的新闻舆论工作，事关旗帜和道路，事关贯彻落实党的理论和路线方针政策，事关顺利推进党和国家各项事业，事关全党全国各族人民凝聚力和向心力，事关党和国家前途命运。"由此，可以看出，我国传媒产业集群不仅要重视市场经济因素，更要重视舆论导向与宣传职能。因此，我国传媒产业集群发展过程中，在借鉴西方产业集聚理论的基础上，要充分考虑我国的基本国情，充分认识我国传媒产业的舆论引导和宣传职能，发展具有中国特色的产业集群理论，科学指导我国传媒产业集群发展，而不是一味照搬西方的理论体系。

（二）京津冀传媒战略联盟的产业集群水平较低

2006 年 4 月，今晚报、燕赵都市报、辽沈晚报、齐鲁晚报、大连晚报等环渤海 29 个城市 32 家主流媒体共同主办的"首届环渤海主流媒体广告协作体"成立开始，正式开启了京津冀传媒战略联盟的序幕。但是经过十年的发展，京津冀传媒战略联盟的集聚水平仍然处于较低水平。主要表现在：

一是空间集聚水平较低。京津冀媒体的联盟大多是以成立协作体、共同注资、合办等形式进行，处于产业协同发展的低级阶段，尚未实现传媒产业间相关联企业在空间上的集聚，从而形成规模效应降低媒体的生产成本，形成范围经济降低媒体的交换成本，最终在区域内形成有竞争力的区域媒体，对区域外的媒体形成竞争力。

二是区域内集聚发展阶段较低。根据东北师范大学华正伟博士对于创意产业集群空间结构模式的划分，根据发展程度由低到高，分为集核式空间结构、点轴式空间结构、网络式空间结构。京津冀传媒产业集群仍处于产业发展早期的集核式空间结构，大多数媒体会选择区位条件相对较好的城市来发展，充分利用现有文化资源和发展条件，并抓住机遇，成为区域性增长极。同时，由于投资收益率相对较高，对周边的资金、劳动力、技术等要素集聚产生吸引力，产生区域生产要素的极化效应，从而成为真正的增长极。[①] 北京就是最早产生传媒产业集群的城市，而相对于增长极之外的区域，则属于传媒产业的欠发达地区，而在这一空间结构中，增长极的极化效应会越来越明显，扩散效应并未显现，造成核心区与边缘区间的差距越来越明显，这是现阶段京津冀区域内传媒产业集群所面临的另一难题。

（三）京津冀传媒战略联盟的集群主导主体单一

现阶段，京津冀传媒产业集群更多是一种自上而下的行政命令主导，政府通过划定文化产业园区，将媒体迁入园区，同时引入高校或科研机构，政府在产业集群过程中始终处于主导地位，这样难免会存在政绩冲动及"拉郎配"等现象，这也直接导致当前中国传媒产业集群存在着"空心化"和"房地产化"等风险。[②] 我国媒体大多属于国有性质，同时兼具公共性和市场性双重属性，政府理应在传媒产业集群中占据主导地位。但是政府如果对传媒产业集群过度干预，则会违背基本的市场规律，不利于传媒产业集群的可持续发展。例如布里斯班创意产业区（Creative Industry Precinct，简称 CIP）仅仅经过十多年的发展，就成为与美国纽约 SOHO 区、英国伦敦西区齐名的世界三大创意产业集聚区，被业界人士誉为创意集群的"昆士兰模式"。昆士兰模式实质是一种由"产官学"共同合作而形成的园区发展模式，目的是搭建一个集人才培养、创意产业研究和创意产业实践等多功能的发

① 华正伟：《我国创意产业集群与区域经济发展研究》，东北师范大学 2012 年博士学位论文，第 64 页。

② 刘洁：《博弈·协调·合作——当代媒介产业与政府关系》，华中科技大学出版社 2006 年版。

展平台。创意产业园区是一个产业、政府和高等教育与研究相互依存的网络。① 在昆士兰模式中，政府无疑也占据主导地位，但是政府主要通过规划、政策引导，资金支持等方式来推动产业集群，而在其中发挥强大支撑作用的是高校和创意企业间的合作，政府更多的是为促进产业集群提供良好的硬件设施和政策环境，保证其规范化运行。借鉴昆士兰模式的经验，在京津冀传媒产业集群中，需要政府和市场"两手都要抓"，政府作为主导力量毋庸置疑，除了要搭建硬件设施、政策扶持、资金支持外，要充分调动高校或科研单位、媒体及相关产业的主观能动性，尊重客观市场规律，在政府、高校、媒体多方的共同努力下，努力促进"产官学研"共同合作发展，真正实现传媒产业集群的可持续发展。

（四）京津冀传媒战略联盟的集群保障机制缺位

产业集群并非仅仅是企业空间上的简单聚集，而是指大量专业化的产业或相关性、支持性企业以及科研机构、高校等组织，在一定区域范围内形成的柔性集聚与合作创新网络。产业集群更像是生物有机体的种群，集群内的企业和组织并不是孤立的个体，而是经过产业分工协作、差异化竞争和创新知识外溢等一系列有机整合后，形成的复杂群内关系组成的有机的统一体。② 正是由于产业集群柔性集聚的特征，决定了产业集群的发展是一个系统性工程，需要政府、媒体、高校或科研机构、相关企业等多方共同努力，才能保证产业

---

① 崔国，褚劲风：《澳大利亚第三大城市布里斯班创意产业集聚研究》，《世界地理研究》2010 年第 4 期。

② 王雷：《产业集群与区域经济发展》，四川大学 2015 年博士学位论文，第 15 页。

集群发挥经济效用。但是，京津冀传媒战略联盟的集群保障机制仍不够完善，主要表现在：

一是京津冀缺乏传媒产业集群的统一规划。在世界各国对于传媒产业集群的打造中，政府都起了举足轻重的作用。例如澳大利亚昆士兰模式，正是澳大利亚打造"创意国度"国家战略的重要举措，是昆士兰州政府实施"智慧之州"工程、城市改造和教育振兴三大规划项目的重要内容；日本东京的动漫产业集群的形成，正是由于1995年日本政府提出"文化立国"战略，正式把创意产业纳入国家经济发展规划的直接结果。而且东京政府发布了《东京观光产业振兴计划》，将动漫产业确立为重要的地方产业和观光资源，逐渐在东京练马区、杉并区、武藏野、秋叶原等地形成了分工明确，相互关联的产业集群。因此，传媒产业作为创意产业的重要组成部分，政府在传媒产业集群中发挥着举足轻重的作用。但是，现阶段京津冀各地政府并没有形成对传媒产业集群发展的统一规划，造成区域内各地传媒产业发展同质化竞争严重，产业集聚水平较低，难以形成有机的资源整合，使得区域传媒战略联盟大多停留于意向、计划层面，不利于区域传媒战略联盟实现实质性发展。

二是京津冀缺乏传媒产业集群的投融资机制。传媒产业属于资本密集型产业，决定了媒体的发展需要投入较多资金。但是传媒产业轻资产、高风险等特性，这使得媒体大多没有可作为抵押的厂房、原材料、机器设备等固定资产，使得传统金融机构基于风险和收益的不确定，往往不愿意对其进行信贷资金支持，这也成为制约传媒产业做大做强的重要因素。虽然京津冀各地都普遍建立了文化创意产业资金支持措施，例如早在 2011 年河北省财政厅就发布了《河北省文化产业发展引导资金使用管理办法（试行）》。但是无论是资金规模，还是资金使用范围上，单纯由政府支持的资金仍难以满足传媒产业集群发展的需求。因此，可以借鉴国外传媒产业资金投融资经验，充分调动民间资本的积极性，由政府主导成立多元投资主体投资的传媒产业基金，为传媒产业集群提供多元化的投融资渠道。

三是京津冀缺乏传媒产业人才培养和流动机制。人才是创新的源泉，是文化创意产业形成和发展的核心要素。世界各国的传媒产业集群都十分重视人才的作用，都力争通过各种渠道来培训、培养和吸引人才。比如美国通过采取新的教育政策和移民政策提供各种创新人才的供给水平，促进世界优秀人才向自己国家转移；韩国以构建全球化的定居环境来吸引国外优秀人才长期居留，并开展高水平的大学教育等。[①]虽然京津冀的各地政府正在加紧推动三地人力资源和社会保障改革，签署了一系列促进三地人才自由流动的协议，例如2016 年，京冀签署了《推动人力资源和社会保障深化合作协议》，两地居民可在认定的 9075 家定点医疗机构实现医保异地结算；京津冀三地签署了《专业技术人员职称资格互认协议》，三地实现了人才的职称互认。但是如何真正提高天津、河北对北京高端人才的吸引，打破传媒人才自由流动的壁垒，仍然需要三地政府加强合作，完善人才培养和流动机制。

四是京津冀缺乏传媒产业知识产权保护机制。传媒产业

---

① 云军:《我国传媒产业集簇高端化发展研究》,湖南大学硕士 2013 年学位论文,第 29 页。

是高度创新的产业，是以知识产权的创造、运营为核心竞争力的产业。但是我国现有法律法规对传媒产业的知识产权保护中仍然存在一定的不足，例如《有缘非诚勿扰》和《我们约会吧》两档节目，就因为节目模板的抄袭问题进行了长期的争论，由于我国目前《著作权法》中并未将电视节目模板作为知识产权加以保护，使得最终抄袭争论不了了之。与此同时，随着网络技术的发展，网络知识产权侵权案件高发，但是由于网络侵权主体难以确定，加之证据收集难度较大，也使得网络知识产权保护成为当下阻碍传媒产业发展的一大难题。这就需要政府部门加强产权交易市场的监管与服务，加大对文化领域知识产权侵权行为的惩治力度，构建完善有序的知识产权保护体系，才能为传媒产业的健康发展和产业集群的实现提供良好的知识产权保护环境。

三、微观层面：构建京津冀传媒战略联盟良性运作流程的挑战

（一）联盟合作稳定性的挑战

有关战略联盟的一项统计显示，在考察的 880 个战略联盟的生命周期中，只有 40% 的战略联盟存续时间超过 4 年，只有 15% 的战略联盟存续时间超过了 10 年。① 由此我们可以看出，战略联盟的不稳定性，一直是困扰战略联盟发展的重要难题。战略联盟作为介于市场和企业之间的"中间组织"，其本身就是两个或两个以上独立经济实体组建的合作平台，

---

① 皮埃尔·杜尚哲、贝尔纳·加雷特：《战略联盟》，李东红译，中国人民大学出版社 2006 年版，第 11 页。

战略联盟的开放性决定了其不可能像企业内部各个事业部一样稳固。战略联盟的基础是联盟成员间存在共同的合作目标，如果一旦合作目标完成或不可能实现，都将导致联盟走向终结。当战略联盟的共同战略目标提前完成，如果不能有新的战略目标提出，双方将没有继续合作下去的必要；与此同时，联盟如果根本难以实现既定的战略目标，往往会成为制约各自发展的障碍，走向终结也将成为必然。

（二）联盟合作伙伴选择的挑战

众多战略管理学者认为，战略联盟的伙伴选择直接决定着战略联盟的成败。虽然战略联盟失败的原因有很多，但糟糕的联盟伙伴是其中最为重要的一个原因。[①] 按照尼尔·瑞克曼的观点，成功的合作伙伴关系有三个要素：贡献、亲密和远景。贡献是指联盟伙伴可以提供给联盟的核心资源，创造的有价值的成果；亲密是指联盟成员间的信任、沟通的程度；远景是指联盟成员共同的战略目标。只有具备了以上三个基本因素的联盟伙伴，才能保证联盟的成功。区域媒体建立联盟过程中，普遍存在联盟伙伴错选和合作范围过大的问题。

首先，联盟伙伴错选。联盟伙伴错选，往往出现在区域媒体纵向合作联盟中。比如在电视媒体产业链中，由内容资源生产、内容集成播控平台、内容传输服务平台、广告营销增值服务、用户终端互动服务共同组成。"牌照＋内容＋平台＋渠道＋终端"的模式成为决定未来电视行业走向的重要

---

① 陈黎琴：《企业联盟的实现方式研究》，经济管理出版社 2008 年版，第 178 页。

资源。现阶段，许多广播电视台没正确认清自身所处的产业链位置，盲目选择联盟伙伴，使其难以发挥自身优势资源实现对整条价值链的掌控。因此，在进行伙伴选择过程中，要根据自身在整个产业链中的竞争优势，合理地选择联盟伙伴。

其次，合作范围过大。合作范围过大，大多出现在区域媒体跨产业战略联盟中。多元化发展战略已经成为区域媒体实现范围经济、发现利润增长点的重要发展战略。由于区域媒体往往缺乏其他行业背景的人才和经营经验，与其他行业企业通过建立战略联盟进入该行业成为降低成本和风险的重要手段。但是，也需要警惕合作范围过大，分散媒体对核心业务的注意力。区域媒体的跨产业战略联盟能力明显偏弱，多元化经营领域虽然广，但是所占收入的比例不高，往往出现区域媒体被迫退出联盟，致使联盟被合作伙伴收购的局面。湖南广电集团一直以来将多元化发展作为集团发展的主要方针。1999 年以来通过两次融资，通过与不同行业的企业建立联盟，触角延伸至旅游、地产、投资咨询、会展等多个领域，但是这些非相关多元化业务，不仅分散了其核心业务的竞争优势，而且由于缺乏其他产业的经营经验，难以很好的管理庞杂的业务，并未获得预期的经济效益。

（三）联盟管理机制的挑战

大量联盟失败的案例说明，大多数战略联盟的失败都存在联盟管理机制不到位的原因。战略联盟"中间组织"的特征，决定了联盟是一种网络式的松散组织，其内部存在市场和行政的双重机制。因此，联盟的管理不可能像企业一样进行自上而下的行政命令管理，需要联盟成员间通过运行一个科学有效的管理机制来维持联盟的正常运行。① 在区域媒体非竞争性战略联盟的管理机制主要存在联盟合作流于形式、联盟文化难以融合、联盟信任危机等方面的问题：

首先，联盟合作流于形式。区域传媒战略联盟的合作形式主要有实体联盟和虚拟联盟两种形式。实体联盟是指联盟双方通过投资股权的方式，设立一个经济实体为联盟共同的战略目标而独立运作；虚拟联盟是指联盟双方仅仅通过订立契约的方式建立联盟，联盟合作的运行主要依靠双方信息网络和临时性的平台沟通实现。现阶段，区域传媒战略联盟大多采取虚拟联盟的合作形式。虚拟联盟虽然具有灵活性强的特点，但是其缺乏一定的经济实体作为联盟的支撑，联盟仅仅停留在依据合作协议和章程行事决策，没有完善的规则和具有执行力的准则，这不利于联盟的稳定性发展。而且虚拟联盟使得大多数联盟难以进行实质性合作而流于形式。

其次，联盟文化难以融合。企业文化是一个经济组织在经历长时间社会实践过程中，逐渐形成的贯穿于整个企业内部的共同意识、价值观念、职业道德、行为准则的总和。不同企业拥有不同的企业文化，企业文化是一个企业核心竞争能力的重要方面。区域传媒战略联盟运作过程中，由于非竞争性战略联盟来自不同的行业或不同的领域，企业文化千差万别，企业文化的难以融合将会直接导致联盟成员间出现"文化隔阂"，产生信任危机，最终联盟走向解体。

---

① 陈黎琴：《企业联盟的实现方式研究》，经济管理出版社 2008 年版，第 169 页。

第三，联盟信任危机。"在 100 多年的合作背景下，作出这样的决定不是轻而易举的。这样决定的原因是因为我们之间的相互信任和尊重的基础已经被严重破坏。"这是美国凡士通公司董事会主席约翰·兰普正式通知福特汽车结束长达 100 年的世纪"婚姻"的一段话。① 由此，我们可以看出信任对于战略联盟的重要意义。战略联盟本身就是建立在信任基础上的合作组织，信任是消除联盟成员机会主义的前提，如果一旦双方的信任被破坏，那么联盟也将走向终结。目前，我国区域媒体战略联盟在管理机制上，并没有注意到信任机制建立的重要性，信任并没有被当做一种机制加以规定，这就造成联盟成员间难以真正信任对方，使得我国战略联盟稳定性普遍较差，联盟生命周期较短。

（四）联盟利益分配的挑战

互利共赢、优势互补是战略联盟得以建立的主要动机。战略联盟借助联盟资源的共享性，以较低的交易成本利用联盟伙伴的核心竞争资源和能力，从而创造出额外的经济利益。但是，联盟成员利用战略联盟这一"中间组织"获得的额外经济利益并不是均等的。由于不同联盟成员对联盟的贡献和地位不同，通过联盟所获取的经济利益也将会存在差别。区域媒体在进行战略联盟利益分配过程中主要存在联盟贡献难以衡量、缺乏利益分配机制等问题。

首先，联盟贡献难以衡量。区域媒体借助战略联盟进行经营过程中，由于其自身的核心竞争资源大多是内容资源、

---

① 陈黎琴:《企业联盟的实现方式研究》,经济管理出版社 2008 年版,第 163页。

版权资源、人才资源、品牌资源等一系列无形资产，难以对区域媒体的资源拥有一个量化的标准。媒体无形资产占总资产比重高、分量重，这构成了传媒产业特殊的资产结构。因此，区域媒体在战略联盟利益分配过程中所获得的收益远低于其对于联盟的贡献，这将打击区域媒体进行战略联盟的积极性。例如成都传媒集团与中国移动四川分公司建立的战略联盟，双方将在广告、渠道、内容、活动等多个方面进行紧密的战略合作，成都传媒利用旗下《成都日报》《成都商报》《成都晚报》以及成都人民广播电台、成都电视台、先锋系列期刊等品牌媒体的优势内容资源，结合中国移动在移动传播渠道上的优势，将区域媒体的资源借助战略联盟移植到手机等终端上来，开发"中国移动无线音乐基地"等全新的手机媒体产品。[①] 但是，我们也不难看出成都传媒集团在进行战略联盟过程中，主要以提供内容资源为主，而内容资源作为无形资源难以量化统计，同时也忽略了采编内容资源所需要付出的人力成本，这就难免会使媒体在战略联盟中利益分配不平衡的问题。与此同时，这一联盟是以中国移动打造"无线音乐基地"手机媒体产品为主的联盟，联盟的核心资源由中国移动掌控，一旦当这一产品开发成熟以后，联盟的开放性使得联盟完全可以接纳与其他传媒集团进行合作，扩大内容资源的广度。作为最初内容资源提供方的成都传媒集团，将逐渐"沦落"为中国移动"无线音乐基地"这一联盟系统中的内容提供方之一。

---

① 李文学等：《四川移动携手成都传媒集团推广元无线音乐产品》，《通信与信息技术》2007 年第 5 期。

　　其次，联盟缺乏利益分配机制。通过对我国大量区域媒体战略联盟案例的分析，其中绝大多数战略联盟并未对联盟利益分配进行明确的规定。究其原因，主要是由于区域传媒战略联盟的治理结构以契约式联盟为主，这就造成联盟缺乏一定的经济实体，不涉及股权参与，联盟成员间关系不正式，联盟各方的协调管理存在较大的不确定性。由于联盟治理结构不确定性的特点，造成区域传媒战略联盟普遍缺乏利益分配机制，这也为将来联盟的健康发展埋下了隐患。即使是联盟成员以股权式治理机构建立战略联盟，其利益分配体制也仅是简单的以双方股权比例为利益分配基准，缺乏一定的科学性。区域媒体作为传媒产业的重要组成部分，其本身具有传媒的产业特性，在进行利益分配过程中需要充分考虑区域媒体的品牌价值、人力资源价值等一系列问题，从而建立一套符合区域媒体发展的利益分配机制。

第六章　宏观：区域传媒战略联盟的制度创新

第一节　区域传媒战略联盟政府规制的现状

一、区域传媒战略联盟政府规制的现实意义

（一）规制的基本概念和特征

"规制"（Regulation）一词，有规定与管理的意思，也有法规条例的意思。近几年，一些论文将"Regulation"一词译为"规制"，大多是受到日本学者植草益的观点影响，他认为"通常意义上的规制，是指依据一定的规则对构成特定社会的个人和构成特定经济的经济主体的活动进行限制的行为"。[①] 另外，"Regulation"一词在《新帕尔格雷夫经济学大词典》中被译为"管制"。陈富良等人则采用了更为模糊的处理办法，即在论及计划经济体制时，使用政府管制；在论及市场经济体制时，使用政府规制。在实践中，我国政府部门使用较多的是"监管"一词，相关的新建监管机构的名称也都采用了"监管"的称谓。从我国官方对"监管"一词的使用来看，政府是从广义角度来理解监管的，监管的主体基本上包括了所有的行政机关，监管的领域跨越了政府宏观调

---

① ［日］植草益:《微观规制经济学》，朱绍文、胡欣欣等译，中国发展出版社2002年版，第1页。

控与市场微观监管两个领域。

对"Regulation"一词而言，规制、管制、监管三种译法都对。但是"管制"一词大多是计划经济时代下的管理方式，"监管"则更加侧重于市场经济条件下的市场主体，而对于传媒产业这样既具备市场属性，还具备公共属性的产业则不太适用。因此，根据我国传媒产业的特点和实际，"规制"一词更加适合来概括政府处理与市场、社会及其自身行为关系的原则与要求。

政府对传媒行业的规制，即政府对传媒行业具体行为主体活动的控制，主要包含三个方面：规范与制约、管理与监督、治理。三者之间并非平行关系，而是一种循序渐进的关系。

一是规范与制约，主要是指政府通过制定法律和规章制度来约束和规范经济主体的行为，接近于人们一般理解的"监管"一词，但同时包含了更明确的规则意识与控制能力。也就是全国人大、政府、国家新闻出版广电总局等规制主体，通过制定法律和规章制度，对传媒行业所进行的一切限制和监督活动。二是管理与监督。政府对市场主体以及社会主体的管理。接近于行政学理解的一般性行政管理行为。对于传媒行业而言，主要是指各级传媒管理部门、各级宣传部门按照现有法律法规，利用行政权力对传媒行业进行日常管理，监督违法违规行为。三是治理。这是在规范与制约、管理与监督的基础上，政府转变传统体制下单一主体地位，构建政府与行业具体行为主体的良性互动关系，更加突出行业行为主体自身的独立性与市场力量的发挥，增强社会性力量的参与与约束；同时，也暗含着政府职能的转变，在传统监督管理的基础之上，政府将致力于提供更多的一般性的公共物品与公共服务。① 对于传媒行业而言，就是立法部门和政府在做好法律法规制定、日常管理监督的前提下，尊重市场经济规律，充分发挥媒体的积极性，增强社会力量促进传媒行业健康发展的贡献，为广大群众提供更加丰富多彩的传媒产品。

（二）区域传媒战略联盟政府规制的理论依据

我国的传媒行业具备双重属性，即既具有市场属性，也具有公共属性，这也决定了其会受到政府规制。区域传媒战略联盟的发展，需要跨越行政区划的限制，实现传媒业跨区域、跨行业发展，其中最大的障碍来自于地方与行业的利益冲突。因此，如何突破局部利益的限制，成为政府规制的焦点。与西方国家政府规制不同的是，我国政府规制不是因为市场失灵加强行政干预，而是因局部利益形成的行政干预过多，阻碍了传媒的跨越式合作与发展。正因如此，需要政府部门能够借助规制，减少行政干预，规范政府行为，突破地域、部门界限，尊重市场经济规律，培育和发展真正市场主体。区域传媒战略联盟之所以需要政府规制，主要是因为：

首先，政府规制有利于维护公共利益。媒体所"生产"的产品具有双重属性，即商品属性和公共属性，这是由其产业特性所决定的。一些传媒产品按其性质可分为广告产品和内容产品，广告产品是将传媒受众的"注意力"售卖给广告

---

① 郭海英：《传媒行业政府规制体制研究》，南开大学 2013 年博士学位论文，第 25 - 26 页。

主，具有商品属性；而内容产品，如电视、广播等则属于非排他性、非竞争性的"准公共产品"，具有公共属性。具体来说：

纯粹的公共物品是指每个人消费这种产品不会导致别人对该产品消费的减少，即它们具有在同一时间可以使多个个体得益的特征。其具有三方面的基本特征：一是效用的不可分割性，也就是其所提供的物品或服务是由全体社会成员共同享用的，不能将其分割分别由部分人群享用；二是消费的非竞争性，公共物品不会因为多一个人享用而损害其他人享用的质量和数量，每增加一个消费者所带来的成本基本为零，也不存在消费中的拥挤现象；三是收益的非排他性，也就是在技术上无法将拒绝付款的个人排除在使用或收益范围之外。同时满足上述三个特征的产品，被称为纯粹的公共物品。比如广播和电视，所传播的信号其效用不能分割也不能在技术上进行控制，任何人在任何地方都能够免费收听、收看到，且无需支付任何费用，也不会影响其他人收听、收看的质量，而部分传媒产品并不能满足作为"纯粹公共产品"的全部条件，例如报纸、杂志、有线电视都具有效用分割性和技术上的排他性，如果不购买报纸、杂志或有线电视服务，就难以享受到这些传媒产品或服务。但是就媒体传播的内容而言，具有非竞争性，一旦传媒内容产品生产出来，无论多少受众使用或分享，都不会再次增加内容产品的成本。与此同时，作为大众传媒，报纸、杂志、广播、电视、网络、新媒体等媒体所生产的"新闻产品"，其首要任务是向社会公众提供信息，尽可能将新闻告知给更广泛的群体，实现信息最大限度传播的目的。新闻一旦传播开来，即使没有付费的群体也能够通过人际传播等方式获得信息，而无需支付额外的费用，且不存在侵权问题。因此，媒体所生产内容产品中的"新闻产品"，具有一定限制的效用的不可分割性、收益的非排他性以及非竞争性，因此属于"准公共产品"。

因此，传媒内容的公共物品属性，决定了其涉及全体社会成员的利益，如果仅依靠市场进行配置，有些媒体可能会为了利润生产危害社会公共利益的内容，这就需要政府规制传媒行业，要求其对符合公共利益的新闻信息主动提供，以满足社会公众对新闻产品的需求。

其次，政府规制有利于引导社会舆论，传媒行业具有较强的外部性。所谓外部性，是指在买卖双方的经济交易中产生但是不由销售者或购买者、生产者或消费者双方而由第三方承担的成本或收益。① 外部性分为两类：正外部性，即对其他厂商、消费者或社会所产生的没有报酬的有利影响；负外部性，即对其他厂商、消费者或社会所产生的不承担成本的不利影响。当一种产品或活动具有外部性时，其价格就与其社会价值发生背离，需要政府规制加以纠正。由于传媒行业具有"准公共产品"的属性，其面向的受众是全体社会成员，因此具有很强外部性。其正的外部效应，需要政府建立某种补偿机制，以刺激媒体正的外部效应行为，或直接由政府从事正的外部性活动；其负的外部性，需要政府加强规制，

---

① ［英］柯林·霍斯金斯、斯图加特·麦克法蒂耶、亚当·费恩等：《媒介经济学：经济学在新媒体与传统媒介中的应用》，支庭荣、吴非译，暨南大学出版社2005年版，第232页。

以消减负的外部效应。① 传媒行业的外部效应主要表现在：

正的外部性。主要表现在主流媒体所举办的宣传社会主义核心价值观的新闻和栏目，例如中央电视台的《感动中国年度人物》《3·15晚会》等节目，对于改善社会风气，传播社会正能量，提高受众自身素养，起到重要的作用。但是，此类节目虽然对整个社会具有积极意义，但是由于具有公益性质，节目的制作费用大多由媒体自己承担，社会获得额外的收益但并未支付相应的成本。长此以往，当媒体无法承担成本时，就会使媒体对于此类活动缺乏必要的动力。这就需要政府通过规制，给予对社会产生正的外部效应，宣传社会正能量的传媒产品进行适当财政补贴，给予相应政策扶持，进而抵偿此类活动的成本，促进媒体发挥正的外部性的积极性。

负的外部性。与正外部性相对的，则是个别媒体片面强调经济利益，一味追求低俗、黄色、暴力等内容的传媒产品，或是为某些利益集团代言，向社会公众提供虚假信息、过时信息、错位信息，此类传媒产品不仅浪费稀缺的媒体资源，而且会对社会公众产生消极影响，使受众承担带来的不良后果。因此，对此类负的外部效应的传媒产品需要政府规制来对其进行监督和处理，为社会公众提供一个良好、正能量的媒体环境。

最后，政府规制有利于推动传媒产业集群的构建，从享誉全球的"昆士兰模式"，到日本的"文化立国"政策，再

① 强月新、黄晓军:《中国大众传媒合作竞争论》，人民出版社2011年版，第272－273页。

到韩国的《文化产业振兴基本法》，从现在世界范围内的传媒产业集群现状来看，政府通过转变传统体制下单一主体地位，构建政府与产业具体行为主体的良性互动关系，突出媒体主体的独立性，并充分发挥市场的力量，增强社会性力量的参与与约束，已经成为促进传媒产业集群重要方式之一。在京津冀，传媒产业中已出现了如北京 CBD 国际传媒区、天津国家数字出版基地、河北出版传媒集团出版产业创新工程等产业集聚案例，从中可以看出政府在传媒产业集群过程中起着举足轻重的作用。政府规制对产业集群的影响主要体现在：一是宏观上，政府可以为传媒产业集群的发展提供良好的政策环境，还能够运用财政、税收、信贷等经济杠杆为传媒产业集群提供经济支持；二是微观上，由于我国大多数媒体仍然属于国有性质，且肩负着宣传党和政府方针政策，正确引导舆论的责任，政府可以利用行政命令对传媒产业集群进行"治理"，尤其是在传媒产业园区的整体发展思路、产业引导、市场保护、扶持大企业集团等方面发挥巨大的作用，同时也可以为媒体跨区域、跨产业发展充当协调员的作用。因此，政府规制是促进传媒产业集群最为迅速、有效的方式。

二、 区域传媒战略联盟政府规制的现实条件

我国政府始终十分重视传媒行业的发展，对传媒行业的规制也不是一成不变的，而是随着国家经济发展水平和国家政策的转变发生着变化，尤其是改革开放以来，我国已经形成了一套较为完善的传媒行业政府规制体系。

（一）区域传媒战略联盟政府规制的发展历程

1. 传媒行业恢复和重建时期（1978 年—1991 年）

表6-1　传媒行业恢复和重建时期的政府规制

时间	发文部门	文件名称	主要内容
1981 年	中共中央	《关于当前报刊新闻广播宣传方针的决定》	报刊、新闻、广播、电视是党的舆论机关。党的领导部门对所属媒体拥有主要干部的任免权、重大事项的决策权、资产配置的控制宣传内容的终审权
1983 年 3 月	第十一次全国广播电视工作会议	《立志改革，发挥优势，努力开创广播电视新局面》	确定了"四级办广播、四级办电视、四级混合覆盖"的事业建设方针及与之配套的技术政策等一系列改革措施。这对广播电视的改革发展产生了重大影响
1983 年 10 月	中共中央	批转广播电视部党组《关于广播电视工作的汇报提纲》	在中国广播电视事业发展史上起着重要作用的"37 号"文件，确立了我国广电行业管理体制的基本框架

资料来源：作者根据公开资料整理

改革开放以来，为了恢复和重建"文革"期间被破坏的传媒业，也为了减轻国家的财政负担。1978 年，财政部批准了以《人民日报》为首的 8 家全国性报纸实行"事业单位，企业化管理"的双轨制经营管理体制，以缓解经济压力。随后，这一措施成为全国新闻媒体的共识，"事业单位，企业化管理"方针的实行，是包括报纸在内的媒体从完全的计划运作向市场运作的重要转折，也在很大程度上给报纸恢复刊登广告创造了先机。① 随后，1983 年广播电视部的《关于广播电视工作的汇报提纲》，获得了中共中央的批转，确立了广电行业"四级办广播、四级办电视、四级混合覆盖"的基本格局。

2. 传媒行业重新定位时期（1992 年—2000 年）

表6-2　传媒行业重新定位时期的政府规制

时间	发文部门	文件名称	主要内容
1993 年 12 月	中共中央办公厅、国务院办公厅	《关于加强新闻出版广播电视业管理的通知》	按照"控制总量、调整结构、提高质量、增进效益"的原则，促进新闻出版和广播电视业从扩大规模数量为主向提高质量收益为主转变。提出了"三台合一、局台合一"的广播电视机构合并模式，并针对报刊业"小、散、滥"的局面开始整治
1999 年 8 月	中共中央办公厅、国务院办公厅	《关于调整中央国家机关和省、自治区、直辖市厅局报刊结构的通知》	主要内容是要求各种专为报刊划转至党报或报业集团，或干脆撤销，同时各机关在财务上与所办报刊脱钩

---

① 郭海英：《传媒行业政府规制体制研究》，南开大学 2013 年博士学位论文，第 55－56 页。

时间	发文部门	文件名称	主要内容
1999 年 9 月	信息产业部、国家广播电视总局	《关于加强广播电视有线网络建设管理的意见》（国办 82 号文）	这份文件除要求网台分离，电视与广播、有线与无线合并外，还明确提出停止四级办台、"四级变两级"的广播电视改革体制，同时提出组建广电集团

资料来源：作者根据公开资料整理

政府对传媒行业重新定位时期的规制，主要有两方面内容：一是传媒行业经济组织方式的重新定位；二是对传媒市场秩序的重新定位。

首先，传媒行业经济组织方式的重新定位。1999 年 9 月信息产业部、国家广播电视总局《关于加强广播电视有线网络建设管理的意见》（国办 82 号文），首次明确了组建广电集团。传媒集团的组建则是从报业集团开始的，1996 年广州日报向国家新闻出版总署申请组建报业集团开启了组建传媒集团的开端。随后，我国传媒行业掀起了组建传媒集团的热潮，这些传媒集团是由当地党委宣传部领导下，由传媒管理部门进行行业管理的组织形式。但是由于传媒集团定位模糊和体制不顺等问题，2003 年国家广电总局暂停了对广电集团的审批，传媒集团组建的热潮随之散去。

其次，传媒市场秩序的重新定位。针对当时由于过度竞争造成的传媒市场"小、散、滥"的乱象，中共中央办公厅、国务院办公厅分别在 1993 年和 1999 年两次发文，对传媒市场的管办不分、过度竞争的现象进行了规制。全国纳入这次治理的党政部门报刊共有 1452 种，其中停办的有 677 种，划转的有 302 种，实行管办分离的有 310 种，改为免费赠阅的 94 种。① 经过此次综合治理，基本建立了"管办分离"、秩序良好的传媒市场秩序。

3. 传媒行业跨区域尝试时期（2001 年—2008 年）

表6-3　传媒行业跨区域尝试时期的政府规制

时间	发文部门	文件名称	主要内容
2001 年	中央宣传部、国家广电总局、新闻出版总署	《关于深化新闻出版广播影视业改革的若干意见的通知》（即 17 号文）	提出文化体制改革要以发展为主题，以结构调整为主线，以集团化建设为重点和突破口
2001 年	国家广电总局	《关于广播影视集团实行多媒体兼营和跨地区经营的实施细则》	选择若干具备条件的省、区、市广电集团及广播电台、电视台进行跨地区经营试点
2003 年 7 月	中共中央宣传部、文化部、国家广电总局、新闻出版总署	《关于文化体制改革试点的意见》（中办 21 号文件）	将传媒行业按照资源、属性的不同，划分为公益性事业和经营性产业两类

① 丁和根:《中国传媒制度绩效研究》,南方日报出版社 2007 年版,第 8 页。

续表

时间	发文部门	文件名称	主要内容
2004 年 2 月	国家广电总局	《关于促进广播影视产业发展的意见》	鼓励以资产和业务为纽带，整合广播和电视经营性资源，推进广播电视经营性资源的区域整合和跨地区经营
2004 年 9 月	国家广电总局	第 37 号令	广播电台、电视台可以跨地区合办经批准设立的广播电视频道或栏目
2005 年 9 月	国务院新闻办公室、信息产业部	《互联网新闻信息服务管理规定》	提出规范互联网新闻信息服务
2005 年 12 月	中共中央、国务院	《关于深化文化体制改革的若干意见》（中发〔2005〕14号）	强调区别对待、分类指导。公益性文化事业要增强投入、改善服务，经营性文化产业要创新体制、壮大实力
2006 年 1 月	中共中央、国务院	《关于深化文化体制改革的若干意见》	运用市场机制，以资本为纽带，实行联合、重组，重点培育发展一批实力雄厚、具有较强竞争力和影响力的大型文化企业和企业集团并支持其实行跨地区、跨行业兼并重组，鼓励同一地区的媒体下属经营性公司之间互相参股

资料来源：作者根据公开资料整理

政府对传媒行业跨区域尝试时期的规制，具体包括：一方面是鼓励传媒集团实行跨地区跨行业经营。另一个方面是对传媒行业性质的重新划分，通过对文化体制进行改革，强调区别对待、分类指导，划分为公益性文化事业和经营性文化产业。

首先，鼓励跨区域跨行业经营。2001 年，中央宣传部、国家广电总局、新闻出版总署《关于深化新闻出版广播影视业改革的若干意见的通知》（即 17 号文），提出文化体制改革要以发展为主题，以结构调整为主线，以集团化建设为重点和突破口，着重在宏观管理体制、微观运行机制、政策法律体系、市场环境、开放格局五个方面积极进行探索创新，以进一步壮大实力，增强活力，提高竞争力。第一次明确了传媒集团跨地区、跨行业经营。在这一时期，媒体的跨区域发展得到了长足的发展，2001 年 8 月 19 日，国内第一个区域报业联盟正式组建，由陕、甘、宁、青、新五省（区）五家都市报——三秦都市报、兰州晨报、新消息报、西海都市报和新疆都市报共同发起并成立了"西北五省（区）省级都市报互动联盟"。由于这时期，报纸开始进入增速放缓阶段，在 2005 年报纸行业更是出现了"拐点"，导致了整个报业危机意识的觉醒。如何面对新媒体的崛起？如何再续报业的辉煌？这就是"联盟"。区域传媒战略联盟这一战略，无疑为报纸媒体的发展提供了新的利润增长点。

其次，传媒行业性质的重新划分。2003 年中共中央宣传部、文化部、国家广电总局、新闻出版总署《关于文化体制改革试点的意见》（中办 21 号文件）提出分类改革的政策，提出电台、电视台等新闻媒体是重要思想文化阵地，实施国有事业体制，而这些媒体的广告、印刷、发行传输等经营服务部分，可转制为企业，这也成为破除国有媒体"事业单位、企业化管理"二元体制的开端。

4. 传媒行业跨区域发展时期（2009 年至今）

表6-4　传媒行业跨区域发展时期的政府规制

时间	发文部门	文件名称	主要内容
2009 年 7 月	国务院	《文化产业振兴规划》	明确提出推动跨地区、跨行业联合或重组，培育骨干文化企业
2009 年 8 月	国家广电总局	《关于认真做好广播电视制播分离改革的意见》	鼓励节目制作公司联合、兼并、重组，实现规模化、跨区域发展
2010 年 1 月	国家新闻出版总署	《关于进一步推动新闻出版产业发展的指导意见》	明确了鼓励和支持新闻出版骨干企业跨媒体、跨行业、跨地区、跨国界和跨所有制重组
2011 年 10 月	党的十七届六中全会	《中共中央关于深化文化体制改革推动社会主义文化大发展大繁荣若干重大问题的决定》	选择一批改革到位、成长性好的大型国有或国有控股集团公司，加大政策扶持力度，鼓励其以资本为纽带进行跨地区、跨行业、跨所有制兼并重组，推动条件成熟的文化企业上市融资，鼓励已上市公司通过并购重组做大做强

续表

时间	发文部门	文件名称	主要内容
2013 年 11 月	党的十八届三中全会	《中共中央关于全面深化改革若干重大问题的决定》	明确提出，推进文化体制机制创新，并强调要"推动文化企业跨地区、跨行业、跨所有制兼并重组，提高文化产业规模化、集约化、专业化水平"

资料来源：作者根据公开资料整理

　　如果说在上一阶段，是政府规制对传媒集团跨区域、跨行业发展的探索阶段的话，2009 年 7 月，国务院通过的《文化产业振兴规划》，则是我国传媒集团跨区域、跨行业大发展大繁荣的开端。在《规划》中明确提出推动跨地区、跨行业联合或重组，培育骨干文化企业；推进有线电视网络、电影院线、数字电影院线和出版物发行的跨地区整合，繁荣城乡文化市场。随后，商务部、证监会、中国人民银行等部委也出台了一系列支持政策，为文化企业拓宽融资渠道，多渠道获取金融支持，推动跨地区、跨行业联合或重组提供了强有力的政策支持。[①]

　　另外，随着三网融合技术的不断发展和世界传媒发展趋势的要求，2010 年 1 月 13 日，国务院决定加快推进电信网、广播电视网和互联网三网融合进程。从现实意义上看，三网融合将迫使广电加快跨区域整合、网络改造和市场化运作，成为省级媒体跨区域合作发展的重要机遇。同年 1 月，国家

---

　　① 罗以澄等：《战略联盟：中国报业成长绕不开的话题》，《中国媒体发展研究报告》2012 年第 5 期。

新闻出版总署在《关于进一步推动新闻出版产业发展的指导意见》中，也明确了鼓励和支持新闻出版骨干企业跨媒体、跨行业、跨地区、跨国界和跨所有制重组，在三到五年内，重点培育六七家资产超过百亿、销售超过百亿的国内一流、国际知名的大型新闻出版企业，努力打造具有国际竞争力的跨国出版传媒集团。

以上可以看做是政府部门对于传媒产业跨区域、跨行业所提出的战略规划。在党的十七届六中全会和党的十八届三中全会上，在传媒集团跨区域、跨行业发展的基础上，跨所有制发展的提出，则可以视为将来传媒产业发展的方向和目标，具有里程碑式的意义。因此，未来传媒产业必将是跨区域、跨行业、跨所有制发展的时期。

（二）区域传媒战略联盟政府规制的基本格局

学者刘洁（2006）用"井字结构"、"平行结构"、"倾斜式结构"来描述中国传媒市场。[①] 其中，"井字结构"是对行政区域条块分割的生动描述；"平行结构"是指不同媒介形式间的融合程度较低；"倾斜式结构"是指我国区域传媒产业发展的不平衡。学者刘洁对传媒格局的分析中，"井字结构"是对传媒政府规制的描述，而"平行结构"、"倾斜式结构"则更多的是对传媒产业发展情况基本格局的描述。因此，可以看出"井字结构"是对我国当下传媒政府规制的准确定位。而所谓的"井字"是由"条块分割"的政府通过纵向和横向两方面规制所构成的。

1. 总体格局：条块分割、以块为主——以广电行业为例

---

① 刘洁：《中国媒介产业布局与产业区域联合》，《现代传播》2006 年第 3 期。

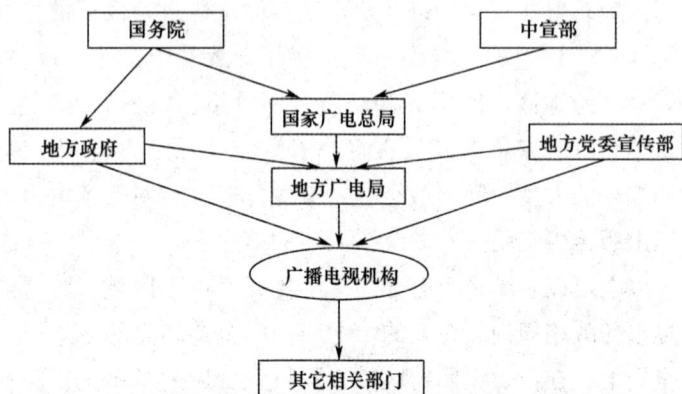

图 6-1　广电媒体规制模式图①

　　所谓"条块结构"，学者周振超曾解释为以纵向层级制和横向职能制相结合为基础，按上下对口和"合并同类项"原则建立起来的从中央到地方各个层级的政府大体上同构的一种组织结构。② 而对于广电媒体而言，通过图 6-1 可以更加直观的看到"条"与"块"对广电媒体规制的分类和分割。

　　广电媒体规制的"条"主要是中央、省、市、县各级对口广电主管部门的纵向管理。国家新闻出版广电总局作为国家政府部门（为国务院直属机构），管理全国的广播电视、新闻出版、电影等事业发展；省、市、县各级新闻出版广电局负责当地的电视事业管理。各地方的电视事业单位与国家广电总局之间是业务上的指导关系。这也就是所谓的"两级管理体制"。广电媒体的"块"主要是各级地方党委和政府

————————

　　① 刘成付：《中国广电传媒体制创新》，南方日报出版社 2007 年版，第 93 页。
　　② 周振超：《当代中国"条块关系"研究》，南开大学 2007 年政治学博士论文，第 2 页。

对所属广电媒体的直接领导和管理，主要管理内容包括领导任命权、机构设置、人员编制、人事权、财政经费等管理权限。

2. 纵向：分级管理、归口规制

广电行业在 1983 年确定了"四级办广播、四级办电视、四级混合覆盖"的事业建设方针，但是由于"四级办台"存在"小、散、滥"，重复建设、浪费资源的弊端；在 1999 年信息产业部、国家广播电影电视总局联合颁布了《关于加强广播电视有线网络建设管理的意见》，要求以省、自治区、直辖市为单位组建公司，地（市）、县相应建立分公司或子公司，统一经营管理广播电视传输业务。因此，我国广电行业从"四级办台"转向了"两级管理体制"。但也由此看出，我国的广电行业实行的是"分级管理、分类规制"的纵向规制结构。所谓"分级管理"就是根据国家、省、市、县等不同行政级别，分别设立不同级别的媒体，例如国家级的中央电视台，也有省级的北京电视台，还有市级的石家庄电视台等，而不同行政级别的媒体由不同行政机构设置的媒体管理机构管理，中央电视台由国家新闻出版广电总局管理，北京电视台则由北京市新闻出版广电局管理，石家庄电视台由石家庄市新闻出版广电局管理。"归口规制"则主要包含两方面含义：一是根据不同类别的媒介形式的"归口"，即报纸、电视台、电台、网络媒体、手机媒体，由于主管部门的不同由不同的归口单位管理，报纸、电视、电台等传统媒体由新闻出版广电总局统一管理，而网络媒体、手机媒体则除了新闻出版广电总局对其内容上把关外，工业和信息产业部也对新媒体的网络准入、安全运行进行监督和管理；二是根据同类别的业务形式的"归口"，传统媒体除了内容上的规制外，其他业务的规制则由不同的政府部门管理，例如广告业务由国家工商行政管理局负责规制；建立传媒产业基地和区域性传媒产业集群则由国家文化部规制；传统媒体的新闻网站、手机 APP 等则由国家工业和信息产业部规制；互联网上的意识形态则由国家互联网信息办公室规制。

3. 横向：双轨规制，统一管理

所谓的"双轨规制"是指我国的传媒行业受到党委宣传部门和政府职能部门的双重规制，其中，党委宣传部门侧重对传媒行业内容意识形态的把握，重点对媒体的舆论引导和宣传职能进行监督和管理；而政府职能部门，则主要对传媒行业进行业务指导和日常管理，包括新闻出版广电总局、文化部、工业和信息化产业部等部门。而"统一管理"则是要求党委宣传部门和政府职能部门，都要受到党委的统一领导，党委对传媒行业具有绝对的主导地位。因此，在国家层面，虽然全国的传媒行业受到中央宣传部和国务院的双轨规制，但是二者最终都要受到中央政治局常委会的统一领导和管理，各级媒体也同样受到当地党委的统一领导。

"条块分割、以块为主"的井字结构规制体系，在纵向上，国家、省、市、县都有不同的媒体和媒体主管部门；不同的媒介形式、媒体不同的业务职能都由不同的管理部门管理；在横向上，党委宣传部和政府职能部门的双轨规制，使得媒体市场分裂为高度垄断的一个个"小版块"。政府规制过于分散，不利于传媒产业的跨区域、跨行业融合，也不利于区域传媒战略联盟的形成。一是规制机构设置分散。我国传媒行业规制机构的设置基本沿袭传统分工模式，与业界不断加深的产业融合现状严重脱节，现有机构设置缺少综合性与全局性，彼此有内在关系的领域或者行业往往被人为分割在不同的规制机构。例如在三网融合的大背景下，广电行业、电信业和互联网行业的管理部门，根据职能分割为几个部门分头管理，使得三个行业难以统一规划，形成真正意义上的融合。另外，传媒行业的内容管理也存在多头管理的局面，意识形态由党委宣传部把关、内容生产由新闻出版广电总局把关、涉及互联网内容则由国家互联网信息办公室负责。二是规制权分散。传媒行业的规制权往往被分割在产业规制机构与其他综合政策部门或者执法部门之间，使传媒行业规制机构的规制权力被严重分割，规制能力受到制约。从规制主体的设定与规制权限划分的角度来看，我国传媒的规制体制是分业多头规制，集混业规制和分业规制的弊端于一身，规制部门多而且职权分配相对分散；规制主体即当运动员又当裁判员，并非严格意义上的传媒规制主体。[1]

第二节　区域传媒战略联盟制度创新的路径

2013 年 11 月，党的十八届三中全会审议通过《中共中央关于全面深化改革若干重大问题的决定》，明确提出"推进文化体制机制创新"，并强调要"推动文化企业跨地区、

---

[1]　郭海英：《传媒行业政府规制体制研究》，南开大学 2013 年博士学位论文。

跨行业、跨所有制兼并重组，提高文化产业规模化、集约化、专业化水平"。这一决定为传媒产业实现跨区域、跨产业、跨所有制发展指明了方向，具有里程碑式的重要意义。随后，2014 年 2 月 26 日，习近平总书记在北京主持召开座谈会并发表重要讲话，明确了实现京津冀协同发展是重大国家战略，提出京津冀协同发展的基本要求。2015 年中共中央政治局又审议通过了《京津冀协同发展规划纲要》，明确了京津冀协同发展的实施要点。这些政策性文件，在推动京津冀区域内传媒跨区域、跨行业发展，组建战略联盟，促进产业集群等方面具有指导意义，为我国区域传媒战略联盟的制度创新提供了基本的政策依据。

一、 区域传媒战略联盟制度创新的改革思路

对区域传媒战略联盟而言，政府规制主要表现在两个方面：一是由于受到"条块分割"的现行传媒格局的限制，跨区域发展仍然受到地方政府部门的排斥；二是由于市场运营主体的不明确，造成媒体在进行跨行业联盟合作时，大多以松散、契约式的联盟形式为主，难以真正形成联盟成员间的股权合作，更无法真正实现传媒产业集群的目标，传媒行业产权不清的问题制约着传媒战略联盟的发展。

（一） 打破传媒跨区域的行政壁垒

2005 年 9 月，湖南经济台和南昌电视台第四套签订了合作意向协议，湖南台注资 2000 万元改组第四套，并由湖南经济台派人出任第四套总监，湖南省委宣传部和南昌市主要领导都出席了签字仪式，但是江西省宣传部和省广电局则宣布此份协议未经有关部门批准，一旦开播将被查处，使得双方

合作夭折。[1] 究其原因，我国"条块分割，以块为主"的井字结构，使得我国各级媒体受到当地政府的严格管控，将我国传媒市场分割为无数个相对独立、高度垄断的媒体市场。地方政府和传媒管理部门为了维护自身的利益，往往会限制强势媒体与本地媒体合作，担心此举会削弱其对本地媒体的控制权和话语权。因此，媒体要想实现跨区域发展，打破传统媒体市场的行政壁垒，成为我国传媒规制改革的重要方向。

（二）打破传媒跨区域发展的身份桎梏

2010 年，上海广播电视台第一财经频道与宁夏电视台综合频道的合作，使得第一财经借助宁夏卫视"上星"的优势，将第一财经的节目资源覆盖全国，也使得宁夏卫视成为一个有财经特色、具有全国影响力的卫视频道。但是当地政府认为合作造成宁夏卫视当地特色不足、宣传职能弱化等原因，使得双方合作最终停止。几乎在同时，湖南卫视和青海卫视也出于相同的原因选择提前"和平分手"，停止了长达三年的合作。[2] 上海广播电视台与宁夏卫视、湖南卫视和青海卫视的跨区域合作，曾被视为跨区域传媒发展的成功案例，但也无法阻挡当地政府对当地传媒的规制。究其原因，作为"准公共产品"的特性，传媒业具有公共属性和政治属性。"事业单位，企业化管理"的方式，使得我国传统媒体不可能像西方媒体那样展开完全的市场竞争，各家媒体核心"身

---

①　强月新,黄晓军:《中国大众传媒合作竞争论》,人民出版社 2011 年版,第283 页。

②　吴玉玲:《我国广电媒体跨区域发展模式研究》,中国传媒大学出版社2014 年版,第 39 页。

份"仍然是作为党和政府的喉舌而存在，受到各级党委宣传部门的领导，重大的经营决策仍需要获得当地宣传部门的首肯。因此，媒体的双重身份成为限制媒体间合作、媒体跨行业合作的"绊脚石"。媒体只有进行产业和事业两分开，将作为政府喉舌和宣传的部分保留事业性质，由政府给予财政支持；将参与市场经营的部分进行转制改企，尊重市场规律，参与市场竞争，才能明确媒体经营主体，充分发掘媒体参与市场竞争的能动性，最大限度发挥传媒战略联盟的战略优势，最终实现传媒产业集群的目标。

二、 区域传媒战略联盟制度创新的基本路径

2016 年 12 月 12 日，河北广播电视台与当代控股集团签订战略合作协议。根据省委宣传部领导指示精神和台党委会的意见，经过公开招募、招标评审等环节，河北广播电视台卫视频道与当代东方投资股份有限公司达成正式战略合作。河北广播电视台与当代控股集团的合作，是国内第一次实现由省级广播电视台和上市公司进行的战略合作，开创了业界先河。在京津冀协同发展的大背景下，在卫视频道和当代东方的共同合力下，此次合作必将实现共赢。河北广播电视台将大力支持卫视团队工作，同时也要求卫视团队规范运营、创新协作，努力把河北卫视打造成业界标杆。当代控股集团与河北广播电视台的深度战略合作，对双方而言都具有十分重要的意义。此次河北卫视与当代东方的传媒战略联盟，正是深化体制改革，明确经营主体，破除行政壁垒的重要举措，为京津冀区域内媒体的大发展大繁荣进行了有益尝试。

（一）加快产权两分开，有序转企改制

现阶段，我国大多数媒体虽然组建了报业集团、广电集团等企业化组织构架，但是其内核仍是"事业单位，企业化管理"的二元体制，存在着媒体产权不明晰、政企不分等问题，造成市场主体模糊。媒体市场主体的模糊，是造成联盟双方合作的地位不平等、联盟双方合作需考虑政府因素、联盟间难以实现人才流动等诸多的原因，结果使媒体在联盟构建中畏首畏尾，无法大刀阔斧地进行战略联盟的构建。因此，需要通过产权两分开和转企改制两步来完成政府规制的创新。

首先，产权两分开。产权两分开是指媒体中公益性事业产权和经营性产权的分离。由于我国媒体商品和公共产品的双重属性，为了能够使媒体更好的参与市场竞争，需要将媒体的产权在管理体制上进行两分开，按照两种性质的区别，将不同媒体分为公益性的事业单位和经营性的企业单位，公益性的事业单位是指作为政府喉舌，肩负宣传职责的党报、党刊与党台，由政府财政支持此部分的支出，保证政府在舆论引导和政策宣传上的影响力；经营性的企业单位是指负责宣传之外的传统媒体和广告、发行、营销等部门都改制为经营性企业单位，转变为自主经营、自负盈亏、自我约束和自我发展的市场经营主体，成为国有资本控股的媒体。当然，两分开并不是彻底的相互独立，媒体将公益事业部门和经营部门分开后，当地政府作为出资人，对媒体的宣传业务和经营业务部门的干部人事、考核监督等实行统一领导，统一管理。要将宣传业务和经营业务在人员、机构方面彻底分离，做到业务不混合、人员不混岗。与此同时，公益事业部门和经营部门也要相互配合，公益事业部门做好政策宣传和品牌建设，为经营部门创造优质的内容产品和可靠的品牌形象；而经营部门则在广告、发行、营销等方面为宣传部门提供服务和资金支持，形成宣传和经营相互促进的良性机制。

其次，转企改制。媒体两分开后，需要对经营性部门进行转企改制，要通过资产剥离、人员剥离、组织剥离等将经营性部门彻底从原有媒体中解脱出来，形成独立法人的经营实体，实行公司化架构和运营方式，建立国有独资或国有控股的媒体。转企改制的媒体主要来源于两方面：一是部分改制企业。党报报业集团或广电集团中，如广告、发行、栏目制作、营销等业务部门组建的经营性部门，虽然形成了相对独立的经营实体，但是在人事任命、考核监督等方面仍受国有出资人的监督和管理，例如2014年上海市政府推动的上海文广传媒的转企改制，虽然上海广播电视台作为宣传单位保留了事业编制，而经营性单位原上海文化广播影视集团的事业建制取消，与旗下上海文广传媒股权整合成为新上海文广传媒，市场主体地位凸显；二是整体改制企业。行业性、专业性报纸、广播电视等媒体整体转企改制，此类性质的媒体也属于国有企业性质，应受到当地国资委的监督和管理。

（二）破局条块分割，打破行政壁垒

现阶段，我国传媒产业布局的现状，使得我国传媒产业呈现出条块分割、地区封锁和城乡分离的市场格局，各地传媒产业重复建设严重，逐步形成"小而全"的封闭垄断传媒市场，形成各地市场壁垒和行业间的壁垒，给传媒战略联盟的跨区域、跨行业的合作带来困难。破局条块分割，打破行政壁垒，要从两个方面入手：

首先，破除"块"的地区行政壁垒。当下的传媒格局造成了省级媒体对本地区新闻传播特权和广告经营的垄断局面，而垄断必然造成外地媒体进入这一市场的门槛被抬高，市场壁垒高起，加大了传媒跨区域经营的成本和难度。[①] 突破行政区域对传媒产业的壁垒，需要解决地方政府的两个后顾之忧：一是要保障媒体是党和政府联系人民群众的桥梁和纽带，是重要的思想舆论阵地。二是要跨区域媒体能为当地带来经济效益，形成完善、合理的利益协调机制。要解决地方政府跨区域发展的后顾之忧，需要从两个方面入手：一是要在产权两分开的基础上，充分保障公益性事业部门的财政支持，需要地方政府在对媒体产权两分开后，对属于公益性质，肩负宣传职能的部门给予充足的资金支持，保证此部门在跨区域发展过程中合作失败带来的冲击，做好宣传舆论引导工作；二是要建立地方政府间的协调机制，加强传媒跨区域发展政府间顶层设计。例如京津冀区域内的传媒跨区域合作，需要三地政府间共同规划、统一协调，建立京津冀传媒发展联席会议，从而盘活京津冀传媒市场，促进区域内传媒产业集群的构建，制定完善传媒利益分配机制，消除各地政府的后顾之忧。

其次，破除"条媒体"的行业行政壁垒。当下媒体间的平行结构，使得我国传统媒体间缺乏合作的制度环境，报纸与电台、报纸与电视台、电台与电视台间仍然存在较大的产业壁垒，即使合作也仅限于联盟成员间内容产品的共享，无

---

① 白芳芹:《1+1>2 理论在省级媒体跨区域合作中的实质性突破》,《中国广播电视学刊》2010 年第 8 期。

法真正突破产业壁垒，实现跨产业的全方位融合，进而组建集新闻出版、广播电视为一体的大型传媒集团，实现集约化、规模化发展。与此同时，在三网融合背景下，中国电信业和互联网的主要规制机构是工信部，而有线电视网的主要规制机构是广电总局。对于融合的业务来说，将面临不同规制机构的多重规制。针对"条"——行业间的藩篱，需要政府继续推进文化体制改革，建立媒体集中规制、综合执法模式。早在2013年国务院就对文化体制进行了机构改革，将新闻出版总署、广电总局进行合并，组建了国家新闻出版广电总局，顺应了传媒产业融合发展的大方向。但并未对三网融合中的多重规制进行集中规制，阻碍了三网融合的加速推进。我国政府应当仿照银监会、证监会等机构设置，由国家新闻出版广电局、文化部、国家互联网信息办公室、工业和信息产业部、国家工商局等多部门成立传媒监管委员会，共同协商推进三网融合的发展。

第七章　中观：京津冀传媒战略联盟打造产业集群的路径

在国内外传媒产业实践中，从最早的英国"舰船街"报馆林立，到北京 CBD 国际传媒集群的报社、电视台云集，传媒产业集群现象在世界范围一直存在。虽然我国的传媒产业也出现了空间上的集中，但仅仅出现媒体在空间上的聚集还不够，因为传媒产业集聚只是传媒产业集群的形成过程中的一个环节，与真正的传媒产业集群还存在较大的差距。

第一节　传媒产业集群：构建区域传媒战略联盟的必由之路

一、 区域战略联盟与产业集群的同一性

产业集群是企业在一定区域内的集聚，进而实现规模经济、外部经济和区域竞争力的一种经济学现象，区域战略联盟则是企业为了在区域内形成规模效应降低生产成本、形成范围经济降低交换成本、提升企业的区域竞争力，与其他相关企业建立联盟的一种企业战略。产业集群与战略联盟虽然两者的范畴不同，一个是经济学现象，一个是企业战略，但是两者在理论渊源、"空间"属性和内在动力上具有同一性。

（一）区域战略联盟与产业集群理论渊源的同一性

对于产业集群（Industrial Cluster）的概念众说纷纭，最早可追溯到英国经济学家阿尔弗雷德·马歇尔的产业区理论，他在1890年开始关注产业地理集聚现象。马歇尔之后，产业集群理论有了较大的发展，出现了韦伯的产业区位理论及新产业区位理论、佩鲁的增长极理论和熊彼特的技术创新理论等诸多流派。一百年后的1990年，美国战略管理学大师迈克尔·波特（Michael E. Porter）在《竞争优势》中首先提出产业集群一词，认为在一个特定区域的一个特别领域，集聚着一组相互关联的公司、供应商、关联产业和专门化的制度和协会，通过这种区域集聚形成有效的市场竞争，构建出专业化生产要素优化集聚洼地，使企业共享区域公共设施、市场环境和外部经济，降低信息交流和物流成本，形成区域集聚效应、规模效应、外部效应和区域竞争力。①

战略联盟（Strategic alliance）这一概念最早是由美国DEC总裁简·霍兰德和管理学家罗杰·奈格尔首先提出的，迅速成为学界和业界公认的一种全新战略管理模式。②但是，自从战略联盟的概念被提出以后，理论界一直没能对其进行严格定义。战略管理学大师迈克尔·波特在其1985年所著的《竞争优势》一书中提出了价值链理论，并以该理论对战略联盟做了解释，认为企业的价值活动包括研究开发、原料采购、生产、分销、营销和销售、售后服务等活动，所有这些活动构成企业的价值链条，每项价值活动是价值链上的一个

---

① 迈克尔·波特：《竞争论》，高等第译，中信出版社2003年版，第210页。
② 史占中：《企业战略联盟》，上海财经大学出版社2001年版，第48页。

环节。波特认为战略联盟是相互独立的两个或两个以上组织之间形成的、基于一系列目标和商业需要的正式合作关系。在相同价值链位置的企业之间的合作，称之为横向联盟；而处于价值链不同位置企业间的联盟，则称之为纵向联盟。联盟的优势在于"克服了完全独立企业之间协调的困难。因为联盟是长期的关系，应该有可能比一家独立企业更紧密地与一个联盟伙伴进行协调，尽管这并非毫无代价"。[①]

由此可见，产业集群与战略联盟理论的源头都离不开战略管理学大师——迈克尔·波特。可以说，产业集群与战略联盟都是波特教授竞争战略理论的重要成果。产业集群脱胎于国家竞争理论中对于产业竞争优势的分析，他指出"一个国家的竞争力取决于这个国家的产业竞争力，而这种产业竞争力来源于产业的国内合作而不是国内竞争，它是通过一个高度化的本地化过程创造和发展起来的"，为此必须建立"本垒"，这就是"钻石模型"；[②] 而战略联盟则是脱胎于价值链模型，将参与市场的竞争对象由单独的企业变为企业间的联盟，而根据处于价值链不同位置的企业间的联盟，划分为横向联盟和纵向联盟两种形式。

（二）区域战略联盟与产业集群"空间"属性的同一性

迈克尔·波特认为产业集群是指在特定区域中，具有竞争与合作关系，且在地理上集中，有交互关联性的企业、专业化供应商、服务供应商、金融机构、相关产业的厂商及其他相关机构等组成的群体。其核心是在一定空间范围内产业

---

① 迈克尔·波特：《竞争优势》，陈小悦译，华夏出版社 1997 年版，第 56 页。
② 迈克尔·波特：《竞争论》，高登第译，中信出版社 2003 年版，第 237 页。

的高集中度，这有利于降低企业的制度成本（包括生产成本、交换成本），提高规模经济效益和范围经济效益，提高产业和企业的市场竞争力。[1] 可见，产业集群概念的重要条件之一就是地理上集中这一"空间"属性。对于"空间"概念在经济学中的应用，缘起于古典经济学中亚当·斯密、W. G. F. 罗舍尔、冯·杜能等人的区位论思想，后来经马歇尔、阿尔弗雷德·韦伯等人的发展被经济学界普遍接受。针对产业集群而言，大量企业只有在空间上的集中，才能实现对于基础设施、交通设施、信息等的共享，促进企业间的隐性知识的学习和创新能力的提升，从而实现外部经济、规模经济和学习创新。

与产业集群一致的是，区域战略联盟与其他战略联盟的区别在于"区域"的条件限制，这决定了其同样具备"空间"属性。主要表现在：一是区域经济一体化发展的产物。随着区域经济一体化的发展，企业为了获得更大的发展空间，借助与区域内其他企业建立联盟，才能突破地域限制，实现资源集聚、低成本运作、优势互补、规模优势，进而形成强大的市场竞争力；二是注重地理区位的集中。地理区位上的集中将原本条块化的市场，借助区域经济粘合在一起，形成更加广阔的区域经济市场；同时，也使大量相关产业资源以及支撑机构在空间上集聚，为传媒产业集聚的形成提供必要条件。

由此可以看出，产业集群空间上集中与区域战略联盟区

---

[1] 迈克尔·波特：《竞争优势》，陈小悦译，华夏出版社1997年版，第57页。

域内的联合在"空间"属性上具有同一性。

（三）区域战略联盟与产业集群内在动力的同一性

由迈克尔·波特给"产业集群"的定义可以看出，传媒产业集群是指大量的专业化产业或相关性、支持性的企业以及机构，在一定范围内柔性集聚并结成合作创新网络。其不同于产业集聚是同一类或不同类产业及相关企业在空间上的集中。因此，可以将传媒在某一个空间上的简单集中看做是产业集聚，例如北京呼家楼的媒体，只能看作是走向传媒产业集群的一个发展阶段。媒体要实现真正的传媒产业集群，则要求媒体要形成分工协作与差异竞争，其最终目的是要形成区域集聚效应、规模效应、外部效应和区域竞争力。产业集群的研究主要集中在产业集群的机理、技术创新、组织创新、社会资本以及经济增长与产业集群的关系研究、基于产业集群的产业政策和实证研究方面。总的说来，产业集群具备以下三方面内在内在动力：

一是外部经济效应。产业集群区域内的企业，虽然单个企业规模并不大，但是通过区域内企业间的资源共享、学习创新和分工协作，使得集群内的企业降低生产成本、提高生产效率、提升创新能力，可以实现规模经济和范围经济，从而使整个产业集群相对于区域外的市场获得一种外部经济效应；二是空间交易成本的节约。空间交易成本包括运输成本、信息成本、寻找成本以及和约的谈判成本与执行成本。产业集群内的企业由于地理上的邻近，随着相互联系的加深，容易建立起一种灵活的非正式关系，提升双方的信任度和依存度，进而降低机会主义成本。在快速变化的动态市场环境中，这种产业集群现象相对垂直一体化安排和远距离的企业联盟安排，更加具有效率；三是学习与创新效应。产业集群是培育企业学习能力与创新能力的温床。产业集群内企业的集中，会增加企业间彼此的竞争压力，迫使企业不断进行技术创新和组织管理创新。同时，区域内企业地理上的集中，使得一家企业的知识创新很容易外溢到区域内的其他企业，也为相互间学习隐性知识和创新能力提供了良好的平台。

与此同时，区域战略联盟是企业依托区域经济一体化为动力，在保持相互独立的前提下通过股权参与或契约协议等方式，与区域内其他组织在某些领域建立相对稳定合作关系的介于市场和企业的中间组织。区域传媒战略联盟的关键词一个是区域，一个是联盟。区域就是要实现在空间上的产业集聚；而联盟则是要建立企业与企业间的合作关系。因此，区域战略联盟正应和了产业集群理论的核心理念，是实现企业产业集群的重要实现途径。区域战略联盟也同样具备了产业集群理论的三大优势：

一是联盟有利于实现外部经济效应。区域战略联盟内的企业，是依托区域经济一体化的发展而形成的，联盟的媒体在空间上具有集聚的特性，这使得联盟成员可以在某一区域内共享软硬件设施、人员、受众市场以及对外议价的筹码，从而使得联盟成员通过在区域空间上的联合，可以提高批量购买规模和销售的规模，使媒体享有购买电视剧、栏目等产品的便利和顺利实现产品交易，从而降低了媒体经营成本，提高了效率，形成规模效应和范围效应。二是联盟有利于节约空间交易成本。产业集群关系是建立在群内企业之间彼此承诺与信任关系之上的，而这种承诺与信任则是需要依靠企业主之间的社会关系来建立，企业主之间的社会关系是维持群内企业安定的主要力量。而区域传媒战略联盟的最大优势正是为区域内的媒体间建立一种稳定可靠的社会关系，使企业间保持着一种灵活性的"中间组织"关系，从而大大降低了企业间出现机会主义行为的可能，降低企业的空间交易成本。三是联盟有利于实现学习和创新效应。首次创新会比随后类似的创新要艰难得多，一旦突破入门障碍，对后来者的启迪，包括观念、认识、信心及行为都有极大激励，客观诱导后来者蜂拥而至，即形成技术创新的群集现象。而区域传媒战略联盟成员间对相互资源的共享和互补利用，让联盟成员间看到自身与联盟成员间存在的差距，很容易使联盟企业间产生成员间相互学习的动力，使得区域传媒战略联盟内企业经过相互学习产生知识的溢出效应，从而提高联盟成员的整体能力。

二、 产业集群是解决区域传媒战略联盟存在问题的重要路径

京津冀媒体间的合作并不充分，直到2003年9月，河北省11家地市党报联合组建了河北省地市级党报区域性联盟。这是京津冀媒体间的首次合作，但这仅是河北省内地方报纸为了对抗《燕赵都市报》的策略，并不是当地媒体产业集聚的结果。真正意义上区域传媒联盟直到2006年4月才出现，即今晚报、燕赵都市报、辽沈晚报、齐鲁晚报、大连晚报、青岛晚报、山西日报、保定日报、广告人杂志等环渤海29个

城市 32 家主流媒体共同主办的"首届环渤海主流媒体广告协作体"的成立。作为环渤海地区媒体进行交流合作的平台，环渤海主流媒体峰会有利于加速环渤海区域高端对话和广域对接，实现优势互补、良性互动与和谐共赢。但是该峰会并不像泛珠媒体峰会以泛珠三角区域经贸合作洽谈会为依托，仅持续了五届就宣告结束，不得不说是一种损失。随后京津冀的媒体合作，也仅有 2011 年 1 月 1 日，由天津电视台、河北电视台、内蒙古电视台联合成立的"三佳购物频道"，以及同年 11 月 5 日，由河北出版传媒集团与北青传媒正式签订合作协议。从京津冀传媒战略联盟的发展情况来看，主要存在以下问题：一是合作内容单一，从京津冀区域内传媒联盟可以看出，多是媒体间通过联盟形式共享新闻内容、广告市场等传媒资源，以实现规模化效应，降低新闻产品成本的联盟，合作内容较为单一，并且联盟大多是竞争性战略联盟，在一定程度上限制了传媒合作内容的多样性，造成京津冀传媒很少与区域内其他行业企业合作，不利于借助联盟实现互补资源的优势互补，提升联盟成员的核心竞争力；二是合作形式松散，京津冀传媒战略联盟大多以协议、合作意向等方式实现，并未组成经济实体，联盟结构较为松散，协议本身在某种意义上只是无限制性的意向备忘录，没有足够的法律约束力，加入联盟的媒体并没有明确彼此的责任和义务，加之一些联盟贪大、贪多、贪全，对联盟成员的选择不谨慎，很容易造成联盟内部的分裂，造成联盟本身稳定性不足；三是合作效益不佳，从环渤海主流媒体广告协作体仅仅维持了五年的发展可以看出，京津冀传媒战略联盟发展效益并不理想，联盟并没有真正实现资源共享、优势互补和竞争力的提高，其重要原因之一就是联盟内部并没有真正实现内部资源整合、内部分工协作，无法形成区域空间内的产业集聚，最终难以形成规模效应、外部效应和学习创新能力。

随着区域经济一体化的不断推进，为我国传媒产业区域化发展提供了坚实的经济基础，区域传媒联盟的发展必将成为我国传媒产业发展的重要趋势之一。但是，表层的、简单的地方媒体间形成的区域传媒战略联盟，只是区域媒体发展的初级阶段，"条块分割"的区域限制势必会阻碍着区域媒体战略联盟的进一步发展。而区域传媒的集团化仍需要很长的发展历程，并且会造成集团化后内部管理成本的增加。因此，现阶段以区域化经济蓬勃发展为条件，京津冀传媒战略联盟只有在区域内形成传媒产业间相关联企业在空间上的集聚，实现传媒产业区域内的分工协作，从而形成规模效应降低媒体的生产成本，形成范围经济降低媒体的交换成本，最终在区域内形成有竞争力的区域媒体，对区域外的媒体形成竞争力，真正实现传媒产业集群，才更适应现阶段区域传媒联盟的发展需求，这也是传媒战略联盟长足发展的目标。

三、 区域传媒战略联盟是打造产业集群的主体

根据美国经济学家马库森对产业集群的划分，传媒产业集群可以分为三种类型：一是马歇尔式产业集群，来源于对意大利东北部和中部产业集群的概述，主要是指由大量无中

心且专业化的中小企业组成的产业集群。这一类产业集群，由于集群内的企业规模小，只能满足本区域的市场需求，与区域外企业间的联系较少；二是轮轴式产业集群，其结构犹如车的轮轴，是围绕一个或多个核心企业通过价值链形成的产业空间形式。此类产业集群的特点是整个产业集群由区域内的一个或多个核心企业所掌握，是整个产业集群的核心，而其他相关企业则围绕核心企业并与之密切合作，形成长期的契约关系，政府在其中扮演着重要角色；三是卫星平台式产业集群，此类集群的企业犹如卫星，核心企业在外围控制，而集群内的企业都是核心企业与本地企业共同合资的"卫星"，比如我国对外贸易出口所形成的代工厂的产业集群，此类集群大多属于生产性集群，由于缺乏资金、技术和品牌等核心资源，因此往往难以长远发展。①

由于我国传媒市场"条块分割"造成的"井字结构"和"平行结构"的市场现状，形成了众多相互分割的小规模垄断市场。因此，在区域内容易形成一个或几个核心的传媒集团，我国已经组建了 40 余家报业集团、近 20 家广电集团、10 余家出版集团、20 余家发行集团和近 10 家电影集团，这些传媒集团在整合传媒资源，提升传媒产业竞争力上发挥着重要作用。这也决定了想要在区域内形成传媒产业集群，轮轴式的产业集群更适合我国传媒产业发展。但是，现阶段想要突破行政区划的界限建构传媒产业集群，仍然存在政策和

① 余建清:《我国区域传媒产业发展研究》,武汉大学 2009 年博士毕业论文,第 108 页。

制度上的藩篱。通过区域内两个或以上的"龙头"传媒集团建立区域传媒战略联盟的方式，因为不需变更传媒集团的所有权，能有效能够避免行政区划对传媒产业发展的制约。

因此，区域传媒战略联盟是实现区域传媒产业集群的主体，主要原因是：一是区域传媒战略联盟有利于形成轮轴式产业集群，战略联盟的形成，使成员间形成了相对稳定的合作关系或长期的契约关系，联盟属于介于市场和企业的中间组织，这样既保持了成员间的独立性，也保持了成员间的合作性、稳定性，有利于在产业集群中形成核心，同时也有利于核心企业与相关产业间的合作，进而有利于产业集群的形成和稳定性；二是区域传媒战略联盟有利于实现跨区域发展，京津冀属于区域经济一体化的产物，但是因为行政区划的存在，就将这一区域内的传媒市场切分为三个小的传媒市场，区域内的传媒战略联盟可以通过联盟的形式，在不改变传媒所有权属性的前提下，将区域内的传媒集团联合在一起，共享资源、优势互补、提高核心竞争力，进而实现区域传媒产业的集群；三是区域传媒战略联盟有利于核心区的扩散效应，京津冀传媒产业"核心—边缘"的空间格局，使得产业集群难以在北京以外的地区形成，而借助战略联盟这一形式，北京、天津的传媒集团可以充分利用河北传媒的人力成本优势、租金优势、广阔的市场优势等资源，与河北本土传媒集团进行联盟合作，利用文化产业园等形式，将北京的人才、技术、资金引入到河北，促进北京传媒产业的"扩散效应"，实现京津冀区域传媒产业的协同发展。

第二节　京津冀传媒产业集群的现状

经过多年发展，我国传媒产业依托人才、市场、区位、资源等因素，已经逐步在北京、上海、广州、深圳等一线城市形成了具有一定特色的产业集群。我国传媒产业集群总体呈现出"中心城市聚集"和"东高西低"的基本特征，在北京、上海等中心城市，已经逐步形成了如北京CBD国际传媒产业集群和上海数字媒体产业集群等，但是在北京、上海等中心城市周边则往往属于传媒产业的落后地区，尤其以京津冀最为明显。在区域发展上，由于东部地区在经济发展水平、人口数量、人才储备、技术发展上都占据优势，传媒产业集群在发展水平和数量上都优于西部地区。在京津冀，传媒产业集群则呈现北京为主，天津为辅的发展态势，河北的发展则相对滞后，形成了典型的"核心—边缘"的传媒产业集群布局，这与京津冀的经济发展水平和传媒产业发展水平的分布格局基本相似。

一、 北京传媒产业集群的发展概况

根据国家统计局的数据，截止到2013年北京市文化创意产业实现增加值2406.7亿元，增速为9.1%，高于全市GDP增速。全市规模以上文化创意企业实现收入10022亿元，同比增长7.6%。北京市共有文化创意企业5万多家，规模以上企业8000余家。文化创意产业已经成为北京市的支柱型产业，占GDP总量超过10%。在文化创意产业大类中，软件网络及计算机服务、广告会展、新闻出版业、广播影视业的产

值位列前四位。① 北京市文化创意产业发展水平，在全国都
属于第一梯队，属于文化创意产业发达地区。这离不开北京
市政府的长期规划和支持，早在 2006 年"北京市文化创意产
业集聚区"就已经出现在了北京市政府的相关文件中。北京
市政府对于"集聚区"的理解较为宽泛，并没有局限于文化
创意产业园，而将"集聚"视为完整产业链的协同融合发
展，这为北京文化创意产业的发展注入了强力的支持。在短
短两年的时间，北京市 21 个市级集聚区的营业收入，占到了
全市文化创意产业营收的一半以上，从业人员达 30 万人以
上，集聚企业的数量也从 20 家发展到了将近 300 家。

北京文化创意产业集群已经逐步发展为一轴两翼的格局。
中轴线是北京历史文化区，以历史文化旅游产业为主；北端
借助北京奥运会场馆等设施，形成以奥运体育、演出展览为
重点；南段以国家新媒体产业基地为基础，重点发展影视、
动漫游戏、网络出版等产业；左翼是中关村科技教育创新中
心和石景山数学娱乐体验中心；右翼是以大山子为中心的现
代艺术区和国际传媒贸易中心。② 在北京市级文化创意产业
集群九大门类中，广播电视电影业占 14%，排名第二；新闻
出版业占 10%，排名第四，可见传媒产业集群在北京市文化
创意产业集群中占据着重要地位。

（一）北京 CBD 国家传媒产业集群

北京 CBD 国际传媒产业集群总占地面积 3.99 平方公里，

---

① 吴强、孔博：《京津冀协同发展背景下首都圈文化创意产业分布与集群发
展选择》，《中国软科学增刊》（下）2015 年第 7 期。

② 牛维麟、彭翊：《北京市文化创意产业集聚区发展研究报告》，中国人民大
学出版社 2009 年版，第 57 页。

西起东大桥路，东至西大望路，南起通惠河，北至朝阳北路。目前，北京 CBD 地区已聚集了众多传媒机构，其中新闻出版行业机构 108 家，如《人民日报》《北京青年报》《环球时报》《时尚》等有影响力的报刊和杂志；广播电台、电视台、电影院线 51 家，如中央电视台、北京广播电视台、凤凰卫视等，还有路透社、美联社等 160 多家国际新闻机构以及 CNN、VOA、BBC 等 40 多家著名国际传媒机构；广告会展企业 1227 家，如阳狮广告有限公司北京分公司、北京三星广告有限公司、智威汤逊—中乔广告有限公司、北京杰尔思行广告有限公司等行业知名企业。相关教育机构如中国传媒大学、中国社会科学院新闻研究所等。

北京 CBD 的发展最早始于 1993 年国务院批复的《北京市城市总体规划》，明确提出了北京市建立以金融、信息、贸易为重点的中央商务区。但是，北京 CBD 国际传媒产业集群的长足发展，是由中央电视台和北京电视台的东迁引发的。随着中央电视台、北京电视台的东迁，随之而来的电视制作公司、设备租赁公司、数字技术公司、广告代理公司、演员经纪公司等上下游公司蜂拥而至，据统计在这一区域以这两个电视台为中心的上下游企业就多达 12000 余家。随着大量媒体及相关企业的入驻，使这一区域为媒体提供了良好的软硬件设施，随后吸引了路透社、美联社、VOA、维亚康姆等一系列国际顶尖传媒集团纷纷入驻 CBD，逐步在这一区域形成了一个国际传媒产业集群。2009 年，北京市朝阳区为了推动功能区间的协同发展，提出了以人民日报、中央电视台、北京电视台所在的 CBD 为端点，以中国传媒大学所在的定福庄为端点，沿京通快速路、朝阳路、朝阳北路，自西向东打造一个国际传媒产业走廊。截止到 2013 年，北京 CBD 国际传媒产业集群产值高达 1600 亿元，集聚了 1.6 万家企业，从业人数 13 万人，其中 70% 是传媒企业。[①]

单从媒体数量和行业类别来看，北京 CBD 已实现了产业的集聚，但在产业定位上尚需进一步明确。世界上著名的传媒产业中心都有较为准确的定位，如好莱坞是影视制作中心、东京 CBD 是动漫的摇篮、麦迪逊大道是广告业中心。同时，由于定位于国际传媒产业集聚区，注重培养国际化环境，这使得该区域的租金高昂，造成某些中小型企业被迫离开。因此，北京国际传媒产业集群还有提升的空间。

（二）国家新媒体产业基地

国家新媒体产业基地于 2005 年 12 月 31 日经国家科技部批复正式成立，是国家火炬计划批复的全国唯一的以新媒体产业为主的专业集聚区，是北京市首批认定的文化创意产业集聚区之一。国家新媒体产业基地以大兴中部为重点建设核心，基地规划总占地面积 10 平方公里，呈现开放式的布局，已形成"两区四园"的产业发展格局。基地北区依托新华网、中国搜索、央广购物、星光影视园等一批知名文化创意企业等新媒体企业，打造以新媒体、影视制作为主要内容的产业园区，建成集产业、专业服务、配套服务于一体的高端新媒体园区。基地核心区位于大兴区中部魏善庄镇，重点打造以文化创意产业、现代服务业等为主要内容的数字化高科技产业港。"四园"分别是星光影视园、北普陀影视园、多

---

① 管怡舒、闫玉刚：《北京市级文化创意产业集聚区现状分析与发展对策研究》，《经济与管理战略研究》2014 年第 4 期。

维创新园、时尚体育公园，形成了各具特色的产业集聚和规模效应。基地三年累计引进企业 600 余家，其中，注册资金亿元以上企业近 30 家，千万元以上企业 110 家，形成税收贡献近 1 亿元，招商成果显著。2013 年，基地引进了市文资办的北京文创基金产业园项目，项目完成后，预计三年内可吸引 40 家文创产业基金公司进驻，管理的资金规模将达到 300 亿元，3～5 年内收入将达到 100 亿元。①

二、 天津传媒产业集群的发展概况

天津是历史文化名城，拥有不同风格的西式建筑、众多文化名人的故居、各种历史事件的遗址；天津是北方曲艺之乡，大鼓、相声、快板等曲艺种类齐全，影响广泛；天津是环渤海经济圈的中心，具有得天独厚的地理位置优势。天津市的传媒产业集群起步较晚，直到 2010 年天津市政府才颁布了《文化产业振兴规划》，提出了按照山、海、城、乡"四带多点"的框架展开，主要包括：以中心城区五大道为核心的都市文化创意产业带、以西青石家大院为核心的民俗文化创意产业带、以蓟县盘山为核心的旅游文化创意产业带、以滨海新区为核心的海洋文化创意产业带。② 从 2008 年开始，文化产业增加值年均增速超过 30%；2009 年突破 200 亿元，达到 235 亿元；2010 年突破 300 亿元，达到 303 亿元，两年上了两个百亿台阶。文化产业占 GDP 比重，从 2005 年的

① 国家新媒体产业基地：《打造京南文创产业"新高地"》，新华网北京频道 2015 年 11 月 5 日。
② 李海涛：《天津市文化创意产业研究》，天津师范大学 2014 年硕士毕业论文，第 16 页。

2.17%上升到 2010 年的 3.33%。[①] 天津市的传媒产业是最早一批被列为天津市重点发展的文化产业之一，主要以政府主导的产业园区为主要形式，包括天津国家数字出版基地和天津滨海广告产业园，但是发展总体水平还不高，远低于支柱产业要求，在全国处于中等水平，文化企业普遍规模较小，产业聚集度不高，尚未形成具有较强影响力的大型企业和产业集群。

（一）天津国家数字出版基地

天津国家数字出版基地落户在天津滨海新区空港经济区。该基地规划面积 3.5 平方公里，可容纳企业超过 1000 家，全部建成后年产值将超千亿元。作为国家数字出版产业聚集地，天津国家数字出版基地目前已有 60 余家企业在孵化转化载体内注册、运营，初步形成产业聚集效应，其中启云科技、书生电子、易博士等一批企业发展势头良好。出版基地还搭建起数字版权交易平台、云计算中心、数字出版体验中心等平台。尤其围绕云计算中心，基地为区内数字出版企业提供云桌面终端，云刊、云景 360、巍云平台等应用服务。截止到 2012 年该基地数字出版产业产值规模达到 20 亿元，容纳网络交易、网络出版、服务外包、研发制造等产业链为一体。除了聚合展讯、爱国者、科大讯飞、大唐、中兴等企业共同发展外，还在探索软件服务、产权交易等环节，不断延伸数字出版行业的产业链。[②]

---

① 张晓明、胡惠林、章建刚：《中国文化产业发展报告》，社会科学文献出版社 2012 年版。

② 《天津国家数字出版基地产业聚集效应初步形成》，《硅谷》第 20 期。

（二）天津滨海广告产业园

天津滨海广告产业园位于天津市西南部滨海高新区华苑环内核心区，主体园规划总建筑面积近 20 万平方米，固定资产总投资 20 亿元，地处京津发展轴，紧靠京沪、津保、京塘高速公路。天津滨海广告产业园，以智慧山科技文化创意产业基地为依托，发挥区域产业基础与技术创新的优势，重点抓好广告原创设计、渲染技术和新媒体等产业，鼓励广告新技术、新媒体的研发和新材料的应用，扶植创新型广告企业及新兴广告产业的发展。通过突破产业政策和构建广告产业公共服务管理体系，培育和发展具有特色的优质广告创意产业集群，逐步打造成环渤海乃至中国北方的广告技术领先高地、广告产业交流平台和聚集中心，形成理想的市场要素组合。该产业园逐步形成了"三大产业集群、五大平台"的功能格局，其中三大产业集群包括广告原创设计产业集群、广告渲染技术产业集群、新媒体广告产业集群；五大平台包括广告技术服务平台、广告交易发布平台、广告金融服务平台广告企业孵化平台、广告人才实训平台。①

三、 河北传媒产业集群的发展概况

2010 年河北省制定了《河北省文化产业振兴规划(2010—2015 年)》，按照"合理布局、优化结构、提升档次、壮大实力"的原则，重点发展出版印装发行、文化旅

---

① 滨海国家广告产业园官网. http://bhad. tht. gov. cn/yqgk/

游、现代传媒、文化娱乐及演艺、文化产品生产及销售、动漫游戏、民俗节庆及会展、体育休闲健身等八大行业。2016年9月，河北省委办公厅、省政府办公厅印发了《关于推动全省文化产业加快发展的若干意见》，提出了壮大主业规模实力、巩固提升传统产业、补齐新兴产业短板的总体布局，力争到2020年底全省文化产业增加值达到2000亿元左右，成为国民经济支柱性产业。

现在的河北省文化创意产业已经形成了"一点突出、多点并进"的发展态势，石家庄市作为河北省会，无论是文化产业增加值、企业数量、从业人员，还是文化创意产业发展水平，都在河北省内处于领先地位，已经在京津冀区域的中南部形成了与京津遥相呼应的文化创意产业新增长极。保定市、唐山市、沧州市也突出自身特有的文化优势，保定市以雕刻文化为主的曲阳雕塑文化产业园区，唐山市以陶瓷文化为主的南湖生态城，沧州市以杂技为主的吴桥杂技产业园，逐步在各地市形成了具有地方特色的文化创意产业集聚。

据河北省统计局的统计数据，截止到2013年全省文化产业增加值达到950亿元，占GDP的比重为3.25%，年均增速为30%，比全省GDP增速高20个百分点。[①]经过多年的发展，河北省的文化创意产业发展已经形成一定的规模，主要表现在：一是文化创意产业发展环境改善，政府高度重视，省政府制定的《河北省文化产业振兴规划（2010—2015）》，充分结合河北文化产业实际发展情况，具有较强的操作性，

---

① 张晶：《"三个十"建设助推我省文化产业发展》，《河北日报》2014年6月29日，第2版。

内容详实，具体包括总体思路、发展方向、主导思想、产业规划目标、措施和保障条件，同时明确了重点发展的八大文化行业；二是文化创意企业初具规模，河北省内投资规模或经营收入上千万元的企业和企业集团超过了130多家，以河北出版传媒集团、河北日报报业集团、河北旅游集团、河北长城传媒有限公司、河北行知传媒文化有限公司等为代表；三是文化创意产业园的兴起，河北省一直将文化创意产业园的建设作为文化创意产业发展的重要载体，自2012年起每年实施文化产业"三个十"战略、即每年推出十个文化产业强县（区、市）、打造十个文化产业集聚区，培育十个重点文化产业项目，用以点带面的思路全面提升河北省文化产业的集约化、规模化和专业化水平。与先进省份相比，河北省文化产业还存在着明显差距。一是整体规模小、实力弱、贡献率不高。目前，河北省文化产业增加值较少，占GDP比重偏低，文化产业大项目、好项目较少，规模以上文化企业数量不多，缺少龙头企业和领军企业。二是传统行业偏重、核心主业不强、新兴产业乏力，产业结构不够合理。在国家认定的文化产业十大门类中，河北省"工艺美术品生产""文化用品的生产""文化产品生产的辅助生产"等传统文化制造产业所占比重较高，占全省文化产业增加值的50%以上；"文化创意和设计服务""文化信息传输服务""文化休闲娱乐服务"等新兴产业占比较小，不足30%；"新闻出版发行服务""广播电视电影服务""文化艺术服务"等主导产业贡献率偏低，不足15%；"文化专用设备的生产"发展滞后，占比不到5%。[1]

对于传媒产业集群而言，虽然近几年河北省先后组建并重点打造了河北日报报业集团、河北出版传媒集团、河北广电信息网络集团、河北演艺集团、河北影视集团、河北长城传媒集团等大型国有文化企业，扶持培育了一批省内行业"旗舰"和"航母"。在省会石家庄形成了一定的传媒产业的集聚，其中最具代表性的就是河北出版传媒集团的出版产业创新工程。多年来，河北出版传媒集团着眼于承接北京非首都功能疏解，在京津周边的廊坊、保定地区以及曹妃甸新区、北戴河新区、渤海新城、白洋淀新城等区域，积极谋划打造全国领先的出版创意基地、高端印装基地和文化产业园区。同时，着力整合京津冀三地优势资源，谋划实施一批跨地区、跨行业融合发展的新项目。河北出版传媒集团出版产业创新工程，是2010年河北省《河北省文化产业振兴规划（2010—2015年）》中首批建设的30个重大文化创意产业项目。截止到2016年上半年，总投资200多亿元的"出版产业创新工程"按计划有序推进。该工程共有20多个重点项目，其中累计投资21亿元、总建筑面积58万平方米的11个重点项目已经基本建成。河北数字印刷产业园保定基地主体完工并已投入使用；PARK118广电网络大厦、沧州新华文化广场建设进入收尾阶段；正定新区河北出版传媒创意中心主体工程即将完工。其中的重点工程包括：

（一）河北出版传媒创意中心。河北出版传媒集团有限

---

[1]　《力争2020年文化产业成为我省支柱产业》，《河北日报》2016年9月20日，第1版。

责任公司"出版产业创新工程"重点项目之一，河北出版传媒集团与中国铁建股份公司共同投资建设开发。该项目充分利用正定新区开发建设的机遇，建设集编辑出版、文化创意、会议展览、动漫创作、文化贸易以及综合服务等功能于一体的现代化、信息化、智能化的标志性绿色文化建筑。

（二）渤海新区文化产业园区项目。河北出版传媒集团有限责任公司"出版产业创新工程"重点项目之一，由河北出版传媒集团与中国铁建股份公司共同投资建设开发。项目位于地处"双环"（环渤海、环京津）经济圈核心地带的黄骅新城开发区的起步区，占地面积约 240 亩，总建筑面积约 25 万平方米。项目由国际出版传媒大厦、文化创意广场、渤海书城 3 部分组成，着力打造集文化创意研发、影视动漫制作、信息交流、创业孵化等功能于一体的综合性文化产业园区。

（三）河北数字印刷产业园（保定基地）。河北出版传媒集团有限责任公司"出版产业创新工程"重点项目之一，由河北出版传媒集团旗下河北新华联合印刷公司与保定天香投资控股公司共同投资建设开发。项目总投资 15 亿元，建筑面积 30 万平方米，由高端印制产业区与数字印刷发展区两部分组成，包括出版传媒中心、创意研发中心、影视动漫中心、数字印刷中心、出版物展销中心等新兴文化产业项目。项目建成后，将立足保定、服务京津，形成新型的文化产业聚集区。

（四）Park118 新传媒产业园。该项目是河北出版传媒集团"出版产业创新工程"15 个重点项目之一，由河北出版传媒集团、上海元创投资管理公司等共同投资建设位于石家庄高新产业技术开发区，占地 205 亩、投资 3.5 亿元、建筑面积 10.3 万平方米的河北出版物发行中心已经正式建成并投入运营。其业态涵盖出版物发行中心、广电网络产业中心、艺术展览中心及影视制作基地等。该产业园借鉴上海张江文化产业园、西安曲江文化产业园等园区运作经验，设计了创意办公、文化街区、创意研发等板块，突出创新、创意、创业三大特色，采取产业公园运营模式，将文化产业、文化活动和文化消费融为一体，努力打造国内一流文化创意产业集聚区。整个园区建成后，将成为省内运营机制先进，入驻企业众多，规模效益可观的文化产业创新基地及创意企业孵化平台。

四、 京津冀传媒产业集群的特征

从对京津冀各地传媒产业集群现状的分析可以看出，京津冀传媒产业集群呈现以下三方面特征：

（一）区域发展不平衡。与传媒产业发展现状相似，京津冀传媒产业集群中北京地区也呈现绝对的优势，而天津、河北的传媒产业集群发展则缺乏竞争力。借助保罗·弗里德曼的"核心—边缘"模型可以看出，北京已经处于后工业化发展阶段，无论是人才优势、区位优势，还是技术、资本等资源优势都极具吸引力，这为其传媒产业集群的形成提供了得天独厚的条件。天津处于工业化后期阶段，第三产业增加值更是在 2014 年首次超越了第二产业，成为主导产业。天津市具有北方重要港口、紧邻北京的区位优势，与区域内的核心区之间的经济联系密切，具有资源集约利用和经济持续增长等特征，使得天津的传媒产业发展也日渐成熟，为传媒产业集群提供了一定的基础。另外，天津直辖市的特殊政治地位，使其在传媒产业集群过程中，可以充分借助国家相应的政策优势，形成国家级的传媒产业集群。河北由于自身处于工业化中期阶段，第三产业的发展仍处于起步阶段，传媒产业主要以省级媒体集团为主，地市级媒体先天发展不足，与北京的交流也并不频繁，很难形成一定规模的传媒产业集群。河北省委、省政府高度重视传媒产业的集群化发展，积极扶持重点传媒企业的发展，例如河北出版传媒集团在传媒产业集群中，做了大量的有益尝试，积极与京津传媒产业对接，积极带动河北出版产业的集群化发展，取得了一定的成绩。

（二）核心区的极化效应明显。"极化效应"，就是传媒产业资本、人才、技术、广告等一系列资源由边缘区不断向核心区流动，从而使核心区的传媒产业发展越来越强势，而在边缘区的传媒产业发展则相对落后。北京作为京津冀传媒产业的核心区，其拥有传媒产业资本、人才、技术、市场等资源优势，对该区域媒体极具吸引力，这使得大量的媒体及其相关企业，为了实现规模效应、外部效应、知识积累和学习创新而集聚在北京地区。由于传媒产业集群在北京的形成，使该地区如 CBD 国际传媒走廊等知名传媒产业集群品牌的形成，吸引更多的媒体业加入，逐渐形成京津冀传媒产业集群的增长极，使得北京的传媒集群越来越明显，而天津、河北等地的传媒产业发展很难在北京的集群过程中获得收益。

（三）三地协同发展进程加快。仅 2016 年上半年，河北省与北京、天津合作建设文化产业项目 63 个，投资超 300 亿元。不仅吸引了近 60 家北京文化企业来河北省开设分公司或入驻文化产业园区，还争取了驻京投资机构和金融单位为河北省文化产业投资、授信约 400 亿元。随后 2016 年 9 月，京津冀文化产业园区（企业）联盟在北京成立，标志着京津冀地区首个以建立完善的产业生态为目的的非营利性协同发展组织正式成立。联盟由北京市国有文化资产监督管理办公室、天津市文化体制改革和发展工作领导小组办公室、河北省文化体制改革和发展工作领导小组办公室共同指导，北京市朝阳区文创实验区企业信用促进会等单位联合倡议发起。联盟将联合京津冀三地的文化产业园区（企业），通过开展行业培训、宣传推广、调查研究、高峰论坛、实地参访和政策宣讲等活动，为园区提供资源对接、项目推介、信息咨询和招商引资等专业服务，实现信息共享与合作共赢，构建京津冀文创产业协同发展体系，优化区域文创发展格局。

第三节　京津冀传媒战略联盟打造产业集群的路径

波特的"钻石理论"模型由四个方面的组成：（1）生产要素条件；（2）需求状况；（3）支持性产业和相关产业；（4）企业战略结构和同业竞争。在四大要素之外还存在两大变数：政府与机会。机会是无法控制的，政府政策的影响是不可忽视的。

其中，企业战略、机构、同业竞争和需求状况共同组成了核心竞争力模块；生产要素条件和支持性产业、相关产业

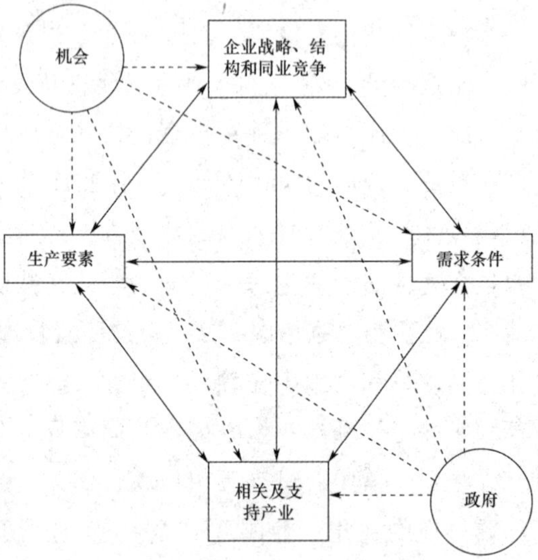

图 7-1 迈克尔·波特的"钻石理论"模型

共同组成了基础竞争力模块；政府行为和机遇因素共同组成了环境竞争力模块。对于京津冀传媒产业集群而言，利用"钻石理论"模型分析如下：

1. 核心竞争力模块

核心竞争力模块主要包括企业战略、结构、同业竞争和需求状况。(1) 媒体战略、结构、同业竞争，创造持续竞争优势的最大关联因素是区域内市场强有力的竞争对手。由于媒体是本地传媒产品的主要提供者，区域内媒体的战略、结构和同业竞争水平，将直接影响着该区域内的传媒产业竞争力状况。就北京而言，既有中央级各类媒体，也有北京市级的媒体，还有众多互联网新媒体总部和海外媒体的部分业务，使得北京的媒体竞争无论从竞争层次，还是竞争激烈程度上，在全国都首屈一指，这为传媒产业的集群创造了客观条件。
（2）需求状况。指的是本区域对于传媒产品需求市场的大小，这是传媒产业集群发展的内在动因。有效的传媒产品需求，有利于刺激媒体提高生产效率、增加供给，进而促进传媒产业集群和传媒产业结构的不断优化。京津冀作为全国重要的区域经济体，2015 年京津冀区域 GDP 总量占全国 10%左右，经济增长速度达到了 7.2%，已经逐渐成长为我国新的经济增长极。京津冀经济总量和经济增速的良好势头，为京津冀传媒产业集群提供了足够的市场需求。

2. 基础竞争力模块

基础竞争力模块主要包括生产要素条件和支持性产业、相关产业。（1）生产要素条件，具体包括人力资源、天然资源、知识资源、资本资源、基础设施等。生产要素可以进一步划分为原始要素和高附加值要素，原始要素是由天然具有或不用付出太大代价获得的生产要素；而高附加值要素，则需要经过长期的投资和培养才能形成。传媒产业是知识密集型产业，其最主要的生产要素是人才，属于高附加值要素，需要经过长期的培养才能形成。在京津冀，尤其是北京拥有众多的高等院校和科研院所，其人才资源优势明显，这也为传媒产业集群提供了必要的生产要素。（2）支持性产业和相关产业。传媒产业集群是一个由内容生产系统、发行传播系统、广告营销系统、技术支持系统等上下游产业共同组成的综合性价值链，且上下游产业的关联度都比较大。传媒产业集群竞争优势的形成必然离不开相关辅助产业群的强大支撑，只有具备强大的相关辅助产业群才能真正发挥出传媒产业集群的整体竞争优势。例如信息、网络、教育和金融等都是传媒产业集群赖以发展的基础产业。京津冀的传媒产业具备了较为完善的传媒产业各门类企业，但尚未形成区域内的集聚和上下游产业价值链的分工协作。

3. 环境竞争力模块

环境竞争力模块主要包括政府行为和机遇因素。（1）政府行为。由于传媒产品具有商品和公共双重属性，政府在传媒产业发展过程中始终扮演着至关重要的角色。对处于转型的中国而言，传媒产业的发展更加需要政策支持和公共服务体系支撑。纵观国外的传媒产业集群，政府在传媒产业集群发展过程中大都在传媒产业政策制定的科学性、合理性和适时性以及对传媒产业的扶持力度和文化市场的规范性等方面有相当的作为。在当下政策的推动下，京津冀各地政府合作意识越来越明确，协同发展的举措也越来越广泛，这对推动传媒产业集群发展起到了积极作用。例如京冀签署《推动人力资源和社会保障深化合作协议》，两地居民可在认定的9075家定点医疗机构实现医保异地结算；京津冀三地签署《专业技术人员职称资格互认协议》，三地实现了人才的职称互认。（2）机遇因素。机遇是传媒产业集群不可忽视的一种力量，更是在传媒产业集群的形成和发展中发挥着重要的催化作用，这种机遇既可能是市场的重大利好所带来的，也有可能是政府的重大政策变化所带来的。例如北京市获取得2008年北京奥运会的主办资格，就为北京传媒产业的发展提供了历史性的机遇。而党的十八大以来，京津冀协同发展已经成为中央政府的重要国家战略之一，这也将成为传媒产业集群长足发展的重大历史机遇。

当然，传媒产业集群的竞争优势不会由某一特定的模块所决定，往往是由多个竞争模块综合作用的结果。因此，将波特的"钻石理论"模型应用于传媒产业集群时，还必须将上述的各大竞争力模块综合考虑在内。基于"钻石理论"的分析，京津冀传媒产业集群的条件已经基本具备，在环境竞争力模块中，政府要利用京津冀协同发展的历史机遇，加强对传媒产业的引导作用；在核心竞争力模块中，要以战略联盟为主体，充分利用现有的市场需求条件；在基础竞争力模块中，要充分调动现有要素条件和相关支持产业，形成科研院校、金融机构、信息产业企业以及相关产业共同支持的格局。从昆士兰模式、日本动漫集群、英国布里斯班模式等国外成功经验看，政府在传媒产业集群的形成和发展过程中扮演着重要的角色，政府通过规划、政策引导、资金资助等措施，保证传媒产业集群在特定区域以规范化方式运行；战略联盟是传媒产业的主体，是实现传媒产业空间集聚、共享资源、降低成本、创新学习的重要载体，是传媒产业集群发展的内在动力。大学和研发机构是传媒产业集群的重要组成部分，对创意企业发展具有强大的支撑作用。只有政府、企业、大学、研究机构相互作用、相互衔接，才能使人才培养、科研创新和产业发展三大功能完美结合，实现传媒产业集群的柔性有机结合。因此，京津冀传媒产业集群的构建路径，应当形成"政府引导、联盟运作、多方支持"的发展格局。

一、 政府引导

京津冀传媒产业集群已经初现端倪，但是仍然处于传媒产业的集聚状态，离专业化的产业或相关性的、支持性的企业以及机构包括大学、科研部门、政府机构等在一定范围内的柔性集聚并结成合作创新网络的产业集群，仍有一定的差距。究其原因，是由于我国大多数的传媒产业集群都是以自上而下行政命令式的政府主导为主。虽然我国大多数媒体属于国有性质，且肩负着宣传党和政府方针政策，正确的舆论导向的责任，政府的主导是促进传媒产业集群最为迅速的方式，但是单纯的政府主导模式，也存在一定的弊端。主要表现在：一是容易沦为政绩工程。现阶段，我国传媒产业集群大多借助文化产业园的形式实现，政府通过划定文化产业园区，将媒体迁入园区，同时引入高校或科研机构进行人才和智力支持，政府在产业集群形成过程中始终处于主导地位，这样难免会存在政绩冲动及"拉郎配"等现象，这也直接导致当前中国传媒产业集群存在着"空心化"和"房地产化"等风险。① 二是无法实现集群效应。由于传媒产业的特殊性，传媒产业大多数集聚在一些大型城市或城市带，但为了实现建构传媒产业集群的目的，部分地方政府盲目扩大媒体集聚规模，开展非主业的多种经营，这种集群化并非是市场经济的产物，而是政治布局的结果，同质媒体竞合并没有带来取长补短的效应，而是恶性竞争，大打价格战和广告战，因而无法实现资源优化配置和规模经济、外部经济。而没有外部经济的形成，则谈不上形成产业集群。②

现阶段，我国经济仍处于转型期，传媒市场机制并不完善，单纯依靠传媒市场自身发展形成如美国好莱坞、日本东

---

① 刘洁：《博弈·协调·合作——当代媒介产业与政府关系》，华中科技大学出版社 2006 年版。
② 黄晓军：《我国大众传媒合作竞争研究》，武汉大学 2010 年博士毕业论文，第 191 页。

京动漫等产业集群并不现实。同时我国传媒产业"条块分割"的市场格局，在客观上将传媒市场分割成许多大小独立的垄断市场。因此，传媒产业集群的发展需要政府的大力支持，尤其是在公共服务体系的构建和跨区域、跨产业发展过程中的协调。由于传媒产业集群是政府和市场共同作用的结果，这就需要政府在充分尊重市场规律的前提下，以传媒产业联盟为实际运营主体，更多的以引导者的身份培养传媒产业集群，更多承担引导、协调、服务的职能。

（一）构建京津冀政府合作交流机制

由于行政区划的存在，京津冀三地的传媒市场是相互分割的，只有三地政府间强化合作意识，加快顶层设计，构建三地合作协调机制才能实现三地传媒产业的协调发展，实现产业集群目标。政府合作交流机制的建立需要从平台建设、规划制定、部门协作制定等方面共同努力，具体做到：

首先，搭建京津冀三地政府高层次合作平台。时至今日，京津冀并没有形成高规格、稳定的经贸合作平台，这在一定程度上制约着京津冀协同发展。因此，需要搭建"京津冀传媒产业发展高层联席会议"，设立秘书处作为常设机构，负责京津冀高层联席会议的日常工作和重大事项的协调。"京津冀传媒产业发展高层联席会议"需要由京津冀三省市政府共同牵头，定期每年举办一次，以"论坛"、"峰会"等形式，邀请三地传媒主管部门、媒体代表、学术界代表等相关人士，对京津冀传媒产业发展现状、发展趋势、合作项目进行交流，为京津冀三地传媒产业搭建政企学研的高层次合作平台。

其次，共同谋划《京津冀传媒产业发展纲要》。京津冀三地政府的合作需要一个战略性、全局性、长远性的规划蓝图，这是区域发展的基础和前提。京津冀三地政府应当在充分调研、论证的基础上，科学合理的编制京津冀区域传媒产业合作的总体性规划——《京津冀传媒产业发展纲要》，描绘京津冀传媒产业未来发展蓝图。"京津冀传媒产业发展高层联席会议"是《纲要》的主要制定机构，要充分吸纳各界意见的基础上，突出合作共赢，合理协调严肃性与适度弹性间的关系，逐层细化京津冀传媒产业协同发展的各项举措，制定详细的时间表，使《纲要》在实施过程中更符合实际、更具操作性。另外，《纲要》还要与时俱进，定期对《纲要》内容进行修订和调整，对于不适宜未来发展的要予以修改，对于新情况、新思路要予以改进，充分保障规划编制的科学合理性。

第三，建立京津冀传媒产业管理部门协作制度。传媒产业集群的实现是一个系统性、综合性的工程。京津冀传媒产业集群的实现，应当在"京津冀传媒产业发展高层联席会议"的领导下，严格按照《京津冀传媒产业发展纲要》规划执行。与此同时，还需要促进传媒产业各职能管理部门的配套落实，以三地新闻出版广电局牵头，联合财政、人社、工商、税务、文化等多部门共同协作，结合三地传媒产业发展现状以及传媒产业的特性，结合传媒产业的发展调研，编制传媒产业合作领域指南，共同研究制定、出台传媒产业合作项目管理、公共资源共享、合作资金使用等一系列管理办法。

（二）构建京津冀传媒人才的合作共享机制

传媒产业属于文化创意产业的核心之一，人才是传媒产业发展的源泉。在美国，一方面以优厚的待遇吸引全球最优秀的人才到美国工作，另一方面利用高等教育培养大量的优秀人才，人才是支撑美国庞大文化创意产业的核心资源。京津冀传媒产业集群的实现，也需要大量人才的集聚。这需要从以下方面努力：

首先，建立人才交流机制。北京市对传媒人才具有极强的吸引力，具有"极化效应"。如何促进北京传媒人才逐步向天津、河北地区流动，这就需要京津冀建立人才交流机制，促进三地高层次传媒人才有序流动。天津、河北还要出台一系列创新人才激励机制，为传媒人才创造良好的政策支持和优厚的回报，吸引北京的传媒领军人才、传媒资本运营人才、传媒科技人才到天津、河北等地扎根创业，带动天津、河北等地的传媒产业发展。另外，天津、河北还要把握北京疏散非首都职能，利用优厚的待遇和良好的政策环境，努力促进人才逐步向天津、河北流动。

其次，建立传媒人才培养体系。京津冀呈现人才过度集中、分布不均的现象，这与三地传媒产业发展水平相适应。传媒产业作为知识密集型产业，人才在传媒产业发展中占据至关重要的地位。为促进京津冀区域人才的合理分布，除了优秀人才由北京向天津、河北等地的流动外，还要增加天津、河北等地的人才培养水平。因此，京津冀三地政府要尝试推动三地高校或教育培训机构，特别是推动北京地区高校与天津、河北等地高校，采取合作办班、联合培养、互认学分等方式，推动三地高校传媒专业学生的共同交流和培养，提升天津、河北等地传媒专业学生的素养和眼界。另外，三地还要结合《京津冀传媒产业发展纲要》的规划，根据本地传媒产业结构，具有针对性的培养适应本地传媒产业发展的人才，例如北京立足于打造国际传媒中心，需要更多的培养具有国际视野和扎实外语功底的传媒人才；河北致力于打造印刷产业链，就需要侧重培养印刷高级技术人才队伍。只有因地制宜的传媒人才培养，才能使人才培养更具针对性。

最后，建立人才集聚服务体系。传媒产业集群的前提是传媒人才的集聚。如何解决传媒人才跨区域流动的后顾之忧，这就需要京津冀三地人社部门加强合作，在三地逐步建立涉及医保、社保、职称等方面的合作互通机制，为广大传媒人才的自由流动提供人社服务保障。现阶段，三地政府已经取得了一定的成绩。例如京冀签署《推动人力资源和社会保障深化合作协议》，实现了两地居民在定点医疗机构的医保异地结算；京津冀三地签署《专业技术人员职称资格互认协议》，三地实现了人才的职称互认；2016年11月，京津冀三地更是推动了"通武廊人才一体化发展示范区"建设，北京通州、天津武清、河北廊坊三地将在区域人才评价互认、人才培养挂职交流、创新平台共享共用等方面加强合作。另外，京津冀三地要共同打造京津冀传媒人才库，共享人才资源网络，以三地人力资源部门和人才市场为依托，打造三地传媒人才交流平台，定期组织传媒人才招聘会，及时发布传媒人才需求信息。

（三）构建京津冀传媒知识产权的保护体系

传媒产业作为文化创意产业的重要组成部分，传媒产业是一个以创意创新等知识产权为核心竞争力的产业。传媒产业的特性决定了在发展传媒产业过程中，对于知识产权的保护具有关键的作用。

首先，构建知识产权保护联动机制。要在国家知识产权局的统一领导下，京津冀三地知识产权局协同发展，逐步建立起京津冀知识产权保护的联动机制。重点在京津冀知识产权人才、信息共享、专利执法机制等方面协同联动，依托三地知识产权人才信息，建立京津冀知识产权人才信息系统，推动知识产权人才的交流、流动；加强三地专利联合执法，在立案协作、委托取证、联合执法、案件移送等方面联合协作，加强专利信息共享，共同打击侵犯知识产权的案件，共同维护京津冀知识产权市场健康发展。

其次，推动"京津冀产权市场发展联盟"发展。由北京产权交易所、天津产权交易中心、河北省产权交易中心三地共同创建了"京津冀产权市场发展联盟"，成为京津冀区域内知识产权交易的重要平台，为促进区域内知识产权的保护和发展起到了促进作用。但是，由于"联盟"仍处于起步阶段，在交易品种、交易量等方面仍然较少，且各类要素资源仍然受到行政区域的限制。因此，京津冀各地政府还要进一步推动"联盟"的发展，为其提供政策支持，逐步在京津冀区域内形成跨区域、信息共享、标准统一的知识产权交易服务体系。

（四）构建京津冀传媒投融资的服务体系

传媒产业具有"轻资产、高风险"的特性，而金融机构在进行投融资过程中，一般要求贷款企业的资产抵押，这就造成传媒产业往往难以获得金融机构的青睐。为解决传媒产业的融资难问题，需要政府努力做到：

首先，设立京津冀传媒产业发展专项基金。2016 年 6 月，河北省首支省级文化产业引导股权投资基金——河北汇洋文化产业股权投资基金，总规模达 10 亿元。该专项基金将围绕京津冀文化产业协调发展进行投资活动，重点围绕数字出版、广播影视、动漫游戏等具有未来发展前景的文化产业企业进行投资，解决企业的投融资困境。[①] 为加快促进京津冀传媒产业集群，"京津冀传媒产业发展高层联席会议"也应当设立京津冀传媒产业发展专项基金，推动京津冀传媒资源整合和产业结构调整，支持骨干传媒跨地域、跨行业发展。该基金应当将投资重心放在跨区域发展上，对于跨区域传媒合作、跨区域传媒人才培养、跨区域传媒技术研发等方面加大投资倾斜力度。[②] 基金全面运营后，将充分发挥政府资金的示范、引导和杠杆作用，撬动更多社会资本参与到传媒产业集群发展中，以专业化管理，市场化手段，投资新媒体等产业领域，不断提高京津冀传媒产业的影响力、传播力。

其次，形成多元化投资主体。解决京津冀传媒企业融资难的问题，仅仅依靠政府的专项基金是远远不够的，需要发挥金融机构、民间资本、非传媒行业资本等多方力量共同努力，尤其是鼓励民间资本和非传媒产业资本的支持，逐步形成了政府资金为主导、民间资本积极参与的多元化投资机制。例如日本政府创设的"振兴艺术文化基金"就是由政府和民间共同出资设立，其中政府出资 500 亿日元，民间赞助 112 亿日元。其目的是用于支援各种艺术文化活动。[③] 京津冀传媒产业发展专项基金也应当学习国外的融资经验，以官方主

---

① 王潇：《河北汇洋文化产业股权投资基金揭牌成立》，长城网，http://news.ifeng.com/a/20160530/48878549_0.shtml. 2016 年 5 月 30 日。

② 李玉红：《京津冀传媒产业如何分工与协作》，《光明日报》2011 年 2 月 05 日，第 3 版。

③ 华正伟：《我国创意产业集群与区域经济发展研究》，东北师范大学 2012 年博士学位论文，第 102 页。

导、官民结合的方式，充分利用民间资本扩大融资来源、增强基金实力。

第三，创新京津冀传媒产业金融担保机制。"轻资产、高风险"的传媒产业很难获得金融支持，这是商业银行规避风险的正常商业行为。究其原因，主要是现有金融担保机制的不完善。创新金融担保机制，主要包括：一是创新担保物权制度。媒体以专利权、版权、商标权作为质押物，政府应当合理扩大传媒产业的抵押、质押财产范围，帮助媒体提高融资能力；金融机构也要针对媒体开发专门的金融产品，有针对性地帮助媒体解决融资困境。二是建立政策性信用担保机构，政府可以通过建立政策性信用担保机构，专门作为媒体保证人，在贷款融资过程中提高传媒企业的信用等级，提高贷款融资能力；另外，政府可以出台政策鼓励保险公司、担保机构参与媒体的贷款融资，进而与银行等金融机构建立风险共担补偿机制，降低金融机构的融资风险，解决金融机构为媒体贷款融资的后顾之忧。三是设立媒体信用等级制度，根据媒体的综合实力、银行信用、发展前景等方面综合评定，建立京津冀区域内媒体信用数据库，为金融机构向媒体贷款融资提供客观依据。①

（五）构建京津冀传媒产业创新的服务体系

健全的公共服务平台和完善的基础设施在传媒产业集群构建过程中起着非常重要的作用，能够方便集群内的成员媒体间增进联系、沟通与合作，可以促进集群内部资源的合理

---

① 张世君：《创新文化产业金融担保制度》，人民日报 2014 年 9 月 30 日，第 7 版。

配置，也可以加强集群与外部市场的联系等，是传媒产业集群的基本保障。

首先，建立集群协调组织，发挥网络协同效应。京津冀传媒产业集群构建过程中并不是媒体在地理上的简单"扎堆"，而是在一定范围内的柔性集聚并结成合作创新网络。产业集群可以被看作是生物有机体的种群。在集群区域内既包括政府、企业、联盟、科研院校、相关企业等组织，又包括艺术中心、娱乐中心、医疗中心等辅助机构，这样的布局可以使媒体、科研机构、辅助机构间建立起柔性集聚，共享公共服务资源和价值链利益，结成合作创新的网络。因此，京津冀三地政府要根据媒体特色和产业优势，通过制定媒体类型准入制度，积极引导相互间具有网络协同效应的媒体入驻。另外，传媒产业集群规划要注重人性化设计，充分尊重媒体人才对艺术氛围的追求，在基础设施以及辅助设施的建设过程中，努力为媒体人才提供宽松自由的工作生活环境。

其次，搭建创新平台，推动中小企业发展。在"大众创业、万众创新"的氛围中，传媒产业也是创新创业的重要产业之一。京津冀三地要将创新创业政策与传媒产业协同发展相结合，搭建京津冀区域传媒创新创业平台，为媒体孵化、发展提供高效的服务。针对创新创业过程中中小媒体资金紧张的问题，京津冀三地政府部门可以采取资金支持和政策支持相配套的方式加以扶持。在资金支持上，政府可以利用专项发展基金，对中小媒体直接投资或提供无息贷款，缓解创业初期的资金压力。由于媒体的核心是"人"，其中最大的开支也是人员工资，政府也可以提供创业补贴、养老医疗保险补助等，都能够缓解其资金压力；在政策支持上，政府可以免费为初创媒体提供经营场地，还可以制定一系列优惠政策，例如税收优惠、免费技能培训、免行政事业收费、免费创业服务等，激活中小媒体的创新动力和市场竞争力，促进传媒产业集群的形成和发展。

二、 联盟运作

轮轴式产业集群，其结构犹如车的轮轴，围绕一个或多个核心企业通过价值链上下游企业所形成的产业空间形式，此类产业集群的特点是整个产业集群由区域内的一个或多个核心所掌握，而其他相关企业则围绕核心企业与之密切合作，并形成长期的契约关系，政府在其中扮演着重要角色。我国传媒行业"条块分割"的基本格局，造成传媒市场"井字结构"和"平行结构"，形成了众多相互分割的小规模垄断市场。因此，在区域内容易形成一个或几个核心的传媒集团，这决定了想要在区域内形成传媒产业集群，轮轴式的产业集群更适合我国传媒产业发展。因此，在产业集群运作过程中，需要从两个方面入手：一是在集群的"核心层"，通过竞争性战略联盟使区域内两个及以上的传媒集团建立稳定的合作关系，打破行政区域壁垒，实现规模经济、外部经济和知识创新，打造轮轴式产业集群的核心动力；二是在集群的"外围层"，通过非竞争性战略联盟使传媒产业上下游相关企业以及高校、金融机构等相关组织建立稳定的合作关系，形成传媒上下游全产业链合作、"产学研"合作等，打造轮轴式产业集群的生态系统。

（一）构建京津冀传媒竞争性战略联盟：打造产业集群核心

以北京 CBD 国际传媒产业集群为例，该区域虽然原本就有部分媒体集聚，但仅仅是地理位置的相近，而没有形成上下游相关产业的集聚。随着中央电视台、北京电视台的东迁，随之而来的电视制作公司、设备租赁公司、数字技术公司、广告代理公司、演员经纪公司等下游公司蜂拥而至，该区域内以这两个电视台为中心的上下游企业就多达 12000 余家。随着大量媒体及相关产业企业的入驻，使这一区域为媒体提供了良好的软硬件设施，逐步在这一区域形成了一个国际传媒产业集群。从北京 CBD 国际传媒产业集群可以看出，正是中央电视台和北京电视台的核心集聚，才形成了如今的产业集群，足见产业核心在该区域内的带动作用。在京津冀区域传媒产业集群构建过程中，以竞争性战略联盟为主的产业集群核心形成至关重要。作为产业集群内的增长极，重点需要从以下三方面打造区域竞争性战略联盟这一"发动机"：

1. 以大型传媒集团间联盟为主体。现阶段，在现行规制体制下，由行政区划形成了一个个大大小小的相对独立的传媒市场。在各自独立的省级传媒市场上，已经先后建立起了数十个报业集团、广电集团等省级传媒集团，这些省级传媒集团基本控制着本省内的传统媒体市场，集合了本省内主要的传媒资源。在京津冀，天津、河北的传媒市场主要由本省的报业集团、广电集团所垄断；而北京作为首都，除了省级传媒集团外，还聚集了国家级媒体、民营传媒集团等多种类型传媒组织。因此，为了组建京津冀传媒竞争性战略联盟，打造产业集群的"发动机"，需要充分发动京津冀内传媒集团的积极性。在进行跨区域传媒产业集群过程中，区域传媒战略联盟从组建到成长为区域传媒增长极，需要经历从"联盟组建——联盟初级合作——形成增长极"的过程。京津冀传媒战略联盟的组建以京津冀内的大型传媒集团为主，既可以是传统媒体集团间的合作，也可以是传统媒体集团与新媒体集团间的合作，还可以是国有传媒集团与民营媒体集团间的合作。在联盟组建之初的伙伴选择上，传媒集团要以联盟的发展目标为标准寻找合作伙伴。京津冀传媒战略联盟从组建，到形成增长极并非一蹴而就，还需要由浅入深、循序渐进。京津冀传媒战略联盟可以从联盟初级合作开始，包括节目制作联盟、广告联盟、购剧联盟等合作。随着联盟成员间合作经验的成熟和默契程度的提高，一旦时机成熟，双方可以通过共同投资组建运营实体，进而形成产业发展的增长极。

2. 以股权合作形式为联盟载体。战略联盟合作形式主要分为契约式联盟和股权式联盟，契约式联盟就是联盟伙伴之间以合作协议、合作意向等具有一定约束力的正式协议为纽带的较为松散的合作形式；股权式联盟则是合作伙伴间相互持股或共同投资组建新企业，从而在保持自身独立基础上形成更加紧密的合作形式。由此可见，相较于契约式合作方式，股权式联盟对联盟双方更具约束力，双方的合作也更加紧密。对于京津冀传媒战略联盟而言，其最终目的是要实现产业集聚，甚至是产业集群，这就需要战略联盟要以更加紧密的形式组建，才能在内部形成凝聚力，进而形成区域内的增长极，带动相关产业的集聚，实现产业集群。

3. 以优势资源互补为联盟动机。对于京津冀传媒战略联盟而言，北京的传媒集团在人才、资金、内容、技术等方面都具有区域竞争优势，这也造成京津冀传媒产业发展不均衡。因此，京津冀传媒战略联盟可以充分发挥联盟的优势资源互补的特征，北京的媒体提供资金、人才、内容、技术等资源，而天津、河北等地提供广告市场、产业园区等方面资源，可以通过建立传媒产业园区的形式，利用河北较为低廉的土地价格和紧靠京津的地缘优势，以京津冀的传媒战略联盟为增长极，打造京津冀传媒产业园，实现京津冀传媒集团的优势互补。

（二）构建京津冀传媒非竞争性战略联盟：打造产业集群生态

表7-1　传媒产业价值链

辅助活动	媒体技术业务				
	人力管理业务				
	资本运作业务				
基本活动	内容资源生产业务	内容集成播控业务	内容传输服务业务	广告营销业务	用户服务业务

价值链上游　　　　　　　　　　　　　　　　价值链下游

从表7-1可以看出，在传媒产业价值链中，媒体所组成的竞争性战略联盟不可能将整条价值链上的所有业务都囊括其中，只能专注于核心业务，而对于处于价值链其他位置的业务则无法顾及。与之相对的是，产业集群的实现需要集群内拥有资源共享、分工协作的完整产业价值链体系，能够形成产业集群的独立生态，只有这样才能够实现产业集群的外部经济效应。因此，京津冀传媒战略联盟需要组建非竞争性战略联盟，将传媒集团与价值链上下游企业组建联盟纵向产业联盟，才能实现产业集群内部形成完整、稳定、分工协作的完整产业价值链。构建京津冀传媒非竞争性战略联盟，打造产业集群生态群，重点从以下三方面入手：

1. 坚持主业，打造完整的价值链体系。京津冀传媒非竞争性战略联盟形成过程中，京津冀媒体要牢牢把握其主业，与主业价值链上下游企业组建非竞争性战略联盟。也就是说，京津冀媒体要在集中发展内容资源优势的基础上，与通信企业、金融机构、高新技术公司、终端制造商建成战略联盟，借助战略联盟实现资源共享、优势互补，使得联盟企业在整个价值链体系中占据优势。例如上海东方传媒集团（SMG）为了发展 IPTV 等三网融合业务，积极与微软、华为等知名高科技公司建立联盟，为其提供雄厚的技术支持；积极与康佳、夏普等终端生产商建立联盟，为其提供终端资源支持；积极与法国电信达成战略合作，为其 IPTV 开拓海外市场。SMG 正是坚持主业的典型，其仅仅抓住 IPTV 这一核心业务，围绕在 IPTV 周围，借助非竞争性战略联盟拓展对产业价值链的控制，进而打造完整的价值链体系。

2. 分工协作，实现集群外部效应。产业集群内的企业需要资源共享、分工合作，才能避免恶性竞争，提升企业专业化程度，降低生产成本，实现集群的外部效应。产业集群的核心能力来源于价值链的协调效应和价值系统的整体协调管理。因此，产业集群内非竞争性战略联盟组建过程中，要以产业价值链为标准，沿着价值链的上下游进行联盟组建，同时明确联盟成员分工，使联盟成员更加专业化，降低单位生产成本，提升联盟的竞争优势。SMG 在打造 IPTV 价值链过程中，其与上游技术企业组建的联盟，明确了联盟伙伴提供的技术支持的内容，而在与下游渠道企业和终端企业组建的联盟，明确了联盟伙伴提供的渠道支持和终端产品，这样围绕 IPTV 主业的全价值链体系，分工明确，降低了生产成本，使得整条价值链的企业都实现了外部效应。

3. 知识共享，建立京津冀传媒创新网络。由于京津冀传媒产业集群内企业地理区位上的临近，使得某个企业的创新或成果，会很快引起同行的关注和效仿，知识的外溢和相互学习使集群内企业间知识得以共享，这也成为产业集群内企业提升学习能力、获取知识的重要途径，增强了企业的创新能力。京津冀传媒非竞争性战略联盟成员借助联盟合作，可以更加容易的接触到联盟成员的隐性知识，但产业集群内的同一个内容制作企业可能既与报业集团合作，也可能与广电集团合作，还有可能与新媒体集团合作，这使得集群内的联盟并非线性合作，而是网状的合作形式。由于联盟成员间知识外溢和隐性知识的学习，使得联盟成员间相互学习，不断提升创新能力，逐渐建立起了京津冀传媒创新网络。

三、 多方支持

（一） 高校

从澳大利亚的昆士兰模式到日本的东京动漫产业群，再到英国的布里斯班模式，都能看到"产学研"在传媒产业集群中的关键作用。传媒产业作为文化产业中的核心产业，属于人才密集型产业，而高校和科研机构则是人才的培养机构，因此传媒产业集群的发展离不开高校和科研机构的人才支持。产学研的实质是促进技术创新所需各种生产要素的有效组合，提高大学和科研机构的科技成果转化率，加强企业的核心技术能力，是企业克服技术资源困境，获得持久创新能力的重要途径。Chesbrough 在创新理论的研究中，提出了"开放式创新"，认为"知识的创造和扩散以及高级人才流动的速度越来越快，企业应实施开放式创新模式，与大学等外部知识源进行广泛合作"。Etzkowi 在《三重螺旋》更是直接指出：产学合作是大学除了教学和研究之外的"第三使命"，"大学—产业—政府"三方在发挥各自独特作用的同时加强多重互动，这是提高国家创新系统整体绩效的重要条件。① 在我国，与同济大学距离 860 米的"环同济知识经济圈"——"赤峰路一条街"，拥有近两千家企业，是从业人数超过 3 万的创意集群带，创造了"政府—高校—产业"协同推动模式。从2002 年开始，环同济知识经济圈的产值从 10 亿元发展为2011 年的 180 亿元，在这十年里增长了 17 倍，每年 20% 的速度增长，到 2015 年已达 300 亿元。② 北京中关村与清华大学等知名学府的合作、广东省"三部两院一省"产学研计划等也都取得了明显的效果。

1. 坚持"产学研"相结合的办学理念。京津冀的高校应该主动承担起发展创造性教育的重要责任，结合京津冀的传媒产业发展趋势、审时度势，加快调整传媒领域相关学院和专业门类，扩大传媒人才特别是新媒体人才、融媒体人才的培养规模。京津冀的高校要紧密关注媒体的发展需求，注重理论课程与实践课程相结合，改变以往灌输式教育为主的教学方式，创建实践教学体系，改革课程教学体系。与此同时，京津冀的高校要在坚持"产学研"相结合办学理念的基础

---

① 管怡舒、闫玉刚：《北京市级文化创意产业集聚区现状分析与发展对策研究》，《经济与管理战略研究》2014 年第 5 期

② 刘强：《环同济知识经济圈出路：政府去当"清道夫"》，《东方早报》2012年 6 月 5 日。

上，积极与媒体合作，共同探索全新的校企合作新思路、新途径，可以采取校企"订单班"，借助学习的教学资源和企业的实际要求，为企业"量身定制"传媒人才；还可以建立企业实习学分制度，学生通过每学年在媒体的实习来获取学分，鼓励学生到媒体实习。

2. 探索京津冀三地高校联合培养模式。京津冀的教育资源分布极不均衡，北京拥有众多国内知名院校，这为北京媒体的发展提供了充足的人才储备，而天津、河北两地的教育资源，尤其是传媒教育资源相对匮乏，不仅难以满足本地媒体的要求，还制约了本地媒体的发展。正是本地媒体发展不足，使得天津、河北两地的传媒人才流失严重，从而形成传媒人才供应的恶性循环。为了解决京津冀传媒人才供求不平衡的现状，需要三地高校联合起来，建立京津冀高校传媒人才培养协作体，三地高校协同发展、共同培养。主要分为两部分：一是针对在校学生的培养，三地高校可以通过互相认可学分、互派优秀教师、加强传媒学科建设交流等方式，充分调动三地高校传媒专业师生的积极性，使北京知名高校传媒专业的教育资源向天津、河北等地高校"扩散"，提升天津、河北的整体教学质量和学生的实践能力。二是针对从业人员的培养上，天津、河北等地传媒从业人员可以借助北京高校的资源，采取短期培训、在职学习等方式，开阔视野、提升专业水平，进而使天津、河北等地的媒体更好的发展。

3. 积极参与成为产业集群的重要部分。在澳大利亚的"昆士兰模式"中，昆士兰科技大学向入住园区的创意企业输送大量的专业人才，开展技能培训，提供文化资源、艺术资源、学术资源及相关服务，大学成为推动园区不断发展的重要力量；创意企业既向昆士兰科技大学注入发展资金，为在校学生提供实习或实践机会，又为研究机构提供相关的实证数据以及必要的研发经费；而研究机构既向大学提供专业设置指导，为企业提供业务咨询和战略规划，又向政府提出创意产业发展建议。[①] 京津冀传媒产业集群在构建过程中，京津冀的高校除了为园区内的媒体提供人才输送外，还要注重科研技术支持和服务支持，帮助媒体解决实践过程中存在的技术难题，同时帮助园区内的媒体掌握传媒行业发展趋势、整体经营状况，为其提供科学的战略规划，制定公司发展战略。另外，京津冀的高校除了为媒体提供智力支持外，还要为政府和产业园区的发展建言建策，以相关研究中心或重大课题为载体，为政府和产业园区发展提供建设性对策，搭建起政府、媒体和产业园区的桥梁。

（二）文化产业园区

文化产业园区是现阶段我国传媒产业集群的主要呈现形式，是为集群企业提供必要基础设施和服务的载体。文化产业园区服务的优劣将直接关系着整个园区产业集群发展的成功与否。对于京津冀传媒产业集群而言，文化产业园区除了需要提供必要的硬件条件外，其最主要的职能就是要为园区内中小媒体做好融资服务，这是京津冀传媒产业集群发展的"生命线"。具体应当做好以下工作：

1. 构建"三位一体"的文化产园区信用协会。中小媒体

---

① 华正伟：《我国创意产业集群与区域经济发展研究》，东北师范大学 2012 年博士学位论文，第 96 页。

融资难关键是由于中小媒体融资信用较低，金融机构为规避投资风险而造成的。因此，对于集群融资而言，首要目标就是要为中小媒体融资集群进行信用建设。为融资集聚进行信用建设，首先要在文化产业园区内设立由文化产业园区管理委员会、会计公司、担保公司为主的文化产业园区信用协会。信用协会以信用共担为基础，采取会员制的组织形式，主要吸收园区内经营规范、信用度高，愿意共担风险的中小媒体。其中，担保公司是整个协会的核心，政府、文化产业园区、社会资本共同出资成立股份有限公司。每年担保公司要对信用协会会员进行信用评级，这也有利于对信用协会进行风险控制。文化产业园区管理委员会作为协会的日常运营机构，其既是担保公司的主要股东，也是为中小媒体提供融资信息、融资手续办理等方面的服务，贷款资金最终由其下属的文化产业孵化基金进行接收、发放。会计公司将隶属于政府财政部门，对信用协会内所有会员代理会计记账工作，同时也为担保公司进行信息等级评定提供真实、客观的财务信息，也有利于中小媒体规范运营。

2. 构建信用协会与中小媒体间的文化产业孵化基金。文化产业孵化基金是一家资本公司，作为承贷主体，是企业的统贷的平台，负责发放贷款以及回收贷款本息。与此同时，孵化基金作为文化产业园区的经济实体，其可以吸收中小媒体作为股东。基金除了进行间接融资外，还可以进行债权融资和股权融资，从而拓宽中小媒体的融资渠道。文化产业孵化基金除了为中小媒体融资外，也可以承担政府对文化产业引导资金的发放。中小媒体可以通过基金这一平台申报相关引导资金支持。文化产业孵化基金将成为文化产业园区与中小媒体的资本平台。

3. 构建信用协会集群融资的监督机制。文化产业园区信用协会的监督机制主要包括内部监督和外部监督。针对内部监督，由于信用协会存在会计公司、担保公司以及文化产业园区三个主体，因此需要三个主体间进行相互监督，从而保证在对中小媒体进行贷款担保、信用等级认定等方面做到公平、公正。针对外部监督，主要包括信用协会对中小媒体的监督和政府对信用协会的监督。信用协会需要会计公司真实可靠的会计信息为基础，对中小媒体的信贷情况进行有效监督。政府作为担保公司的主要出资机构、会计公司和文化产业园区的主管单位，其虽不直接参与经营管理活动，但应当通过定期审查等方式加强对信用协会的有效监督。

4. 构建京津冀内文化产业园区联动融资模式。以上是针对一个文化园区内中小媒体进行集群融资的构建，而面对京津冀所有中小媒体融资难的问题则不可能通过某一个园区来加以解决。京津冀内的地级市都拥有自己的文化产业园区，如果能将相对分散的文化产业园区在京津冀内进行"集群融资"，将产生更加巨大的金融规模经济。可以由京津冀三地的文化厅牵头，设立京津冀的内文化产业园区协会，在这一平台下同各大银行进行深度合作，共同支持京津冀传媒产业的健康发展。例如2011年上海浦发银行成功同上海15家市级文化产业园区合作，引入优质担保公司，探索推进"银行＋园区＋担保"的"银元宝"风险共担合作模式。[1]

（三）金融机构

京津冀传媒产业集群的融投资问题，除了需要京津冀三地政府部门的顶层设计外，金融机构的贯彻落实情况，对京津冀传媒产业集群的发展具有举足轻重的作用。具体需要做到：

1. 努力开发适合传媒产业的金融新产品。各商业银行应根据京津冀各地传媒产业发展现状，开发适应传媒产业"轻资产、高风险"特征的金融新产品，提供全新的信贷模式，探究如何开展知识产权、无形资产、电影（视）制作权以及专利权、著作权的质押方式，提高媒体获得贷款的途径。同时金融机构应结合自身的机构设置，提供快捷、灵活的专业化信贷服务。

2. 建立完善的京津冀传媒金融扶持体系。京津冀传媒产业集群的金融扶持体系应当是全方位、可持续、多层次的服务体系，既包括大型商业银行的扶持，也需要积极拓展城市商业银行、小额贷款公司等众多中小金融机构，进而满足大型传媒集团、中小型传媒公司等众多媒体的需求。在京津冀传媒金融扶持体系中，除了直接的资金投资外，金融机构还应当充分发挥自身金融服务优势，通过给媒体提供财务咨询服务，帮助媒体完善相关财务制度，促进有一定潜力的媒体上市融资，组织媒体集合发行中长期企业债，以拓展其融资渠道。

---

① 商建辉、张志平：《河北省文化产业园区集群融资模式构建》，河北新闻网 2012 年 5 月 14 日。

3. 发挥产业链规模化融资的优势。产业集群不是某一个媒体的独立发展，而是涉及价值链上下游众多相关企业的集群发展。一个成熟的产业链条下产业专业分工细致，稳定性较高，后续产品的不断开发有利于形成稳定的利润空间，从而降低融资风险，更容易获得信贷支持。因此，金融机构在支持京津冀传媒产业发展时，可以加大对价值链关键环节企业的信贷支持，进而延伸到整个产业价值链条中的企业。整条产业价值链的规模化融资，有利于实现规模效应和外部效应，可以降低金融机构的投资风险，因此金融机构可以以产业集群整体作为投放信贷的目标，构建金融对传媒产业发展的长效支持机制，促进京津冀传媒产业集群的加速发展。[1]

---

[1] 马红艳,李浩然:《金融支持下的河北省文化传媒产业发展对策研究》,《中国报业》2011 年第 22 期。

第八章　微观：构建京津冀传媒
战略联盟的操作步骤

现阶段，京津冀借助区域传媒战略联盟在打造传媒产业链、实现多元化发展、迈向国际化等方面取得了不俗的成绩。但是京津冀传媒战略联盟作为传统战略联盟的全新发展形态，国内外企业在联盟具体管理运作上都缺乏成熟的经验，这也造成京津冀媒体在运用这一发展战略过程中在稳定性、合作伙伴、企业文化、信任机制、利益分配、政策风险等方面出现一定的困难和问题，制约着京津冀传媒战略联盟效果的实现。本章将结合京津冀传媒产业特点和市场环境，并借助美国学者戴维·雷（David Lei）的联盟过程理论，对联盟伙伴选择阶段、联盟设计和谈判阶段、联盟实施和控制阶段三个阶段的构建提出策略性建议，从而为联盟平台的建立和运行提供成熟的方案，促进京津冀传媒战略联盟的效益实现。

京津冀传媒战略联盟构建的三个阶段主要包括以下内容：

第一阶段——联盟伙伴选择阶段：评估合作机会；合作伙伴选择。

第二阶段——联盟设计和谈判阶段：联盟治理结构的设计；联盟风险防范机制。

第三阶段——联盟实施和控制阶段：利益分配机制；信任沟通机制；创新联盟文化。

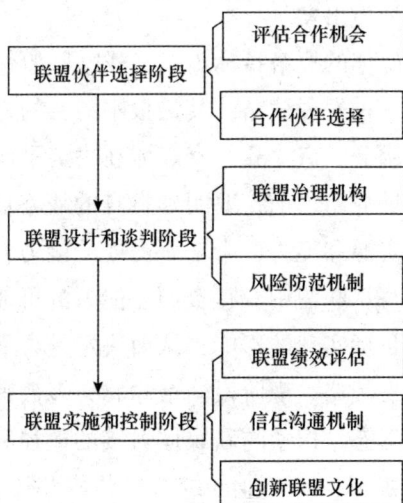

图 8-1　构建区域传媒战略联盟示意图

第一节　联盟伙伴选择阶段

联盟伙伴选择阶段是一个联盟形成的开端，在这一阶段企业首先要对合作的机会进行评估，媒体是否需要采取战略联盟这一发展战略。媒体一旦确定采取战略联盟作为发展的首要手段，接下来就需要对合作伙伴进行仔细选择，联盟伙伴的选择是战略联盟成功的基础。合作伙伴的选择将直接决定联盟未来的发展趋势和合作期限。

一、　评估合作机会

京津冀的一家媒体评估区域传媒战略联盟的合作机会主要从两个方面考虑：一是从媒体的战略目标出发；二是从国

家政策和市场环境出发。

首先，从媒体的战略目标出发。战略联盟作为媒体进行发展和扩张的一种发展战略，其最根本的目的是要为实现媒体的战略目标服务。京津冀一家媒体在决定采取区域传媒战略联盟这一发展战略之前，要明确自身的战略目标，洞悉自身的核心竞争资源和能力，未来所需要的能力、资源及获利前景，以及自身从联盟中获得资源、能力的可能性，评估这些因素对战略目标实现的影响，从而决定是否采取区域传媒战略联盟的发展战略。现阶段，京津冀大多数媒体都将突破传统媒体传播形态，探索与新媒体对接的途径和方式，打造多屏融合的跨媒体、跨产业的综合性传媒集团为战略目标。但是这一战略目标单靠自身的资源都存在"战略缺口"，这就需要京津冀媒体结合自身的战略目标，在对自身的优势资源和能力进行科学评估的基础上，与京津冀其他媒体或机构建立战略联盟。如果要进行新媒体产品的研发就需要采取纵向产业联盟，与上下游企业合作，共同开发全新媒体产品；如果要进行多元化经营就需要采取跨产业合作联盟，与其他产业企业合作，共同开拓新的业务领域；如果要进行国际化发展就需要采取国际合作联盟，与国际企业合作，共同开发国际传媒市场。

其次，从国家政策和市场环境出发。传媒行业由于具有的意识形态属性，受到国家政策的影响要远高于其他行业；还由于其自身的经济属性，也使得传媒行业同时到市场环境的影响。京津冀的媒体在进行合作评估过程中，除了要对自身核心资源和能力拥有一个科学的评估外，还要认真研究国家相关传媒政策和市场环境变化，从而降低战略联盟发展的风险。

二、 合作伙伴选择

对于合作伙伴的选择一直都是学界研究的重点，Lorange 和 Roos 提出，伙伴选择的"3C"原则，即兼容性（Compatibility）、能力（Capability）、承诺（Commitment）。[①] 根据"3C"原则选择区域传媒战略联盟的合作伙伴，我们将重点放在以下三个方面：合作伙伴目标的统一性、合作伙伴资源和能力的互补性、合作伙伴的信任程度。

首先，合作伙伴目标的统一性是联盟的前提。战略联盟作为独立经济实体合作下的松散组织，统一的战略目标是联盟合作的重要前提。共同的战略目标是联盟合作的"黏合剂"，使得联盟成员间拥有共同的价值取向，从而有利于化解未来联盟成员间的冲突。因此，京津冀的媒体在建立战略联盟之前，要以自身的战略目标为出发点，花时间和精力寻找拥有相同战略目标的合作伙伴，双方在协商的基础上达成统一的合作共识。京津冀的媒体在制定战略联盟共同目标过程中，需要注意目标要具有吸引力、目标要科学合理、目标要具有可操作性。

其次，合作伙伴资源和能力的互补性是联盟的基础。基于资源基础理论的观点，不同媒体之所以拥有不同的核心竞争能力，主要是源自于其资源和能力的异质性。媒体有价值资源和能力的异质性，使得资源具有稀缺性、不可模仿性和

---

① Lorange P. & Roos, 1992. Strategic Alliances：Formation, Implementation, and Evolution, Mass：Blackwell.

不可替代性的特征，这也是媒体获得可持续竞争优势的源泉。媒体具有价值的核心资源和能力在整个媒体的组织系统中，并不能够完全依靠市场进行交易。因此，这就需要京津冀的媒体借助战略联盟这一"中间组织"，在双方独立合作的基础上，实现双方稀缺资源和能力的共享。联盟伙伴间资源和能力的互补性是联盟成立的重要基础。

京津冀的媒体在进行战略伙伴选择过程中，需要从资源互补的角度出发，将联盟作为获取稀缺资源和能力的平台，选择具有互补资源优势的合作伙伴，借助伙伴资源间的有效组合，提升自身核心竞争力。在进行合作伙伴选择过程中，首先要认清自身的核心资源和能力。京津冀的媒体在内容资源提供、新闻人才资源、品牌资源、广告服务等方面拥有一定的优势；其次，要根据战略目标确定所需要的稀缺资源和能力。在媒介融合过程中，京津冀的媒体往往缺乏资本运作能力、新媒体技术、通信渠道资源以及终端生产和营销能力。最后，根据稀缺资源和能力选择合作伙伴。京津冀的媒体现状决定了在伙伴选择过程中其往往倾向于银行业、电信业、研发机构、终端生产业等合作伙伴。值得京津冀媒体借鉴的如山东电视台与中国电信的战略联盟；宁夏广电集团与中国移动的联盟；电广传媒与国家开发银行的战略联盟等。

最后，合作伙伴的信任程度是联盟的保障。信任是关系联盟稳定发展的重要保障，也直接决定着联盟的未来。美国凡士通公司与福特汽车正是由于信任的破裂，导致两家合作已百年的公司分道扬镳。京津冀的媒体选择值得信任的合作伙伴需要重点考察以下几点：第一，合作伙伴的信誉。在其生产经营活动中所获得的社会上公认的信用和名声。良好的信誉是伙伴选择的重要考虑因素。媒体作为具有公共服务性质的经济组织，由于其受众广、知名度高，本身具有较高的社会影响力和良好的品牌形象，如果对合作伙伴的信誉不严格把关，将会直接影响其自身的品牌价值和企业形象。第二，合作伙伴的财务状况。战略联盟的组建归根到底是要实现联盟成员的利润最大化，这是任何经济组织都要追求的根本目标。联盟成员的信任基础就在于联盟成员拥有一个良好的财务状况和信用等级。京津冀的媒体作为国有控股或国有独资企业，其资产的国有性质决定了其在进行战略联盟过程中，要尽量规避给国有资产带来损失的风险，这就需要在合作伙伴选择过程中寻找财务状况良好、信用等级高的媒体或机构作为合作伙伴。

第二节　联盟设计和谈判阶段

联盟设计与谈判阶段是联盟成员进行联盟治理结构设计和风险防范的阶段。在这一阶段，联盟成员通过频繁的沟通和谈判，将联盟的合作目标、治理结构、出资比例、人员安排、风险防范、相关规章制度进行设计和制定。本节认为，在这一阶段京津冀的媒体应当尤其注意治理结构的设计和风险防范机制的构建。

一、　联盟治理结构的设计

所谓联盟治理结构，从广义上说就是在联盟这一介于市场和企业的"中间组织"中，规范联盟成员权利与义务分配，以及与之有关的人员安排、监督等制度框架。从狭义上，表现为联盟实现方式的选择上，主要有股权式和契约式两种实现方式。股权式战略联盟是由双方进行股权参与形成的经济实体，联盟成员的治理结构可以按照股份公司的治理结构进行设计。契约式的战略联盟是基于双方的一系列契约来规范约束双方在联盟中的权利与义务，其联盟成员的贡献并不用财务指标进行量化，因此需要根据不同情况加以区别。

无论股权式战略联盟，还是契约式战略联盟，联盟内控制权问题是双方治理结构的关键。根据对联盟控制权的分配不同，我们可以将治理结构分为一方支配型、平等支配型和虚拟支配型。

一方支配型的治理结构，是联盟成员中根据对联盟的贡献和能力大小，其中一个成员在联盟运作过程中拥有绝对的支配的地位，而其他联盟成员则配合其行动。此类联盟大多出现纵向产业联盟中，因为在产业价值链中往往有一个或几个关键环节是这个价值链的核心，而其他环节都是围绕这一核心环节运行的，控制关键环节的媒体将在联盟中占据支配地位。在传媒产业价值链中，内容资源生产平台和内容集成播控平台是其核心环节，而媒体往往在这两个环节拥有优势资源和能力，占据联盟的支配地位。例如上海电视台控制下的百视通公司，在与康佳、三星、联想等终端生产厂商的联盟中，由于其自身在内容资源生产和集成播控平台上的竞争优势地位，使得其占据支配地位，终端厂商通过搭载其资源和播控技术实现智能电视生产。

平等支配型的治理结构，是双方在联盟运作过程中，承担相同的责任，享受相同的权利，对联盟的管理有同等的支配权力。股权式战略联盟一般采取平等支配型治理结构，这是由于大多数股权式战略联盟的双方往往占有大体相当的投资比例。由于股权式战略联盟拥有经济实体，其治理结构的支配权应由联盟成员股权参与比例决定，同等的股权比例决定了双方在联盟中的支配权平等。例如联想集团宣布与上海广播电视台旗下新媒体公司百视通在上海成立名为"视云网络科技"的合资企业，进军中国移动互联与数字家庭市场。百视通持有合资公司51%股份，联想持股49%，双方出资比例大致相同，双方共同参与企业的管理，对联盟拥有平等的支配权力。

虚拟支配型的治理结构，是指不存在一个管理联盟事务的部门或机构，联盟的运作主要靠双方不断的信息沟通和业务信息的往来完成。这一类联盟主要出现在以某一产品或业务合作而产生的联盟。例如上海文广新闻传媒集团（SMG）旗下的生活时尚频道 Channel Young 与浦发银行信用卡中心，双方推出了国内首张由电视媒体与银行合作的联名信用卡——星尚浦发信用卡。双方仅就星尚浦发信用卡业务建立联盟关系，因此联盟并不具有实体组织，而仅仅存在于媒体间或媒体占其他企业间的业务往来和信息沟通中。

二、 联盟风险防范机制

京津冀传媒战略联盟在联盟内部在组建阶段、运作阶段、解体阶段都存在着伙伴选择、组织设计、投资回报、信任等各种风险，在联盟外部又必须面对政策风险和市场风险。面对联盟的各种风险，需要京津冀传媒战略联盟成员未雨绸缪，建立联盟的风险防范机制。主要从内部风险防范机制和外部风险防范机制两个层面来建构。

首先，内部风险防范机制。京津冀传媒战略联盟作为媒体间或媒体与其他机构间合作的平台，在组建、运作以致解体的整个联盟生命周期过程中，联盟内部都一直存在威胁联盟稳定发展的风险。因此，在京津冀传媒联盟组建之初的设计阶段，就要充分考虑联盟未来发展过程中所要遇到的风险。国内外学者普遍认为，联盟内部风险的控制能够通过契约和监控得到实现。

契约是一种人类社会基本的交往规范，它能够确保社会的所有方向都能够按一定的规范行事。在联盟设计中，需要联盟成员尽可能在利益分配、绩效评估、治理结构、责任承担等方面达成契约，形成规范性的制度，从而保障联盟成员都能够按照双方契约的方向规范自己的行为。京津冀传媒战略联盟大多采取契约式的治理结构，联盟双方贡献并不明晰，在利益分配、绩效评估等方面都没有明确规定，这就更需要京津冀的媒体同联盟伙伴，通过一系列契约形式制定详尽的联盟制度，将联盟在组建、运行、解体各个阶段所面临的风险尽可能以契约的形式加以规范。

监控，主要是指联盟成员的自身监控机制的建立，这就需要联盟双方在制定契约的同时，制定一套联盟双方全方位监控联盟进度和发展的方案。[1] 在京津冀传媒战略联盟设计过程中，要对联盟的发展制定明确的发展规划，根据这一规划在不同发展时期随时了解联盟的生产和运营情况。监控机制需要包括监督、评估、反馈、协调等方面，并根据不同的

---

① 陈黎琴：《企业联盟的实现方式研究》，经济管理出版社 2008 年版，第 188 页。

联盟形式进行调整。

其次，外部风险防范机制。传媒战略联盟的外部风险主要包括政策风险和市场风险。由于传媒行业的特点受政策影响较大，加之随时存在的市场风险，京津冀的媒体需要在联盟内部专门成立风险防范领导小组，建立一套联盟风险应急预案，及时关注政策变化和市场风险，为管理层规避风险决策提供一定的智力支持。

第三节　联盟实施和控制阶段

联盟实施和控制阶段是联盟具体运作的过程，在这一阶段联盟的稳定发展是联盟存续的基础。尼尔·瑞克曼（Neil Rackham）对于联盟伙伴关系的研究结论认为，成功伙伴关系的构成要素主要包括三个：贡献、亲密、远景。[①] 联盟稳定的核心是联盟伙伴关系的稳定，从尼尔·瑞克曼的观点可以看出，联盟伙伴的稳定需要从绩效评估、信任沟通、创新联盟文化等方面实施和控制。

一、联盟绩效评估

媒体建立战略联盟，联盟成员拥有共同的战略目标，而这些目标的实现程度和效果就是联盟的绩效。相关研究表明，只有大约1/3的联盟组织对战略联盟的效果进行评估，这也是大多数联盟走向解体的重要原因。因此，对联盟运行效果

---

① 尼尔·瑞克曼等：《合作竞争大未来》，苏怡仲译，经济管理出版社1998年版。

的评估，将让联盟成员对联盟的现实情况拥有一个实时的监控，从而提高联盟的绩效，进而提供战略联盟的成功率。我们将联盟的绩效评价分为三个步骤：

第一，联盟的事前控制分析。联盟绩效评估属于联盟实施和控制阶段，在进行绩效评估之前，要对联盟伙伴选择阶段和设计谈判阶段的重要因素进行分析，这些因素都会直接影响联盟的绩效评估。联盟绩效评估的事前控制主要包括联盟成员选择、治理结构、战略目标等。

联盟的动机分析。联盟成员加入联盟的动机是决定了联盟伙伴的选择、联盟治理结构等，这将成为最终评价指标的重要影响因素。

联盟的治理结构分析。不同的联盟形式将直接决定联盟成员间的参与程度、联盟的稳定性、利益分配原则等关系联盟运行效果的因素，也会采取不同的管理控制系统，这是决定联盟绩效的重要因素。

联盟的战略目标，联盟成员进行合作的前提就是拥有共同的战略目标，联盟的绩效评估就是要评估联盟的运行效果达到战略目标的程度。

第二，确定京津冀传媒绩效评估方法。平衡计分卡（BSC）是一种多角度的绩效衡量模式。最早由哈佛大学教授 Robert Kaplan 与诺朗顿研究院的执行长 David Norton 在 1992 年《哈佛商业评论》中首次提出。平衡计分卡克服了传统绩效评估方法过多强调财务指标的缺点，从财务、客户、内部运营、学习与成长四个角度，将组织的战略落实为可操作的衡量指标和目标值的一种新型绩效管理体系。京津冀传媒战略联盟作为一种发展战略，平衡计分卡将绩效评估与战略管理相融合，使联盟成员都明确自身的评价指标，了解各自的分解目标和任务，为实现联盟共同目标提供了可靠的保障。

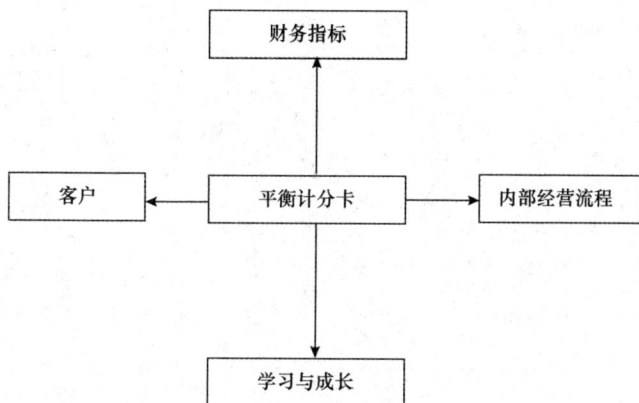

图8-2 平衡计分卡

最后，绩效评估的执行。联盟平衡计分卡绩效评估的具体执行，主要分为以下四个方面：首先，制定联盟级别的平衡计分卡。根据联盟的战略目标和远景，制定一套包括财务、客户、内部运营、学习与成长四个角度的联盟级绩效评价标准；其次，制定联盟成员级别的平衡计分卡。结合联盟级别平衡计分卡分解到每一个联盟成员，让其了解自身所需要达到的目标和所承担的责任；第三，制定具体的经营计划。根据联盟级别和联盟成员级别两个层次的平衡计分卡指标，按照绩效评估标准有效制定经营计划和合理安排具体工作；第四，反馈和学习。在联盟运行过程中，将出现的问题进行协商，不断对平衡计分卡的指标进行信息反馈，及时调整整个绩效评估体系。[①]

表 8-1　京津冀传媒战略联盟平衡计分卡指标

京津冀传媒战略联盟平衡计分卡指标			
平衡计分卡角度	指标涵义	联盟层面指标	联盟成员层面指标
财务角度	联盟的获利能力	营业收入、销售增长速度或产生的现金流量、投资报酬率	联盟成员在联盟中的贡献与利润分配
客户角度	联盟的竞争能力	客户满意程度、客户保持程度、新客户的获得、客户赢利能力	联盟成员之间的信任程度、沟通程度
内部经营角度	联盟的综合提升力	评价产品品质、生产周期、生产销售和售后服务主导时间	联盟成员间的管理机制效果、管理效率、利益分配机制
学习成长角度	联盟的可持续能力	为员工提供培训、提高信息技术、改善信息系统、营造良好的企业文化氛围	联盟成员间知识和能力的增长、企业文化融合程度

资料来源：作者根据公开资料整理

二、信任沟通机制

京津冀传媒战略联盟的成员是分工与交易并存的相互独立经济实体。联盟成员通过分工获得超额经济效益，通过联

---

① 曲波、田传浩：《基于平衡计分卡的战略联盟绩效评价框架》，《技术经济与管理研究》2005 年第 1 期。

盟内部的交易节约交易成本。联盟成员间如果没有基本的信任，联盟成员将不可能发生交易，联盟也将不复存在，可见信任是联盟生存的基础。

信任机制的构建对于联盟的稳定具有十分重要的意义，主要是因为：第一，联盟的双重不确定性。一是联盟未来未知事件的不确定性，二是联盟成员对未来不确定事件反映的不确定性。在双重不确定性的环境下，联盟的发展相较于媒体的发展而言，面对着更加复杂的经营环境。因此，只有联盟成员间的彼此信任才能更加迅速、更加经济地减少联盟内部的双重不确定性。其次，信任有利于降低联盟的交易成本。京津冀传媒战略联盟成立的动机之一，就在于联盟可以降低企业间的交易成本，如果联盟成员间缺乏相互信任，必然会使双方付出一定的财力、精力进行谈判、妥协，难以实现联盟的成本优势。联盟成员间充分的信任则可以降低协议费用，避免不必要的交易成本。最后，信任可以弥补管理的"控制代沟"。联盟作为相互独立经济实体合作组成的"中间组织"，联盟成员对联盟的管理都是有限的控制，这就存在联盟成员所难以控制的"控制代沟"。联盟成员之间的相互信任，使得联盟成员可以相互控制对方在联盟中的管理权限，从而弥补联盟成员的"控制代沟"。

强化京津冀传媒战略联盟成员间的相互信任，不仅是联盟减少双重不确定性、复杂性最为有效的方式，同时也可以真正降低企业的交易费用，消除联盟成员对联盟的"控制代沟"，让联盟的发展更加拥有效率。联盟信任机制的构建主要有：

首先，构建京津冀传媒战略联盟沟通机制。膜和内文认为，信任和沟通相互加强，相辅相成。联盟成员沟通的不断加深，将会消除相互之间的隔阂，增进彼此的信任感。京津冀传媒战略联盟的成员在建立信任沟通机制中，要首先保证双方信息的真实性和公开性，这是双方进行沟通的前提。其次，建立顺畅的沟通平台，京津冀传媒战略联盟成员间要设置专门机构和人员进行信息沟通，及时掌握京津冀传媒战略联盟的发展动态信息，做出相应的策略调整。

其次，构建京津冀传媒战略联盟惩罚机制。京津冀传媒战略联盟的信任机制除了需要联盟双方自觉坦诚相待之外，还需要一定的制度保障联盟成员间避免出现机会主义行为。京津冀媒体在建立联盟信任机制过程中，需要在联盟设计阶段考虑联盟存在的信任风险，用契约形式对联盟出现的信任风险加以规定，明确联盟成员间出现不信任行为后的惩罚措施，从而加大联盟成员机会主义行为的成本，从而打消联盟成员的信任顾虑，用制度保障联盟成员间的信任感。

最后，构建京津冀媒体个人关系运作机制。北京大学教授彭泗清认为，关系运作是中国人和中国企业建立信任的主要形式。京津冀传媒战略联盟是两个或两个以上媒体或相关机构的合作，其中涉及从媒体高层到基层的人员间的交流与合作，联盟伙伴人员间的信任也起着至关重要的作用。在我国这样一个人情社会中，企业高层间良好的人际关系将直接影响着联盟成员间的信任感，进而决定整个联盟的走向。著名的杭州绿盛集团和天畅网络的传媒战略联盟案例中，联盟成立也是由于双方企业负责人间存在良好的个人关系，最终促成了双方的合作。因此，在京津冀传媒战略联盟中，个人关系起着举足轻重的作用，良好的人际沟通能力将会强化联盟成员的相互信任。个人关系机制的建立需要在联盟成员合作过程中，尤其是在联盟合作初期，从媒体高层到基层人员都能够与合作单位培养良好的人际关系，保障京津冀传媒战略联盟的稳定发展。

三、创新联盟文化

京津冀传媒战略联盟是由不同媒体或相关机构、不同媒体业务领域、不同国家的媒体或相关机构，为了实现共同的战略目标而进行的媒体间或媒体与其他机构之间的合作行为。联盟成员间资源和能力的异质性、互补性，是联盟合作的资源基础，但是与此同时，不同的媒体或机构文化制约着联盟成员间稳定。美国电报电话公司曾经为了进入办公设备市场与技术公司 Olivetti 建立战略联盟，双方资源互补、战略目标统一，拥有广阔的合作前景。但是，美国电报电话公司的官僚作风与 Olivetti 公司的企业文化格格不入，最终导致联盟的解体。

企业文化根源于国家文化差异和企业成长历程差异，企业文化差异的客观存在，成为制约联盟发展的重要障碍。联盟成员文化差异的消除，首先需要联盟成员有协同企业文化差异的思想，进而建构动态的跨文化管理。

首先，协同京津冀传媒的企业文化差异。美国管理心理学家 Adler 提出了三个解决企业或组织内部文化差异的方案：凌越、妥协和协同。凌越，是指联盟中占有支配地位的企业将自身企业文化凌驾于其他联盟成员之上，在联盟决策和管理上推行其价值观、行为标准和经营理念。妥协，是指联盟成员间在企业文化上进行折衷和让步，但是文化差异较大的企业，难以实现妥协，不能从根本上解决企业文化间的差异。

协同，是指联盟企业认识到企业文化间的差异，不忽视和压抑企业文化的差异，而是双方文化取长补短，在联盟中创造全新的协同企业文化。[①] 我国媒体由于长期作为政府事业单位，官僚作风较为严重，在与其他机构进行合作时，要树立协同的企业文化意识，积极面对联盟成员间企业文化的差异，吸取合作企业文化中的精华部分，在联盟中创造全新的协同企业文化。

其次，建立京津冀传媒的动态跨文化管理体系。所谓动态跨文化管理，是建立在协同企业文化差异思想基础之上，采取相应的文化整合措施，解决联盟过程中企业文化矛盾与冲突，增强联盟的跨文化管理能力，实现跨文化管理[②]。京津冀的媒体建立的动态跨文化管理，要在保持本媒体基本价值观不变的基础上，注重联盟成员企业文化间的协同，吸取联盟伙伴文化精华，并将其注入到媒体的管理实践中。

---

① 熊志刚：《战略联盟的企业文化效应》，武汉理工大学 2004 年博士论文，第 25 页。

② 陈黎琴：《企业联盟的实现方式研究》，经济管理出版社 2008 年版，第 205 页。

主要参考文献

一、 著作

（一） 国外著作

［美］迈克尔·波特：《竞争优势》，陈小悦译，华夏出版社 1997 年版。

［美］迈克尔·波特：《竞争战略》，陈小悦译，中国财经出版社 1998 年版。

［美］本杰明·古莫斯 – 卡瑟尔斯《竞争的革命：企业战略联盟》，邱建等译，中山大学出版社 2000 年版。

［美］拜瑞·J. 内勒巴夫等：《合作竞争》，王煜昆等译，安徽人民出版社 2000 年版。

［美］伊夫·多兹加里·哈默尔：《联盟优势》，郭旭力译，机械工业出版社 2004 年版。

［美］安娜·格兰多里：《企业网络：组织和产业竞争力》，刘刚等译，中国人民大学出版社 2005 年版。

［美］柯林·霍斯金斯等：《媒介经济学——经济学在新媒介与传统媒介中的应用》，支庭荣等译，暨南大学出版社 2005 年版。

［美］罗伯特·皮卡特：《传媒管理学导论》，韩骏伟等译，人民邮电出版社 2006 年版。

［法］皮埃尔·杜尚哲等：《战略联盟》，李东红译，中国人民大学出版社 2006 年版。

［美］马尔科·扬西蒂等：《共赢：商业生态系统对企业战略、创新和可持续性的影响》，王凤彬等译，商务印书馆 2006 年版。

［美］曼纽尔·卡斯特：《网络社会的崛起》，夏铸九等译，社会科学文献出版社 2006 年版。

［日］迈克尔·吉野、 ［印］U. 斯里尼瓦萨·朗甘：《战略联盟：企业通向全球化的捷径》，雷涯邻等译，商务印书馆 2007 年版。

［美］艾莉森·亚历山大等：《媒介经济学：理论与实践》，丁汉青译，中国人民大学出版社 2008 年版。

［英］威尔玛·苏恩：《避开合作的陷阱——透视战略联盟之暗面》，刘建民等译，中国劳动社会保障出版社 2008 年版。

［美］琳达·S·桑福德等：《开放性成长》，刘曦译，东方出版社 2008 年版。

［美］安澜·B. 艾尔布兰：《传媒经济学——市场、产业与观念》，陈鹏译，中国传媒大学出版社 2009 年版。

［美］阿兰·B. 阿尔瓦兰主编：《传媒经济与管理学导论》，崔保国等译，清华大学出版社 2010 年版。

［荷］安特妮·爱丽丝等：《媒介公司管理：赢取创造性利润》（第 2 版），王春枝等译，清华大学出版社 2011 年版。

［美］尤查·本科勒：《企鹅与怪兽——互联时代的合作、共享与创新模式》，简学译，浙江人民出版社 2013 年版。

［英］露西·昆：《媒体战略管理——从理论到实践》，

高福安等译，中国广播电视出版社 2013 年版。

（二）国内著作

唐绪军：《报业经济与报业经营》，新华出版社 1999 年版。

陈佳贵：《战略联盟：现代企业的竞争模式》，广东经济出版社 2000 年版。

史占中：《企业战略联盟》，上海财经大学出版社 2001 年版。

金碚：《报业经济学》，经济管理出版社 2002 年版。

黄升民等：《数字化时代的中国广电媒体》，中国轻工业出版社 2003 年版。

陈耀：《联盟优势——21 世纪企业竞争新形态》，民族出版社 2003 年版。

赵曙光等：《媒介经济学》，湖南人民出版社 2003 年版。

邵培仁等：《媒介战略管理》，复旦大学出版社 2003 年版。

彭永斌：《传媒产业发展的系统理论分析》，西南财经大学出版社 2004 年版。

王桂科：《媒介产业分析》，广东人民出版社 2006 年版。

贠晓哲：《战略联盟理论与实践》，经济科学出版社 2006 年版。

殷俊等编著：《跨媒介经营》，四川大学出版社 2006 年版。

张伟：《转型的逻辑》，中国海洋大学出版社 2007 年版。

余东华：《模块化企业价值网络》，上海人民出版社 2008 年版。

白万纲：《集团管控之战略联盟管控》，中国发展出版社2008年版。

陈黎琴：《企业联盟的实现方式研究》，经济管理出版社2008年版。

卜彦芳编著：《传媒经济学：理论与案例》，中国国际广播出版社2008年版。

郑立勇编著：《媒介管理学》，浙江大学出版社2008年版。

徐晓慧、王云霞：《规制经济学》，知识产权出版社2009年版。

喻国明等：《传媒经济学教程》，中国人民大学出版社2009年版。

唐世鼎等：《中国特色的电视产业经营研究》，中国国际广播出版社2009年版。

王斌：《传媒业空间形态演化研究》，中国人民大学出版社2010年版。

李薇、龙勇：《竞争性战略联盟的合作效应研究》，西南交通大学出版社2011年版。

强月新等：《中国大众传媒合作竞争论》，人民出版社2011年版。

邹文杰：《企业能力理论视角下的企业联盟》，社会科学文献出版社2011年版。

王天铮：《电视内容产业整合研究》，新华出版社2011年版。

谷虹：《信息平台论——三网融合背景下信息平台的构建、运营、竞争与规制研究》，清华大学出版社2012年版。

张辉锋：《传媒经济学：理论、历史与实务》，人民日报出版社 2012 年版。

王辑慈等：《超越集群：中国产业集群的理论探索》，科学出版社 2013 年版。

吴玉玲等：《我国广电媒体跨区域发展模式研究》，中国传媒大学出版社 2014 年版。

赵瑜：《从数字电视到互联网电视：媒介政策范式及其转型》，复旦大学出版社 2015 年版。

萧盈盈：《互联网时代：电视的变革与迁徙》，知识产权出版社 2016 年版。

二、 专业期刊

1. 《新闻与传播研究》

2. 《新闻大学》

3. 《国际新闻界》

4. 《现代传播——中国传媒大学学报》

5. 《新闻战线》

6. 《新闻与传播》

7. 《中国传媒报告》

8. 《新闻记者》

9. 《中国记者》

10. 《新闻界》

11. 《当代传播》

12. 《青年记者》

13. 《新闻知识》

14. 《新华文摘》

15.《读书》

三、 年鉴

《中国统计年鉴》（2000－2016）
《北京统计年鉴》（2014－2016）
《天津统计年鉴》（2014－2016）
《河北统计年鉴》（2014－2016）
《中国新闻年鉴》（2000－2016）
《中国广告年鉴》（2000－2016）

四、 网站

中华人民共和国文化部 http：//www. mcprc. gov. cn/
国家新闻出版广电总局 http：//www. sapprft. gov. cn/
赛立信媒介研究 http：//www. smr. com. cn/media. asp
CTR http：//www. ctrchina. cn/media. asp
艾瑞网 http：//www. iresearch. cn/
易观网 http：//www. analysys. cn/
中商情报网 http：//www. askci. com/

后　记

　　一个组织的壮大既可以通过内部成长又可以通过外部扩张来实现，媒体也不例外。在内部成长中，媒体可以进行绿地投资，即自我扩张。比如 20 世纪 90 年代以来，省级报纸创办都市类报纸，电视台开发新的频道，媒体融合中自建网站、客户端、微博、微信公众号等。在外部扩张中，媒体可以通过并购实现自身的成长。比如默多克的全球扩张历程就是不断收购、兼并的过程。其几十年的扩张过程中，亲手创办的媒体只有《澳大利亚人报》、英国天空广播公司、福克斯有线电视网和福克斯新闻频道等，其他诸如《太阳报》《泰晤士报》《华尔街日报》都是通过并购完成的。国内如浙报集团收购游戏公司杭州边锋与上海浩方；也可以通过与其他媒体或者相关组织合作实现成长，比如各地组建的报业联盟、电视联盟以及各地都市报与腾讯结成战略联盟，打造了13 家"大"字头的地方门户，最后一种方式即本书的落脚点——传媒战略联盟。所谓传媒战略联盟是媒体与其他媒体或者其他组织，在保持各自独立性的基础上，建立的以资源与能力共享为基础、以共同实施项目或活动为表征的合作关系。

　　我国媒体具有意识形态和产业两种属性，媒体因其意识形态属性规定而生的喉舌功能、属地管理使其局限于一定的行政区划、单一种类的媒体，其经济功能的发挥受到地域或单一媒体资源有限的限制，传媒战略联盟以其"独立基础上的合作"的内涵必将成为解决这一困境的不二之选。

自从踏上研究之路，在我的研究领域中一直有一个关注的对象——传媒战略联盟。只不过早期的关注还处于懵懵懂懂的状态，发表过诸如《论报业的联合之道》（2005年）、《广播跨地域运作如火如荼》（2005年）等论文。随后逐步清晰，发表了如《网络视频业务竞合的模式选择》（2010年）、《传媒业与高校产学合作模式》（2011年）等论文。然后认识深入，自2012年开始指导硕士研究生毕业论文，已有4名研究生以战略联盟为题，分别为王俊洁的《中国电视竞争性战略联盟研究》（2012年）、张志平的《我国广电集团非竞争性战略联盟模式与构建研究》（2013年）、郭斌的《数字时代城市电视台区域联合发展方式研究》（2013年）、赵然然的《报业转型背景下地方报业竞争性战略联盟的困境与突围研究》（2015年），同期又发表了系列论文《三网融合下广电的非竞争性战略联盟》（2012年）、《传媒与银行非竞争性战略联盟的模式》（2012年）、《城市电视跨区域合作模式研究》（2012年）、《报刊业非竞争性战略联盟运作策略》（2013年）等。

2014年申报河北省普通高等学校青年拔尖人才计划项目时，我申报的《共赢：京津冀传媒战略联盟的构建、运营与管理研究》（BJ2014066）获批，河北大学共有5项获批（河北省共有30项），本书即为该项目的结项成果。

本书以京津冀协同发展战略为思考问题的出发点，以"共赢"为总体理念，研究涵盖京津冀传媒战略联盟的"理论阐释"、"历史脉络"、"现实考察"、"路径选择"四个方面，在充分借鉴和吸收前人研究成果的基础上，运用产业经济学、产业组织理论、传播生态学、系统经济学、战略联盟等理论和研究方法，以传媒战略联盟的内涵为起点，对京津冀传媒战略联盟的运行机制与模式、联盟的历史与现实、问题与解决方案等进行较为全面系统深入的分析研究。遵循的是理论和实践相结合，从历史到现实，从问题到对策的逻辑思路。

本书首次对京津冀传媒战略联盟进行了探讨，具有一定的开创意义。本书重点解决了三个关键问题：一是解决了京津冀各地传媒发展水平差距较大的问题，根据保罗·弗里德曼理论发现京津冀传媒产业呈现出了"核心—边缘"模型，北京已处于后工业化发展阶段，其在京津冀传媒产业中无疑处于核心区；天津处于工业化后期阶段，其在京津冀传媒产业中处于上过渡边缘区，与核心区域之间建立了一定程度的经济联系，受核心区域的影响，传媒产业发展呈上升趋势；河北则由于自身处于工业化中期阶段，第三产业的发展仍处于起步阶段，其在京津冀处于下过渡区，其传媒产业具有巨大的发展潜力。二是解决了突破京津冀传媒产业间政策壁垒、水平壁垒的现实路径——区域传媒战略联盟，既可以突破当下传媒产业的"条块分割"的规制，也能够实现传媒资源在核心区与边缘区间的流动，通过战略联盟，将核心区的人才、资本、技术、广告等资源与边缘区进行对接和转移，最终实现京津冀传媒产业的均衡发展。三是解决了实施京津冀传媒战略联盟各层面的问题，宏观上要进行制度创新，重点从产权两分开和条块分割破局两个方面加以创新；中观上要实现产业集群，形成"政府引导、联盟运作、多方支持"的发展格局；微观上要实现操作突破，从联盟伙伴选择、联盟设计和谈判、联盟实施和控制三个阶段入手。本书努力为读者呈现出京津冀传媒战略联盟发展的全景，描绘出一幅京津冀传媒产业未来协同发展的宏伟蓝图。

本书的合作者张志平硕士，现任职于石家庄学院学工部（处），2010年考入河北大学新闻传播学院攻读硕士学位。研究生在读期间，广泛涉猎、博览群书，积极参与科研课题，发表论文多篇。

本书的写作过程中吸收了相关研究者的成果，在此一并致谢！由于京津冀传媒战略联盟的复杂性以及本书作者自身的局限，错讹之处必然存在，还望诸君多多批评指正！

商建辉
2017年8月16日